プロブレムQ&A

新 在日韓国・朝鮮人読本

［リラックスした関係を求めて］

梁泰昊・山田貴夫・著

緑風出版

プロブレム
Q&A

目次

プロブレムQ&A

Q1 在日韓国・朝鮮人はどれぐらいいるのですか？
近ごろ在日韓国・朝鮮人の人口がしだいに減りつつあると聞きました。本当でしょうか。もし本当ならその原因は何ですか。 10

Q2 法的地位はどうなっていますか？
日本での立場は法律上どうなっているのでしょうか。また、これまでにどのような変化がありましたか。他の外国人とはどのような違いがあるでしょうか。 22

Q3 在日韓国・朝鮮人の国籍はどうなっていますか？
私は在日朝鮮人だという人もいるし、在日韓国人だという人もいます。どこが違うのですか。「国籍」が違うことによって日本での待遇に違いがあるのですか。 32

Q4 外国人登録とはどのようなものだったのですか？
日本人の居住証明には住民票を使いますが、在日韓国・朝鮮人はどうしていたのですか。外国人登録法は何を目的にしたものだったのですか。 41

Q5 日本国籍になった人もいるのですか？
国籍は自由に選べるのですか。日本国籍を持っていれば日本人なのに、在日韓国・朝鮮人として行動する人がいるのはどうしてですか。 49

Q6 在日韓国・朝鮮人はいつ頃、日本に来たのですか？
いつ頃から日本に来て住むようになったのですか。昔は「日本人」だったというのは本当ですか。一世とか二世とか言う言葉は、何を意味しているのですか。 58

Q7 戦時労働動員はどのように実施されたのですか？
戦時労働動員というのは、実際にはどのように行われたのですか。本人の自由意思で日本に来たのだという人もいますが本当でしょうか。 68

Q8 創氏改名とはどういうものですか？
「創氏」とは何ですか。誰でも自分の名前は大切にするものなのに、人の名前を強制的に変えさせるようなことが、なぜ行われたのですか。 83

Q9 解放前に日本国内ではどういう抵抗運動がありましたか？

植民地支配を打ち破るために、どのような抵抗運動があったのでしょうか。今日では考えられないような酷い労働・生活条件に対し、いかに闘ったのですか。

93

Q10 在日韓国・朝鮮人は8・15をどのように迎えましたか？

日本の敗戦によって在日韓国・朝鮮人の多くは故郷を目指して帰国したと聞きました。しかし現実には、大勢の人が日本に残っています。どうしてですか。

101

Q11 解放後、どういう活動がありましたか？

解放後、在日韓国・朝鮮人が第一にしようとしたことは何ですか。そして、そのための組織にはどんなものがあり、どんな違いがあったのでしょうか。

109

Q12 民族教育はどのように広がっていったのですか？

朝鮮語の学習と民族教育のためにつくられた民族学校が数年もたたずにつぶされ、その時、強い反対運動が起きたと聞きましたが、どんなことが起きたのですか。

119

Q13 小松川事件とはどのようなものですか？

戦後も差別と貧困の中で、就職もままならず、一九五〇年代の若者はどういう心境におかれていたのですか。民族虚無主義とはどういうことですか。

133

Q14 北朝鮮への帰国運動とはどういうものですか？

北朝鮮への帰国運動で一〇万人近い人が日本を離れていったのはなぜですか。日本人家族も多かったそうですが、帰国した人たちは、その後どうしていますか。

143

Q15 寸又峡事件とはどういうものですか？

一九六〇年代にはどういう状況におかれていたのですか。民族差別の不当性を訴えた寸又峡事件というのがありましたが、どんなことだったのですか。

156

Q16 日立就職差別裁判とはどういうものですか？

就職試験に合格したのに採用されなかったのはどうしてですか。画期的な裁判といわれますが、その後どういう影響がありましたか。

165

プロブレム Q&A

Q17 「本名をなのる」とはどういうことですか? 176
在日韓国・朝鮮人にはどうして二つの名前があるのですか。本名を名のる努力もされていると聞きますが、こだわりなく受け入れられているのでしょうか。

Q18 母国とのつながりはどのように具体化していますか? 183
七〇年代にはアイデンティティのあり方をめぐって「祖国志向派」と「在日志向派」に意見が分かれたと聞きます。それはどうしてですか。

Q19 「国籍条項撤廃」とはどういうことですか? 188
日本人と変わりなく生活しているのに、どうして国籍によって法律の適用から除外されたりしたのですか。それを是正するために、どういうことがありましたか。

Q20 「一九八二年体制」とはどういうものですか? 197
一九八二年の「出入国管理及び難民認定法」の施行と社会保障関係の適用対象の国籍条項の撤廃は、「第二の解放」ともいわれますが、どういうことなのですか。

Q21 指紋押捺拒否運動とはどういうものですか? 207
外国人登録で指紋を押すのは嫌だといいますが、どうして一九八〇年代になって大きく取りあげられたのですか。運動の結果、指紋押捺はなくなったのですか。

Q22 帰化をしないのはどうしてですか? 217
最近、帰化をする人が増えているそうですが、反対意見が多いのはなぜですか。帰化によっては在日韓国・朝鮮人が抱えるさまざまな問題は解決するのですか。

Q23 戦後補償とはどういうことですか? 226
戦後七十年もたって、戦争責任の問題が話題になるのはなぜですか。在日韓国・朝鮮人の戦争犠牲者に対して、日本政府は何の補償もしなかったのですか。

Q24 なぜ地方参政権を求めているのですか? 238
地方参政権を与えようという要求が高まり、地方議会も支持しています。日本社会の構成員だからといわれていますが、国政にはタッチしないのですか。

Q25 なぜ公務員になれないのでしょうか?
地方公務員や公立学校の教職員、弁護士等公的な仕事に就く在日韓国・朝鮮人が増えていますが、公務員として働くのに制限を設けるのはどうしてでしょうか? 249

Q26 これからの在日韓国朝鮮人をどうイメージしますか?
在日韓国・朝鮮人はこの七十年間にどう変化したのですか。今後日本人との「共生」は可能なのでしょうか。そのためにはこれから何をしたらいいのですか。 258

プロブレムQ&A

新　在日韓国・朝鮮人読本

Q1 在日韓国・朝鮮人はどれぐらいいるのですか？

近ごろ在日韓国・朝鮮人の人口がしだいに減りつつあると聞きました。本当でしょうか。もし本当ならその原因は何ですか。

隣人としての外国人

一九九五年一月十七日、日本中を驚愕《きょうがく》させた阪神淡路大震災では六五〇〇人をこえる死者がでましたが、そのうち一三〇人は在日韓国《ざいにちかんこく》・朝鮮人《ちょうせんじん》でした。つまりおよそ五〇人に一人は在日韓国・朝鮮人だったのです。この地震は在日韓国・朝鮮人がいかに身近なところで生活しているか、そして互いに助け合って生きていかなければならないかをまざまざと見せつける結果にもなりました。

二〇一一年三月十一日の東日本大震災の時は、災害救助法の適用された一五四市町村に住む外国人総数は七万五二八一人で、韓国・朝鮮人は一万二一九九人、このうち特別永住者《とくべつえいじゅうしゃ》（戦前から引き続き居住する韓国・朝鮮人、台湾出身者とその子孫等）は六六四七人でした（鈴木江理子「東日本大震災から考える多文化社会」『日本における外国人・民族的マイノリティ白書』所収、六頁、外国人人権法連絡会編、二〇一二年）。しかし今も、この人々について死亡者、避難者などその被害の全容は明らかではなく、

2010	2011	2012	2013	構成比%
678,391	668,644	652,555	648,980	31.4
560,799	542,182	530,046	519,737	25.2
200,208	203,294	202,974	209,137	10.1
228,702	209,265	190,581	181,268	8.8
41,354	44,444	52,364	72,238	3.5
49,821	49,119	48,357	49,979	2.4
327,986	330,401	356,779	385,106	18.6
2,087,261	2,047,349	2,033,656	2,066,445	100.0

一五％近くの六十五歳以上の高齢者は制度的に生み出された「無年金者」で、被災によっていっそう深刻な生活を抱えていることが想像できます。

日本は江戸時代に永く鎖国政策をとった影響からか、いまだに外国人を特別視する意識が残っています。日本という国は日本人のために存在しているのであって、外国人は遠慮するのが当たり前という考え方です。しかし実際は同じ地域に住み、共に日本社会をつくる仲間としてとらえる必要があります。

かつては「外国人」を見かけると、もの珍しく感じたこともありましたが、今ではごく日常の光景になりました。外国人のイメージもずいぶん変わりました。つい最近までは先入観のように白人、それもアメリカ人が外国人の代表のように思われていましたが、アジアや南アメリカはもちろんのことアフリカや東ヨーロッパから来ている人もめずらしいとはいえません。

在日韓国・朝鮮人の人口推移

ちなみに、二〇一三年十二月末現在の国籍別外国人数上位五カ国は、二〇〇七年から中国がトップで約六五万人、次いで韓国・朝鮮が約五二万人、三位がフィリピンの約二一万人、四位がブラジルの約一八万人、五位がベトナムの約七万人となっています（法務省：平成二十五年末現在の在留外国人数について）。

二〇一三年三月末現在の住民基本台帳に基づく日本の総人口は一億二八三七万三八七九人、日本人は一億二六三九万三六七九人、外国人一九八万二〇〇人です。


国籍・地域別在留外国人数の推移（各年末）―法務省

国籍・地域	2003	2004	2005	2006	2007	2008	2009
中国	445,166	470,940	501,960	546,752	593,993	644,265	670,683
韓国・朝鮮	599,231	594,117	586,400	586,782	582,754	580,760	571,598
フィリピン	167,215	178,098	163,890	171,091	182,910	193,426	197,971
ブラジル	269,907	281,413	298,382	308,703	313,771	309,448	264,649
ベトナム	23,003	25,061	27,990	31,527	36,131	40,524	40,493
アメリカ	46,832	47,745	48,376	50,281	50,858	51,704	51,235
その他	253,341	266,496	279,691	294,728	308,648	324,555	328,942
計	1,804,695	1,863,870	1,906,689	1,989,864	2,069,065	2,144,682	2,125,571

※中国について、2011年末までは「台湾」を含み、2012年以降は別にカウントされている。

全人口に占める外国人の割合は一・五四％です。二〇〇八年の二一四万人を頂点に、リーマンショックや景気低迷による企業の海外移転、及び東日本大震災、原子力発電所事故の影響で、外国人居住者は減少傾向を見せました。

こうした中で、二〇一三年十二月末現在、韓国・朝鮮籍者の総数は五一万九七三七人で、この本で主に対象とする韓国・朝鮮籍の特別永住者は三六万九二四九人です。特別永住者総数は三七万三二二一人なので、特別永住者全体に対する韓国・朝鮮籍特別永住者の占める割合は九八・九％で、残りは台湾省出身者や他の国籍を持つ特別永住者の子孫などです。特別永住の韓国人がそのほかの、例えば在日フィリピン人と結婚した場合、その子どもは国籍がフィリピンになっても在留資格は「特別永住」を受け継ぐからです。二〇一三年末で四七カ国の特別永住者がいます。

また、韓国・朝鮮籍者総数のうち特別永住者は七一％、約三分の二余を占めます。それ以外はいわゆるニューカマーズと呼ばれる戦後来日した韓国人、または戦後一時期、帰国し再渡日したことがある韓国人などで他の在留資格を持つ人々です。韓国・朝鮮籍の特別永住者が全外国人に占める割合は一七・九％となりました。

戦後の在日韓国・朝鮮人人口の推移をみると、最初の統計として四五年十一月の資源調査法によるものがあり、ここでは約一一六万人が数えられ、四六年三月の帰還希望者調査では約六五万人となっていますが、帰国を急いだ人が多く、この調査の段階では、帰国を希望しつつもためらう人が多くいました。敗戦直後約二〇〇万人余り在留していた在日朝鮮人はその約四分の三が祖国をめざして足早に帰国し

国籍・地域別特別永住者数（2013年末）—法務省

国籍・地域	総数	特別永住者	特別永住者構成比％
韓国・朝鮮	519,737	369,249	98.94
中国	648,980	1,963	0.53
アメリカ	49,979	709	0.19
台湾	33,322	555	0.15
カナダ	9,025	104	0.03
オーストラリア	9,016	101	0.03
イギリス	14,881	77	0.02
その他	781,505	463	0.12
計	2,066,445	373,221	100.0

特別永住者

戦前に渡日し、戦後も引き続き日本に在留して、平和条約発効時に日本国籍を離脱した旧植民地出身者（朝鮮人、台湾人）に対しては、その歴史的経過を考慮して、「日本国と

「韓国・朝鮮」籍者の戦後の在留資格別人口統計

資料出所；金英達著作集Ⅲ『在日朝鮮人の歴史』（99頁、明石書店、2003年）／在日朝鮮人人権協会『生活と人権』No.37 巻末資料

韓国・朝鮮籍の在留資格別内訳

年	韓国・朝鮮計	126-2-6	一般永住	協定永住	年	韓国・朝鮮計	特別永住	一般永住	協定永住
1944	※1,936,843	—	—	—	79	662,561			
45	※1,155,594	—	—	—	80	664,536			
46	※647,006	—	—	—	81	667,325			
47	598,507	—	—	—	82	669,854	—		
48	601,772	—	—	—	83	674,581	—		
49	597,561	—	—	—	84	680,706	—	237,110	350,067
50	544,903	—	—	—	85	683,313	—		
51	560,700	—	—	—	86	677,959	—	265,099	341,016
52	535,065	約52万	22	—	87	673,787	—		
53	556,084			—	88	677,140	—	268,642	328,934
54	556,239			—	89	681,838	—		
55	577,682			—	90	687,940	—	268,178	323,197
56	575,287			—	91	693,050	—		—
57	601,769			—	92	688,144	585,170	13,071	—
58	611,085			—	93	682,276	578,741	13,730	—
59	619,096	507,634	57	—	94	676,793	573,485	14,954	—
60	581,257			—	95	666,376	557,921	22,201	—
61	567,452			—	96	657,159	548,968	23,596	—
62	569,360			—	97	645,373	538,461	24,877	—
63	573,284			—	98	638,828	528,450	26,425	—
64	578,545	422,368	38	—	99	636,548	517,787	28,766	—
65	583,537			—	2000	635,269	507,429	31,955	—
66	585,278			—	01	632,405	495,986	34,624	—
67	591,345			—	02	625,422	485,180	37,121	—
68	598,076				03	613,791	471,756	39,807	—
69	607,315	324,968	168	100,297	04	607,419	461,460	42,960	—
70	614,202				05	598,687	447,805	45,184	—
71	622,690				06	598,219	438,974	47,679	—
72	629,809				07	593,489	426,207	49,914	—
73	636,346				08	589,239	416,309	53,106	—
74	643,096	149,076	1,712	342,366	09	578,495	405,571	56,171	—
75	647,156				10	565,989	395,234	58,082	—
76	651,348				11	545,401	385,232	60,262	—
77	656,233				12	530,046	377,350	62,522	—
78	659,025				13	519,737	369,249	64,542	—

※韓国・朝鮮籍のその他の在留資格者を表記していないので、在留資格ごとの計は韓国・朝鮮籍合計と一致しない。
※1944年は森田芳夫『数字が語る在日韓国・朝鮮人の歴史』（明石書店、1996年）
※1945年は「資源調査法」による11月1日現在の調査
※1946年はGHQ指令に基づく3月18日現在の引揚希望者調査結果
※1952年は法務研修所編「在日朝鮮人処遇の推移と現状」162頁。52年10月28日現在
※1959、64、69、74年の外国人登録数は4月1日現在値で在留資格別計と一致しない。
※協定永住許可により、法126が減少し、協定永住者が増加した。
※1984年から一般永住者が急増するが、これは1982年1月1日施行の「出入国管理及び難民認定法に基づき、協定永住を有しない在日朝鮮人及び台湾人（旧植民地出身者、法126該当者）に一般永住資格（特例永住）を付与したため。
※1992年から特別永住者がカウントされるがこれは、1991年11月1日施行の「日本国との平和条約に基づき国籍を離脱した者などの出入国に関する特別法」で「特別永住」を新設し、協定永住者と特例永住者の在留資格を一本化したものである。したがって、92年以降の4-1-14（一般永住）はこのほかの在留資格から永住許可申請をして許可された人数（主にニューカマーズ）。

たことがわかります。

在日朝鮮人作家・故金達寿《キムダルス》は戦後直後の同胞の姿を次のように生き生きと描き出しています。

「長い年月を酬いられることなく、蔑《さげす》まれ、虐《しいた》げられた底からえいえいと築いてきた生活はまるで夢のよう投げ捨て、祖国へ、独立の朝鮮へと雪崩を打った。人々は一夜のうちに数年、あるいは数十年の生活を一本の麻縄や風呂敷にくるんで、ただ我を先にと急いだ。日本の駅頭はこれらの群衆、いまや希望にさざめき、叫喚する群衆で埋まり下関、博多などの港は日夜これらの群衆に占拠された。そこではすでにこの漂白《ひょうはく》の生活に手馴れた人によって焼野原に板や菰《まこも》の囲いがされ、焼けトタンの屋根が張られて応急の必要に応じた飲食店が軒を並べて現出した。（中略）船が来るとこれらの人々も店を後から到着した人々に譲って、万歳の声に送られて玄海灘を渡って行った。（中略）これらの者は（日本の）降伏と同時に鉱山、軍隊、工場等から古草履のごとく投げ出され、彼らは異郷で右往左往し、ただ下関へ、博多へと犇《ひしめ》きあったが、朝連（朝鮮人連盟）の連日の強談判《こわだんぱん》でいやいや出される一本や二本の列車などで間に合うはずがなかった。そこへ連絡船はまだあるかないかの始末だったので下関や博多の溜りは増える一方であり、なかには東京や大阪から三〇トンや五〇トンの小船を共同で購入し、子どもや家財道具を積み込んで鳴門海峡の渦巻きを押し切り、玄海の荒波を乗り越えていくものもあった」（「八・一五以後」『新日本文学』四七年十月号）。

の平和条約に基づき日本の国籍を離脱した者等の出入国管理に関する特例法」（一九九一年五月十日法律第七一号）によって、「特別永住者」という在留資格が定められた。出入国管理及び難民認定法第二条の二の一項に規定する「他の法律に特別の規定がある場合」に該当する。同じ歴史的背景と定住の経過がありながら、法一二六該当者、日韓法的地位協定で制定された協定永住、八一年に定められた特例永住と、分かれていた在留資格を一元化したものです。

第三条〔法定特別永住者〕

平和条約国籍離脱者又は平和条約国籍離脱者の子孫でこの法律の施行の際次の各号の一に該当しているものは、この法律の定める特別永住者として、本邦で永住することができる。

一　以下省略

人口減少の理由

帰国希望者がほぼ帰国した後の残留した在日朝鮮人の人口は約六〇万人で、日本人と同じように基本的には右肩上がりの増加傾向を示しますが、減少する時期が二度あります。

一回目は五九年から始まった北朝鮮への帰国事業の影響です。日本人家族を含んで約九万三〇〇〇人の在日朝鮮人（日本籍家族を含む）が帰国しました。Q14で詳しく説明しますが、日本社会の厳しい差別から日本で生きることへの絶望や、祖国で勉強し祖国の再建に貢献したいという気持ちが帰国を促しました。そして、政治的な思惑が絡み合っていました。①朝鮮戦争後の復旧のため労働力が必要な北朝鮮、②北朝鮮への影響力を強め、社会主義を宣伝したいソ連の支援、③北朝鮮の国力増強を懸念する韓国政府、④韓国の反対にもかかわらず日米安保条約改定のため岸政権を支えたいアメリカ政府、そして、⑤在日韓国・朝鮮人追放政策を進める日本政府など、様々な思惑や利害が絡み合って「帰国事業」が進められました。

次の時期は、国連の女性差別撤廃条約を批准するために女性差別を撤廃する国内法の整備が求められ、八五年に国籍法の父系血統主義を両系血統主義に改正した影響が挙げられます。国連の国際人権諸条約を批准する場合、批准国はその条約の内容に抵触する国内法は改正しておかねばなりません。また、女性差別撤廃条約第

在日本朝鮮人連盟（朝連）

戦後結成された在日朝鮮人の全国組織。日本の敗戦直後、在日朝鮮人はその生命、財産を守り、子どもへの民族教育や本国への帰国を円滑に進めるために、各地で自然発生的に自治組織を結成した。四五年十月には在日本朝鮮人連盟中央本部の結成大会を開催し、在日朝鮮人の全国的な大衆組織として活動を開始した（Q11参照）。

女子に対するあらゆる形態の差別の撤廃に関する条約

国連、一九七九年十二月採択、八一年九月三日発効。

日本、一九八〇年署名、八五年六月国会承認、七月二十五日発効。

第二条

当事国の差別撤廃義務

締約国は、女子に対するあらゆる

九条には、国籍の取得、変更及び保持に関する男女平等規定があり、父系血統主義は女性差別に当たるので改正する必要がありました。

戦前から韓国・朝鮮人男性と日本人女性が結婚するケースが多くみられましたが（五五年から六八年まで。六九年以後は日本人男性と在日韓国・朝鮮人女性の結婚が多い）、従来の父系血統主義では父親が韓国籍または朝鮮籍であれば母親が日本人でも子どもは父親の国籍を受け継ぎ大幅な減少は見られませんでした。ところが父系血統主義から両系血統主義に改正され「出生のとき父または母が日本国民であるとき」子は日本国籍（国籍法第一条）とされました。また、出生地主義の国でうまれ、その国の国籍を付与された子どもなどについては、第一四条で「外国の国籍を有する日本国民は、外国及び日本の国籍を有することとなった時が二十歳に達する以前であるときは二十二歳に達するまでに、その時が二十歳に達した後であるときはその時から二年以内に、いずれかの国籍を選択しなければならない」とされています。従って国籍法は、二重国籍を容認するものではありません。

つまり、韓国・朝鮮籍男性と日本人女性の夫婦から生まれた子どもは、八五年以前は韓国・朝鮮人として、八五年以後の出生児は日本国籍者としてカウントされるようになります。日本人男性と韓国・朝鮮籍女性の夫婦から生まれた子どもは、八五年以前の出生児も以後の出生児も日本国籍者としてカウントされます。八五年からは日本人との結婚が増えれば増えるだけ、日本国籍を持つ子どもが増えることになりました。

形態の差別を非難し、女子に対する差別を撤廃する政策をすべての適当な手段により、かつ、遅滞なく追求することに合意し、及びこのため次のことを約束する。

(a)　男女の平等の原則が自国の憲法その他の適当な法令に組み入れられていない場合にはこれを定め、かつ、男女の平等の原則の実際的な実現を法律その他の適当な手段により確保すること

第九条

国籍に関する権利の平等

1　締約国は、国籍の取得、変更及び保持に関し、女子に対して男子と平等の権利を与える。締約国は、特に、外国人との結婚又は婚姻中の夫の国籍の変更が、自動的に妻の国籍を変更し、妻を無国籍にし、又は夫の国籍を妻に強制することとならないことを確保する。

戦後の在日外国人、在日韓国・朝鮮人の帰化許可数統計

年	帰化許可者数		年	帰化許可者数	
	総数	KOREA		総数	KOREA
1951年	16		1983年	7,435	5,532
1952年	282	232	1984年	6,169	4,608
1953年	1,431	1,326	1985年	6,824	5,040
1954年	2,608	2,435	1986年	6,636	5,110
1955年	2,661	2,434	1987年	6,222	4,882
1956年	2,547	2,290	1988年	5,767	4,595
1957年	2,582	2,312	1989年	6,089	4,759
1958年	2,584	2,246	1990年	6,794	5,216
1959年	3,076	2,737	1991年	7,788	5,665
1960年	4,156	3,763	1992年	9,363	7,244
1961年	3,013	2,710	1993年	10,452	7,697
1962年	3,614	3,222	1994年	11,146	8,244
1963年	4,100	3,558	1995年	14,104	10,327
1964年	5,445	4,632	1996年	14,495	9,898
1965年	4,088	3,438	1997年	15,061	9,678
1966年	4,735	3,816	1998年	14,779	9,561
1967年	4,150	3,391	1999年	16,120	10,059
1968年	3,501	3,194	2000年	15,812	9,842
1969年	2,153	1,889	2001年	15,291	10,295
1970年	5,379	4,646	2002年	14,339	9,188
1971年	3,386	2,874	2003年	17,633	11,778
1972年	6,825	4,983	2004年	16,336	11,031
1973年	13,629	5,769	2005年	15,251	9,689
1974年	7,026	3,973	2006年	14,108	8,531
1975年	8,568	6,323	2007年	14,680	8,546
1976年	5,605	3,951	2008年	13,218	7,412
1977年	5,680	4,261	2009年	14,785	7,637
1978年	7,391	5,362	2010年	13,072	6,668
1979年	6,458	4,701	2011年	10,359	5,656
1980年	8,004	5,987	2012年	10,622	5,581
1981年	8,823	6,829	2013年	8,646	4,331
1982年	8,494	6,521	累計	511,405	350,105

出典

①1952年〜64年の許可者総数は『法務年鑑』昭和27年〜39年版

②1952年〜64年の許可者のうち原国籍「韓国・朝鮮」及び「中国」の数は大森和人「国籍事務の趨勢と今後の動向」『民事月報』69年10月号（ここでの各年の許可者数が①と多少異なる）

③1965年〜88年の許可者総数と原国籍「韓国・朝鮮」の数は竹村泰子議員の質問主意書に対する1998年9月18日付政府答弁書（内閣参質143第1号）

④1989年〜2004年の許可者数は法務省民事局作成資料

年	同胞同士件数	同胞同士人数（×2）	男性=同胞女性=日本人	男性=日本人女性=同胞	同胞と日本人	同胞とその他	同胞同士結婚率%
1990	2,195	4,390	2,721	8,940	11,661	32	27.30
1991	1,961	3,922	2,666	6,969	9,635	40	28.84
1992	1,805	3,610	2,804	5,537	8,341	41	30.10
1993	1,781	3,562	2,762	5,068	7,830	47	31.14
1994	1,616	3,232	2,686	4,851	7,537	28	29.93
1995	1,485	2,970	2,842	4,521	7,363	49	28.61
1996	1,438	2,876	2,800	4,461	7,261	105	28.08
1997	1,269	2,538	2,674	4,504	7,178	93	25.87
1998	1,279	2,558	2,635	5,143	7,778	115	24.48
1999	1,220	2,440	2,499	5,798	8,297	121	22.47
2000	1,151	2,302	2,509	6,214	8,723	142	20.61
2001	1,019	2,038	2,477	6,188	8,665	146	18.79
2002	943	1,886	2,379	5,353	7,732	172	19.26
2003	924	1,848	2,235	5,318	7,553	185	19.28
2004	949	1,898	2,293	5,730	8,023	215	18.73
2005	866	1,732	2,087	6,066	8,153	219	17.14
2006	845	1,690	2,335	6,041	8,376	243	16.39
2007	847	1,694	2,209	5,606	7,815	227	17.40
2008	695	1,390	2,107	4,558	6,665	207	16.82
2009	643	1,286	1,879	4,113	5,992	200	17.20
2010	601	1,202	1,982	3,664	5,646	208	17.04
2011	502	1,004	1,837	3,098	4,935	170	16.43
2012	498	996	1,823	3,004	4,827	186	16.58

資料出所；在日朝鮮人人権協会『人権と生活』No.38より引用　（厚生労働省『人口動態統計に基づき作成された資料）

※この表における同胞とは現・住民基本台帳(旧外国人登録）の国籍欄が「韓国」もしくは「朝鮮」と表示されている人をさす。

※「同胞とその他」の欄の「その他」とは、配偶者が「同胞」と日本人以外の国籍者との結婚件数を示す。

※戦後当初から韓国・朝鮮人男性と日本人女性の組合せが多かったが、1969年から逆転し、その後は日本人男性と韓国・朝鮮人女性の組合せが多い。

※1976年を境に、同胞同士の結婚より、日本人との結婚件数が増加している。

※同胞同士の結婚件数は1965年以降、減少傾向を見せ、1984年から同胞同士の結婚は全体の50%を切った。

※同胞同士結婚率は件数ではなく、人数で計算している。

在日韓国・朝鮮人の結婚統計

年	同胞同士件数	同胞同士人数（×2）	男性＝同胞 女性＝日本人	男性＝日本人 女性＝同胞	同胞と日本人	同胞とその他	同胞同士結婚率％
1955	737	1,474	242	94	336	29	80.15
1956	1,281	2,562	340	134	474	41	83.26
1957	1,674	3,348	407	168	575	37	84.55
1958	2,085	4,170	465	211	676	47	85.22
1959	2,473	4,946	805	280	1,085	38	81.50
1960	2,315	4,630	862	310	1,172	37	79.29
1961	2,568	5,136	745	396	1,141	24	81.51
1962	3,180	6,360	807	514	1,321	31	82.47
1963	3,102	6,204	830	571	1,401	39	81.16
1964	3,360	6,720	1,027	673	1,700	34	79.49
1965	3,681	7,362	1,128	843	1,971	38	78.56
1966	3,369	6,738	1,108	846	1,954	38	77.18
1967	3,643	7,286	1,157	1,097	2,254	28	76.15
1968	3,685	7,370	1,258	1,124	2,382	41	75.26
1969	3,510	7,020	1,168	1,284	2,452	50	73.72
1970	3,879	7,758	1,386	1,536	2,922	47	72.32
1971	4,030	8,060	1,533	1,696	3,229	50	71.08
1972	3,839	7,678	1,707	1,785	3,492	64	68.35
1973	3,768	7,536	1,674	1,902	3,576	54	67.49
1974	3,877	7,754	1,743	2,047	3,790	69	66.77
1975	3,618	7,236	1,554	1,994	3,548	48	66.80
1976	3,246	6,492	1,564	2,049	3,613	48	63.94
1977	3,213	6,426	1,390	1,990	3,380	46	65.23
1978	3,001	6,002	1,500	2,110	3,610	37	62.20
1979	3,155	6,310	1,597	2,224	3,821	27	62.12
1980	3,061	6,122	1,651	2,458	4,109	33	59.65
1981	2,949	5,898	1,638	2,585	4,223	37	58.06
1982	2,863	5,726	1,809	2,903	4,712	42	54.64
1983	2,714	5,428	1,901	3,391	5,292	42	50.44
1984	2,502	5,004	2,021	3,209	5,230	34	48.73
1985	2,404	4,808	2,525	3,622	6,147	39	43.73
1986	2,389	4,778	2,330	3,515	5,845	35	44.83
1987	2,270	4,540	2,365	4,405	6,770	22	40.06
1988	2,362	4,724	2,535	5,063	7,598	23	38.27
1989	2,337	4,674	2,589	7,685	10,274	27	31.21

厚生労働省の人口動態統計によると、二〇一二年の婚姻届について見ると、韓国・朝鮮籍男性の妻の国籍「日本」が一八二三人（七六％）、「韓国・朝鮮籍」が四九八人（二一％）で残りはその他の国籍者との婚姻です。韓国・朝鮮籍女性の場合、夫の国籍は日本が三〇〇四人（八四％）、韓国・朝鮮籍が四九八人（一四％）、他の国籍者は九四人（二・六％）となっています。

さらにもう一つ減少の要因に「帰化」（日本国籍取得）が挙げられます。一九五二年から二〇一三年までの韓国・朝鮮籍の帰化許可者総数は約三五万人（在日本朝鮮人人権協会編『人権と生活』二〇一三年十二月号巻末資料）になります。

このような現実ですので、在日韓国・朝鮮人とはだれなのか、をとらえなおす必要があります。もはや国籍や特別永住という在留資格を保持する人だけではなく、九〇年以降急増したニューカマーと呼ばれる韓国人や、「帰化」して日本国籍になっても在日韓国・朝鮮人としてのアイデンティを持ち、民族名を名乗って生きる人たちなど多様な在日韓国・朝鮮人が存在します。

国籍が韓国・朝鮮で特別永住の資格を持っている人を狭義の在日韓国・朝鮮人と呼ぶとすれば、新しく来日した人々や日本国籍を持つ人を含めて広義の在日韓国・朝鮮人ということもできるでしょう。

狭義の在日韓国・朝鮮人は、日本人との婚姻、帰化により確かに減りつつありますが、広義の在日韓国・朝鮮人は増えつつあります。特別永住者とニューカマーの韓国人や中国の朝鮮族、そのほかの外国人との出会い、婚姻などを通じてさまざ

2　締約国は、子の国籍に関し、女子に対して男子と平等の権利を与える。

まな人がつながりあって新しい交流、運動、グループも生まれてきます。前述したように特別永住の韓国・朝鮮人が日本人以外の他の国籍者との国際結婚などにより、中国、アメリカ、フランス、フィリピン、ブラジル、ナイジェリア国籍など四七の「多国籍の特別永住者」が生まれています。

国際結婚から生まれた子どもたちは、かつては「ハーフ」と呼ばれていました。半分だけは○○人という意味で使われていたのだと思われます。しかし最近では「ダブル」と呼ぶように変化しています。両親のそれぞれの文化を継承していることをありのままに受けとめ、精神的な豊かさを育むことにつなげようという発想です。

国籍や血統で区別するのではなく、民族、名前、文化、ルーツなどを大切にする、こうした生き方の多様性をダイナミックにとらえることがこれからの在日韓国・朝鮮人を理解する鍵になると思います。

Q2 法的地位はどうなっていますか？

日本での立場は法律上どうなっているのでしょうか。また、これまでにどのような変化がありましたか。他の外国人とはどのような違いがあるでしょうか。

一般に、日本で外国人として生活する場合、二〇一二年七月施行の改定「出入国管理及び難民認定法」第二条の二で①「本邦に在留する外国人は、……当該外国人に対する上陸許可若しくは当該外国人の取得に係る在留資格（中略）、またはそれらの変更に係る在留資格をもって在留するものとする」と決められています。そして、在留資格《ざいりゅうしかく》に応じて活動できる内容と在留期間が定められます。

たとえばが在留資格「留学」だとすれば、アルバイトをする場合、事前に各地の地方入国管理局で「資格外就労許可《しかくがいしゅうろうきょか》」を受けていないと働くことは認められませんし、在留期間更新が許可されずそのまま滞在しているとオーバースティ＝非正規滞在者ということになります。つまり在日外国人の立場は制限つきであることが多いといえます。外国人の出入国及び在留管理は領土主権に基づく国の裁量と考えられているからです。

一九七八年のマクリーン裁判（外国人の政治活動とそれを理由とする在留期間更新不

日韓条約

正式名称は「日本国と大韓民国との間の基本関係に関する条約」という。この条約と合わせて「請求権及び経済協力協定」、「漁業協定」、「在日韓国人の法的地位及び待遇に関する協定」、「文化財及び文化協力に関する協定」の四つの協定が締結された。

一九五二（昭二十七）年四月十九日付民事甲籍四三八号各法務局長、地方法籍局長宛民事局長通達

近く平和条約（以下単に条約とい

許可の違憲性を問う訴訟）では、憲法による「基本的人権の保障は、……外国人にも等しく及ぶべきものと解すべきであり、外国人の政治活動の自由についても……その保障が及ぶ……しかしながら……外国人に対する憲法上の基本的人権の保障は、右のような外国人在留制度の枠内で与えられているにすぎない……在留期間中の憲法の基本的人権の保障を受ける行為（この原告の場合、ベトナム反戦、入管法改定法案反対、日米安保条約反対など政治活動の自由）を在留期間更新の際に消極的な事情としてしんしゃくされないことまでの保障が与えられているものと解することはできない」と最高裁は判断しました（七八年十月四日大法廷判決）。この結果、マクリーンさんは、在留期間更新の不許可が確定し、十月三十一日帰国しました。

在日韓国・朝鮮人は法的地位の面では、現在、他の外国人に比べて安定した立場にあるといえます。それは五二年四月十九日の法務省民事局長通達で「サンフランシスコ平和条約発効（同年四月二十八日）により旧植民地出身者は日本国籍を喪失する」とされましたが、裏を返せば、韓国併合条約（Q６参照）以降、平和条約発効まで在日朝鮮人は日本国籍を保持していたとされたのです。戦前、渡日せざるを得なかった朝鮮人は、人や時期によりそれぞれ強制性に濃淡の差はありますが、「日本人」として旅券を必要とせずに渡日し、戦時期には強制的な軍事、労働動員の対象にされた人たちで、いわば日本の植民地支配によって生み出された民族集団です。こうした歴史的背景と定住の実態を無視して、旅券を持って入国した一般の外国人と同列に扱うわけにいかず、在留資格については安定した地位を得ることが

う。）の発効に伴い、国籍および戸籍事務に関しては、左記によって処理されることとなるので、これを御了知の上、その取扱に遺憾のないよう貴管下各支局及び市区町村に周知方取り計られたい。

記

第一、朝鮮及び台湾関係

(1)　朝鮮及び台湾は、条約の発効の日から日本国の籍土から分離することとなるので、これに伴い、朝鮮人及び台湾人は、内地に在住している者を含めてすべて日本の国籍を喪失する。

(2)　もと朝鮮人又は台湾人であった者でも、条約の発効前に内地人との婚姻、縁組等の身分行為により内地の戸籍に入籍すべき事由の生じたものは、内地人であって、条約発効後も何らの手続を要することなく、引き続き日本の国籍を保

できました。もっとも、この通達は、当事者の意思による国籍選択を認めなかったことは問題です。

また、この通達によって在日韓国・朝鮮人は、平和条約発効後は一律に「外国人」として様々な社会保障、戦後補償制度などから国籍条項によって排除されることになりました。日本国籍取得についても「帰化」によって対処することとし、「日本国民であった者」とも「日本国籍を失った者」とも扱わず「かつて『帝国臣民』たることを強制した者を、一般外国人と全く同じ条件で帰化審査に付すことを意味し、見事に〝歴史の抹消〟がなされたといえよう」と田中宏氏は『在日外国人第三版』（七一頁、岩波書店、二〇一三年）で指摘しています。またそれは、個別に審査をすることで、政府にとって好ましからざる在日韓国・朝鮮人には帰化を許可しないという裁量が働く余地を残しました。

法律一二六号と四・一・一六・二

そして、五二年四月二十八日の平和条約発効にあわせるかのように、二つの法律が公布されました。一つは法律一二五号「外国人登録法」で、指紋押捺制度《しもんおうなつせいど》が導入され（実施は五五年から）、十四歳以上の人は交付される外国人登録証明書を常に持ち歩くという常時携帯義務《じょうじけいたいぎむ》が外国人に義務付けられました。

もう一つは法律一二六号という法律です。これは平和条約発効に伴って日本国籍を離脱する者で、一九四五年九月二日（降伏文書に署名の日）以前からこの法律施

有する。

(3) もと内地人であった者でも、条約の発効前に朝鮮人又は台湾人との婚姻、養子縁組等の身分行為により内地の戸籍から除籍せらるべき事由の生じたものは、朝鮮人又は台湾人であって、条約発効とともに日本の国籍を喪失する。なお、右の者については、その者が除かれた戸籍又は除籍に国籍喪失の記載をする必要はない。

(4) 条約発効後は縁組、婚姻、離縁、離婚等の身分行為によって直ちに内地人が内地戸籍から朝鮮若しくは台湾の戸籍に入り、又は朝鮮人及び台湾人が右の届出によって直ちに同地の戸籍から内地戸籍に入ることができた従前の取扱いは認められないこととなる。

（解説）戦前、植民地支配を受けた台湾人と朝鮮人は、国籍は同じ日本国籍だが、内

行まで引き続き本邦に在留する者及びこの間に出生したその子は、別に法律で定めるまでは在留資格を有することなく在留することができる、というものでした。この措置は法律一二六号第二条六項に定められたので、一般的に「法一二六‐二‐六」と呼ばれております。

そして五二年四月二十八日以降に生まれた子どもは入管令第四条一項一六号二（四‐一‐一六‐二）で定める「特定在留」になり、三年の在留期間が定められ、三年ごとに地方入管局に行って在留期間を更新する手続きが必要になりました。「法一二六‐二‐六」によって在留資格を有さず、在留期間も定めず、職業その他の活動にほぼ制限がないことは日常生活に混乱が生じるのを防ぐ効果はあったといえますが、「別に法律で定めるまで」とあるように、今後の在日韓国・朝鮮人処遇の方針をたてられなかったため、暫定措置であったともいえます。

「法一二六‐二‐六」に該当する人も無条件で在留を認められたわけではなく、当時の入管令第二四条では、一年以上の実刑を受ければ退去強制できると書かれています。これによって在日韓国・朝鮮人は精神的にとても圧迫され、常に不安な状態におかれました。プロ野球で最多安打の記録を持つ張本勲選手（八一年引退）は在日韓国・朝鮮人の一人ですが、選手時代には相手側のベンチやスタンドから「朝鮮人！」という心ない野次とともに、「強制送還するぞ」という暴言を浴びせかけられました。つまり、強制送還という制度がそれとは関係のないところで差別の道具に使われていたのです。

地の日本人には戸籍法が、外地の台湾に本籍を有する人には「台湾戸口規則」が、朝鮮に本籍を有する人には「朝鮮戸籍令」が適用され、差別・分断支配の方法として戸籍が利用された。内地と外地の本籍の移動は禁止されたが婚姻や養子縁組等の場合だけ移動が認められ、妻は夫の戸籍に、養子は養親の戸籍に移った。(2)は日本人との結婚、養子縁組などによって日本の戸籍に入籍した台湾人・朝鮮人は、平和条約発効後も日本国籍を保持し、(3)は朝鮮人・台湾人と結婚、養子縁組などによって日本の戸籍から除籍された日本人は、平和条約発効後は日本国籍を喪失し、外国人として処遇されることになった。(4)ではこうした戦前の結婚、養子縁組などの身分行為による戸籍の移動を認めないとした。

(5)　条約発効後に、朝鮮人、台湾人が日本国籍を取得するには、一般の外国人と同様、もっぱら国籍法の規定による帰化の手続きに依ることを要する。なお、右帰化の場合、朝鮮人、台湾人は、国籍法第五条第二号の「日本国民であった者」及び第六条第四号の「日本国籍を失った者」に該当しない。

協定永住

その後の転機は六五年の日韓基本条約です。この時に「在日韓国人の法的地位及び待遇に関する協定」（六六年一月発効）と「日韓法的地位協定実施に伴う出入国管理特別法」が同時に施行され、「協定永住」という在留資格が創設されました。この協定は日本と韓国の二国間の条約に基づくもので、韓国政府が「朝鮮半島にある唯一の合法的な政府」であると承認することを前提に、協定永住を許可された者は、外国人登録原票の国籍蘭を「韓国」とし、日本政府は協定永住許可者に対しては、第三条で、退去強制の対象となる一五の法違反を四項目に制限し、懲役や禁固刑を受けた場合でも一年で対象とされていた退去強制を七年以上の刑に制限し、第四条で「教育、生活保護及び国民健康保険に関する事項」について「妥当な考慮を払うものとする」としました。

しかし、いかに緩和されたとはいっても退去強制がなくなったわけではありません。七三年に兵庫県在住のSさんは十八歳の時に犯した罪のため八年の実刑判決を受け、服役中に協定永住許可を受けましたが、七年を超えたために退去強制令書が出されました。

送還停止の仮処分申立てと強制退去処分取消し訴訟を起こし、六年にわたる裁判で全国的な関心を集め結審の前に訴訟を取り下げることによって、法務大臣より「在留特別許可」が出されたことがありました。法務大臣は、特別に在留を許可す

以下省略

法律第一二六号（昭和二十七年＝一九五二年四月二十八日）

ポツダム宣言の受諾に伴い発する命令に関する件に基く外務省関係諸命令の措置に関する法律

第二条六項

「日本国との平和条約の規定に基づき同条約の最初の効力発生の日において日本の国籍を離脱する者で、昭和二十年九月二日以前からこの法律施行の日まで引き続き本邦に在留するもの（昭和二十年九月三日からこの法律施行の日までに本邦で出生したその子を含む）は、出入国管理令第二二条の二第一項の規定にかかわらず、別に法律で定めるところによりその者の在留資格及び在留期間が決定されるまでの間、引き続き在留資格を有することなく本邦に在留

べき事情があると認めるとき、その人に在留特別許可を付与することができるのです（入管法第五十条）。

このように同じ歴史的背景と定住の事実を有する在日韓国・朝鮮人であるにもかかわらず、協定永住を申請するか、「法一二六-二-六」とその子孫である「特定在留」（四-一-一六-二）のままか、Sさんのような在留特別許可などに法的地位は細分化されました。

日本政府は在日韓国・朝鮮人の在留資格の安定を図るという側面より、協定永住申請により韓国籍を増やし、朝鮮籍を減らすという韓国政府の意向に沿う政治的判断の側面が強かったのではと思われます。

第四次日韓全面会談以降、第五・六・七次の各会談において「在日韓国人の法的地位委員会」の日本側代表補佐を務めた法務省入国管理局参事官・池上努はその著書『法的地位二〇〇の質問』（京文社、一九六五年）で、（第一六〇問）「それでは、日韓協定に基づく永住権を取れなかった者や取らなかった者の処遇は一体どうなるのか」と設問し、「これも何度も言った通りで、日本政府の全く自由裁量に属することとなる。国際法上の原則から言うと『煮て食おうと焼いて食おうと自由』なのである。日本政府を拘束するのは特定国間の条約だけであり、日本と通商航海条約などで入国・在留その他の待遇について特別の約束をした者とか、日韓協定で一定の待遇を与えることを約束した者に対する待遇だけが日本政府の自由裁量を制限するのである」と解説していることからも明らかです。

することができる」

日本国に居住する大韓民国国民の法的地位及び待遇に関する日本国と大韓民国との間の協定

一九六五年六月二十二日署名
一九六六年一月十七日発効

前文　省略

第一条　日本国政府は、次のいずれかに該当する大韓民国国民が、この協定の実施のため日本国政府が定める手続きに従い、この協定の効力発生の日から五年以内に永住許可の申請をしたときは、日本国で永住することを許可する。（以下省略）

第二条　1　日本国政府は、第一条の規定に従い日本国で永住することを許可されている者の直系卑属として日本国で出生した大韓民国国民の日本国における居住につい

特例永住

こうした状況をひとまず打破したのが入管法改定（八二年一月施行）でした。日本政府の難民条約批准にともなって「出入国管理令一部改正法」と「難民条約関係国内法整備法」を定め、「出入国管理及び難民認定法」と改称し、協定永住許可を有しない「法一二六－二－六」と、特定在留者は申請すれば「一般永住」の資格を付与する「特例永住」を認めました。これによって特定在留の人は、ほとんどが一般永住者となり三年ごとの「入管参り」と呼ばれた在留期間更新の手続きも不要となりました。

しかし退去強制については、適用される入管法は「日韓法的地位協定実施に伴う出入国管理特別法」ではなく、入管法なので、一年以上の実刑判決で強制退去の該当者となってしまい、在留の安定性の面では格差が生じました。

特別永住

一方、協定永住は七一年一月十六日の申請期限までにその資格を持っている人とその子どもには、申請すれば認められることになっていました。けれども申請期限から数えて三世代目については何の取り決めもなく、法的地位協定の第二条に「……日本国で出生した大韓民国国民の日本国における居住については、……二五年を経過するまでは協議を行うことに同意する」とあるだけで、協定永住の孫（三

ては、大韓民国政府の要請があれば、この協定の効力発生の日から二五年を経過するまでは協議を行うことに同意する。（以下省略）

第三条　第一条の規定に従い日本国で永住することを許可される大韓民国国民は、この協定の効力発効の日以後の行為により次のいずれかに該当することとなった場合を除くほか、日本国から退去を強制されない。

(d)　日本国の法令に違反して無期又は七年をこえる懲役又は禁固に処せられた者

第四条　日本国は、次に掲げる事項について、妥当な考慮を払うものとする。

(a)　第一条の規定に従い日本国で永住することを許可されている大韓民国国民に対する教育、生活保護及び国民健康保険に関す

代目）の世代については新たな協定が必要でした。そのため、その後の出入国管理法案、外国人学校法案反対運動や、就職差別裁判、自治体における国籍差別撤廃運動、難民条約批准による社会福祉制度の国籍差別撤廃の進展、指紋押捺制度撤廃を求める運動など、在日韓国・朝鮮人の権利獲得運動の高まりの中で、韓国政府も在日韓国人委員を含んで「在日韓国人後孫問題諮問委員会」を立ち上げ、二十五年後にあたる九一年の再協議に備えました。

九一年一月、日韓外相の間で覚書が調印され、入管特例法が十一月から施行されることになりました。正式には「日本国との平和条約に基づき国籍を離脱した者等の出入国管理に関する特例法」といい、戦前から引き続き日本に居住する「協定永住者」、「特例永住者」、そして協定永住も特例永住も申請しなかった「法一二六－二－六」該当者とその子ら全てを「特別永住者」という地位に一本化し、子々孫々に申請によって永住が認められるようになり、退去強制も内乱罪や外患罪といった特殊なケースに限るとし、まずは国外追放の心配はなくなりました。

この時、法的地位以外の地方自治体職員・公立学校教員採用、民族教育の保障や在日外国人の地方参政権問題などについては、協議したことは明記されましたが「配慮する」、「韓国政府からの要望」などの表現にとどまり、具体的な進展はありませんでした。ただ覚書の前文には、「……日本側は、在日韓国人の有する歴史的経緯及び定住性を考慮し、これら在日韓国人が日本国でより安定して生活を営むことができるようにすることが重要であるという認識に立ち……」と書かれました。

る事項

特例永住

一九八一年「出入国管理令一部改正法」及び「難民条約関係国内法整備法」公布、一九八二年一月一日施行により「出入国管理及び難民認定法」と改称。このとき、一定の要件を満たす「協定永住」を有しない在日朝鮮人、台湾人に、一般永住資格（特例永住資格）を付与した。

一定の要件とは、戦前に渡日し、戦後も引き続き在留し、平和条約によって日本国籍を離脱した旧植民地出身者とその子孫をいう。従来の在留資格が法一二六－二－六とその子孫の四－一－一六－二であった人。

在日韓国・朝鮮人の国籍と法的地位の変遷

年月日	根拠法令など	国籍	法的地位（在留資格）
1945年9月2日	日本、降伏文書に署名	日本国籍のまま	
1945年11月1日	GHQ初期基本指令	解放民族として処遇（日本国籍を保持している）	
1947年5月2日	外国人登録令	この勅令の適用については当分の間、外国人とみなす。国籍欄は一律に朝鮮	
1948年	8月15日、大韓民国樹立 9月9日、朝鮮民主主義人民共和国樹立		
1950年2月23日	閣議決定	公文書に韓国の名称使用を認め、外国人登録令の国籍欄も「韓国」を認める	
1952年4月19日	法務省民事局長通達	日本国籍を喪失、外国人として処遇	
1952年4月28日	外国人登録法		
1952年4月28日	法律126号		126-2-6（就労及び在留期間に制限なし）、平和条約発効後に生まれたその子どもたちは特定在留（在留期間3年）
1965年6月22日	日韓条約締結	法的地位協定で協定永住制度新設、許可者は「韓国」籍に、同時に国交正常化により「韓国」は国籍、「朝鮮」は地名の扱い	法的地位協定で協定永住制度新設、許可者は「協定永住」に
1982年1月1日	出入国管理及び難民認定法		協定永住を申請しなかった126-2-6及び4-1-16-2該当に特例で永住を付与
1991年11月1日	出入国管理特別法		協定永住、特例永住を一本化して「特別永住」に

在日韓国・朝鮮人の運動によってこのような文書がやっと書かれるようになったといえるでしょう。

在日韓国人の法的地位についての協議を終えて帰国した海部首相（当時）は「在日韓国人が日本社会で安定した生活が営めるようにすることが重要」、「同じ社会に生活する人間として共に考え、共に生きることができるようにしなければ」というメッセージを発表しました。こうした時代の変化の中で在日韓国・朝鮮人は日本社会に根を下ろし、積極的に社会参加しながら「共生」していくことになりました。

現在、他の在留資格から永住許可を取得した一般永住者と比較して、特別永住者は①「常時携帯義務」が免除（しかし、官憲の請求があれば提示義務があります）、②再入国時に指紋、顔画像登録の免除、③二年以内の出国・再入国については再入国許可が不要などの優位性があります。しかし、これらの免除などは本来、中長期の在留者にも適用されるべきであることはいうまでもありません。

Q3 在日韓国・朝鮮人の国籍はどうなっていますか?

私は在日朝鮮人だという人もいるし、在日韓国人だという人もいます。どこが違うのですか。「国籍」が違うことによって日本での待遇に違いがあるのですか。

在日韓国・朝鮮人という呼び方は、どうも長ったらしいという印象を免れません。もう少しすっきりした言い方はできないものでしょうか。また韓国及び朝鮮という二つの国家名を無理にくっつけているようで、意味の上でも明快とはいいにくい面があります。

このような複合語ともいえる呼び方が使われるようになったのは一九七〇年代になってからです。それまでは在日朝鮮人または在日韓国人という言い方が一般的でした。そのはじまりは戦後、日本の支配から解放された朝鮮が南北に分断されたことにさかのぼります。

四八年、北緯三八度線を境にして南側に大韓民国(以下、韓国という)、北側に朝鮮民主主義人民共和国(以下、北朝鮮という)が建国されました。南北どちらの国を支持するかということは、解放後の在日韓国・朝鮮人にとって自分のあり方にもかかわる切実な問題になりました。しかも、五〇年六月には朝鮮戦争が起こったこと

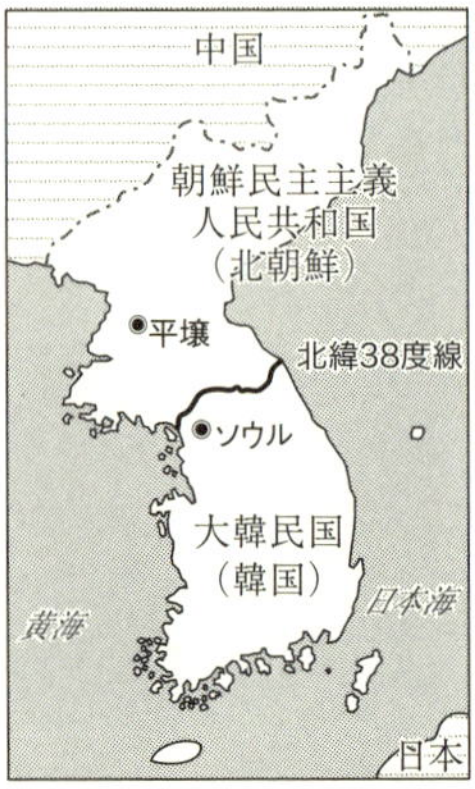

朝鮮半島

や、日本国内でも民族団体が二つに分かれて対立は深まるばかりでした。その象徴的な表現として韓国人あるいは朝鮮人と強調するようになったといえます。

日本社会では朝鮮人という呼び方が広く使われてきました。それは特定の国に属するということより、日本人に対しての朝鮮人という民族的なとらえ方からです。一九一〇年の韓国併合条約によって日本は、植民地統治の最高機関として天皇に直属する朝鮮総督府を設置し、大韓帝国を滅亡させて、朝鮮人は大日本帝国の「臣民」（＝日本国籍者）となりました。「内鮮一体《ないせんいったい》」、「一視同仁《いっしどうじん》」という植民地統治のスローガンが叫ばれましたが、朝鮮人は国民として平等に処遇されたわけではありません。帝国憲法は朝鮮では施行されず、参政権も日本人植民者を含めて認められませんでした。また、戸籍も日本の戸籍法の適用を受けず、朝鮮戸籍令が制定されて日本人と朝鮮人との「境界」は明確化されていました。以後、地域名として朝鮮、民族としての朝鮮人という言い方が定着しました。

占領軍と日本政府の対応

戦後、連合国最高司令官総司令部 General Head Quarters, the Supreme Commander for the Allied Powers（以下、ＧＨＱと略す。）が、在留する在日朝鮮人の処遇を初めて言及したのは、四五年十一月の「日本降伏後における初期の基本指令」でした。第八項で、「中国人たる台湾人及び朝鮮人を、軍事上の安全の許す限りにおいて解放民族として処遇すべきである。彼らはこの文書中に使用されている『日

日本占領及び管理のための最高司令官に対する降伏後における初期の基本指令　一九四五年十一月一日

第八項ｄ

「貴官は、中国人たる台湾人及び朝鮮人を、軍事上の安全の許す限りにおいて解放民族として処遇すべきである。彼らはこの文書中に使用されている『日本人』という用語には含まれない。しかし、『日本国民』であったから、必要な場合には『敵国人』として処遇されてよい。彼らは、もし本人が希望するならば、貴官の定める規則によって帰還されることができる。しかしながら、連合国人の帰還に優先権が与えられる。」

本人』という用語には含まれない。しかし、『日本国民』であったから、必要な場合には『敵国人』として処遇されてよい」としました。勝者〔連合国側〕でも敗者〔日本人〕でもない第三者的地位という意味で「非日本人」、「特殊地位国」とか「第三国人」などとも呼ばれました。特に「第三国人」という言葉は連合国側から見た言葉であって、日本と朝鮮は支配・被支配という当事者なので、日本人がこの言葉を使うのは全く適切ではなく、歴史的な責任をなおざりにする恐れがあります。

その後、GHQは四六年十一月に渉外局の「朝鮮人の地位及び取扱い」という文書で「引揚げ計画に基づいて本国に帰還しない者は正当に設立された朝鮮政府が彼らを朝鮮国民として承認するまでその日本国籍を保持するものとみなす」としました。

日本政府もほぼ同様に四五年十二月、内務大臣が衆議院で「内地に在留しております朝鮮人に対しましては、日本の国籍を選択し得るということになるのがこれまでの国際先例」と答弁し、四九年にも川村外務政務次官が「大体において本人の希望次第」と答弁していました。最終的にはサンフランシスコ平和条約で領土放棄によって在日朝鮮人の国籍喪失をさせることになりました。それがQ２で紹介した法務省民事局長通達だったのです。

こうした状況のもとで、四六年七月の国会で大野伴睦は「非日本人が治安を乱している」との緊急質問を行い、さらに八月にも椎熊《しいくま》議員が「台湾人、朝鮮人これらが〔中略〕戦勝国民の如き態度をなし、その特殊なる地位、立場を悪用して我が日

「第三国人」国会審議から

一九四六年七月の第九〇回帝国議会

「国内治安維持に関する緊急質問」

大野伴睦「非日本人のこれが社会秩序の破壊行為は、あたかも平和なる牧場に虎狼の侵入せる感を禁じ難きものがあるのであります〔拍手〕。殊に最近帝都の渋谷、新宿付近において起こった騒擾事件は、闇市場を中心とし、日本商人と日本人にあらざる商人との衝突でありまするが、連合軍当局の公正なる指示によって事態は一応緩和したものの、政府は一体これに対し機宜《きぎ》の処置を講じたのでありましょうか。」

大村国務大臣「いわゆる解放された在留者にして誤れる者は、過去の処遇に対する反発を理由といたしまして、敗戦国の法律に遵《したが》う必要はないと、あたかも戦勝国民なるがごとき優越感を抱き、例えば不当要求、

本の秩序と法規を無視し、傍若無人の振る舞いを敢えてなし来たことは、実に我らの黙視するあたわざるところであります」と質問し、内務大臣は「第三国人によりまして……」と答弁し、台湾人、朝鮮人が「第三国人」との呼び方にかわっています。植民地支配からの解放感にあふれ躍動する民族に、反感や憎悪を込めた言葉として「第三国人」という言葉が広まりました。戦前の支配構造における地位が戦後、解放民族＝朝鮮人と敗戦国民＝日本人という逆転によって生み出された屈折した感情を表現しています。

戦後最初の在日朝鮮人処遇問題は選挙権問題でした。詳しくはQ25の参政権で述べますが、四五年十二月の戦後最初の衆議院選挙では在日韓国・朝鮮人は戸籍法の適用を受けない人（朝鮮戸籍令の適用者）として選挙権、被選挙権を停止されたのです。また、四七年四月の文部省「朝鮮児童の就学義務に関する件」という通達では在日朝鮮人は日本国籍を保持しているので、日本の法令に服し日本人同様に就学させる義務があるとして民族教育を弾圧しました。そして、四七年五月に外国人登録令によって在留外国人に登録が実施され、このときは在日韓国・朝鮮人は第一一条によって「適用については当分の間外国人」とみなされることになり、国籍欄は一律に「朝鮮」と表記されました。この時期はまだ朝鮮半島の南北の政府が独立を宣言していなかったので朝鮮半島出身者であるという意味でした。

その後、四八年八月に大韓民国が樹立されてからは在日韓国居留民団及び韓国政府の駐日代表部から日本政府に国籍欄を「韓国」と表記するよう求める動きがあ

集団暴行、各種犯罪の敢行、経済統制攪乱、無賃乗車等の不法越軌の行為を、しかも衆を恃《たの》んで行い、社会人心を不安に陥れしめたことはご承知のとおりであります。」

一九四六年八月の「密航取締並びに治安維持に関する緊急質問」

椎熊三郎「終戦当時まで日本に在住し、日本人として生活しておった台湾人、朝鮮人これらが終戦と同時に、あたかも戦勝国民の如き態度をなし、その特殊なる地位、立場を悪用して我が日本の秩序と法規を無視し、傍若無人の振る舞いを敢えてなし来たことは、実に我らの黙視するあたわざるところであります。」「今や五〇〇億を超える日本の新円のその三分の一は、恐らく彼らの手に握られているのではないかという噂さえあるのでございます。」「現に神戸、大阪の如きは、すでに露天

りました。日本政府は「朝鮮」は歴史的な、一般的にKoreaの名称であり、在日朝鮮人の国籍は講和条約または他の会議で公式に定められるべき、として拒否をしましたが、五〇年二月二十日、連合国総司令部から「韓国及び大韓民国の名称の使用を認可する」という覚書が届き、二月二十三日、日本政府も公文書に韓国の名称使用を閣議決定し、同日、法務総裁は「あくまでも用語の問題でその人の法律上の処遇が異なるものではない」との談話を発表しました。この韓国籍というのは、墓参、親族訪問など韓国へ行くための旅券取得に必要でした。しかし、植民地支配と渡航の歴史的背景を共有し、地縁血縁で結ばれた在日韓国・朝鮮人一世の多い戦後初期の時代は、韓国籍であれ朝鮮籍であれ同じ「在日朝鮮人」（チョソンサラム＝朝鮮人）という表現がなお一般的でした。

日韓条約、韓国は「国籍」、朝鮮は「地名」

大きな変化が起きたのはQ２で説明した日韓条約に基づく法的地位協定で「協定永住」という在留資格が創設されたことによります。国籍蘭「朝鮮」である人も協定永住を申請し許可されると国籍は「韓国」に変更されます。そして、日韓条約で国交が成立したので、韓国は「国籍」であり、国交のない朝鮮は今も「地域」名とされています。協定永住を申請する人は韓国政府を支持する立場から申請した人もいるのですが、在日韓国・朝鮮人の多くの人は朝鮮半島の南半分＝韓国の地域を出身とするため墓参や親族訪問を考えて旅券取得のために申請した人や、国民健康保

商人、飲食店は悉く台湾人、朝鮮人によって掌握されているという、この事実を内務当局は何と見られますか。」

大村国務大臣「第三国人によりまして、或いは闇市場における各種の好ましからざる行為が頻々として行われておること、或いは列車の中における暴状、不正乗車、これら見るに忍びざる行為につきましては、国民斉しく不快とせられ、またこれがわが国の治安を攪乱する一つの重大な要素であるという点におきまして、多大の憂慮を寄せられておりますことは……。」

〔参考文献〕内海愛子「『第三国人』と歴史認識——占領下の『外国人』の地位と関連して」『「三国人」発言と在日外国人』（明石書店、二〇〇〇年）所収

険に加入できる利益を考えた人も少なくありません。在日韓国・朝鮮人は就職差別の結果、個人又は零細なサービス業、個人商店経営あるいは建築土木業に携わる人が多いので厚生年金・社会保険に加入している人は極めて少数で、健康保険加入資格はとても魅力的だったのです。

しかも当時は大都市に住む在日韓国・朝鮮人は周辺部、大気汚染のひどい地域と重なる地域に暮らす人が多く、公害病で苦しみ、思想信条とは別に健康保険を目的に協定永住を申請した人も少なくありません。川崎市川崎区に暮らすリュウさんは「今更永住権はほしくない。しかし、健康保険がないと私は飢え死にする」（『朝日新聞』「煤煙下の朝鮮人」、七〇年九月二十九日～十月七日付）と語っていました。

しかし、申請期間の五年間は在日韓国・朝鮮人の二つの民族組織、北朝鮮を支持する朝鮮総連（在日本朝鮮人総連合会）と韓国を支持する韓国民団（在日本大韓民国民団）との間でし烈な争いが生じました。北朝鮮を支持する朝鮮総連にとっては協定永住＝韓国籍が増えることは自らの陣営を切り崩されることを意味したからです。七四年の統計では協定永住者は三四万二三六六人で当時の在日韓国・朝鮮人総数の五三％、半数を超す人が韓国籍になりました。

これは東アジアの冷戦構造、本国の南北分断が在日韓国・朝鮮人社会にも持ち込まれたことを意味します。この時に同じ歴史的背景と定住性を有する在日韓国・朝鮮人の間に、法的地位（協定永住）と国民健康保険の適用という「恩恵」で差別化・分断を図った日本政府の責任を指摘しないわけにはいきません。韓国籍、朝鮮

朝鮮総連と民団→Q11参照。

籍にかかわらず永住を保障し、国民健康保険加入など社会保障の適用を実施していれば在日韓国・朝鮮人社会の対立と分断に加担しなくて済んだはずです。

　その後は朝鮮総連などが韓国籍から朝鮮籍への再度の書き換えを求める運動を展開しました。しかし、政府は七〇年に通達を出し、①自治体職員による事務取扱上の間違い、②本人の意志によらず第三者により申請がなされた場合、③韓国の国民登録、旅券の発給、協定永住許可を受けていない場合のみ訂正はできるとしましたが、件数は多くありません。自治体によってはこの条件を満たしていない場合でも訂正に応じたところがありました（例えば革新自治体などは、法務省の通達にかかわらず書き換えをしていました）が、自治体の保管する外国人登録原票と本人が所持する外国人登録証明書の国籍欄を朝鮮に訂正しただけで、国が保管する外国人登録原票の国籍欄は訂正されておりません。

　同じ歴史的背景を持ち、同じような生活環境におかれているにもかかわらず、在日韓国・朝鮮人はまるで敵同士のようにらみ合いを繰り返したのでした。時には家族の中でも。作家の故金鶴泳《キムハギョン》さんは協定永住の申請締切日に当たる七一年一月十五日の日記に次のように綴っています（『日記抄』二〇〇四年）。

「……永住権申請をするべきか、見送るべきか。今日の朝鮮が、北朝鮮と韓国とに分断されている以上、そして自分は北朝鮮には何としても住み得ぬ人間である以上、この際、『朝鮮籍』を放棄し、『韓国籍』を取得して韓国人となったとて、何の支障もないはずである。父が知ったら激怒し、嘆くであろうが、しかし父とはすで

韓国籍から朝鮮籍への国籍訂正について　法務省通達

　一九七〇年九月二十六日付法務省管登甲合第六八八三号

「韓国から朝鮮への訂正申立の提出書類等については、国の事務であり、全国統一的に取り扱う。市町村限りでの訂正を行わないこと。訂正可能な場合は、①市町村の吏員の事務取扱上の過誤に基づく場合、②本人の意思によらず、第三者により書き換えの手続きがなされた場合。ただし、（韓国の）国民登録をし、旅券の発給もしくは協定永住許可を受けた者はこの限りではない」

全国に先駆けて国籍書き換えを実施した福岡県田川市・坂田市長談話

　一九七〇年八月十三日

「理屈じゃない。今、筑豊にいる朝鮮の人たちは戦時中に炭坑に強制

にそのことのために衝突済みである」

「自分の〈生〉を考えると眠られぬ。自分は、朝鮮人は、全く袋小路に追い込まれていることを感じ、慄然とする。峻烈な、恐ろしいばかりの孤独感。一体、自分はなぜ朝鮮人に生まれついたのだろう、などという呻《うめ》きが、つい洩れてしまう。在日朝鮮人二世三世はどのように生きたらいいのか。……自分たちには行き場がない。行き場を自分で作らねばならない。そして、それはあまりにも至難に過ぎるかのような道である」

それは生活の実態や課題からかけ離れた争いでもありました。なぜならその頃には日本に定着して住むことは明白な事実になっていたからです。その変化を示すのは二世が社会人として登場してきたという事実です。在日韓国・朝鮮人の二世にとっては日本社会でどう生きていけばよいのか、就職をはじめ目の前に立ちはだかる差別をどう乗り越えるのかということが主要なテーマにならざるを得ませんでした。

この問題を解決するためには北も南もありません。「在日」という事実に対して共同して取り組むしかないのです。しかし現実に在日韓国人と主張する人もいれば、在日朝鮮人でないと納得しない人もいる中で、両方を網羅する表現として生まれたのが在日韓国・朝鮮人という用語です。いわば便宜的かつ過渡的な表現ということができます。一方で韓国と朝鮮を並べるのは「二つの朝鮮」を容認するものだという反対意見がありました。しかし容認するもしないも二つの政権が存在することを

的に連行された人たちがほとんどです。無理やり日本に連れてきて苦労をさせ、今になってその人たちの国籍の選択を認めないという道理はない。朝鮮の人たちは日本の戦争に協力を強いられ、犠牲になった。このひと人たちの歴史をしっかり踏まえなければ朝鮮人問題の解決にはならない。私にとって朝鮮人問題とは、あの真っ暗な炭鉱の穴の中でともに苦労をした人たちへの償いの気持ちなのです」（全国革新市長会・地方自治センター編『資料・革新自治体』一九九〇年、日本評論社）

隠しようはないのです。九一年九月、韓国・朝鮮がそれぞれ国連に同時加盟している現状において「朝鮮は一つ」などというのはあまりにも素朴な希望的表現です。

むろん在日韓国・朝鮮人という表現が不十分なものであることは事実です。それを克服するためにさまざまな提案がありました。たとえば英語を使って「在日コリアン」と呼べばいいとか、「在日韓朝人」とかいう案もありました。もっと単純化して「在日」と表現する人もいます。

そのどれもが見失いがちな問題は、在日韓国・朝鮮人は日本社会では外国人であるということです。人はそれぞれの国籍法に依拠して国籍があります（無国籍者もいますが）。その意味では在日韓国人であり在日朝鮮人だというところに立ちかえらざるを得ません。考えなくてはならないのは用語ではなく実態です。在日韓国・朝鮮人というのは全体像を表現するために国籍を整理できない段階での「虚構」としての表現なのです。日本と北朝鮮はまだ国交がないので日本政府は「朝鮮籍」を正式な国籍と認めていません。国交がないことを理由に「朝鮮籍」の人をいつまでも不利な立場におくのではなく、国交を正常化して、戦後補償と日朝交流を進める必要があります。拉致問題や非核化、緊張緩和の推進などの課題もありますが、もつれた糸は最初からほぐさなければなりません。

Q4 外国人登録とはどのようなものだったのですか？

日本人の居住証明には住民票を使いますが、在日韓国・朝鮮人はどうしていたのですか。外国人登録法は何を目的にしたものだったのですか。

プロ野球で一九七六年から七九年までの四年間、読売ジャイアンツのエース格であった新浦壽夫《にうらひさお》投手は、小学校の頃、学校に「住民票」の提出を求められたとき、自分だけがみんなのものより大きかったのがとても嫌だったと振りかえっています。在日韓国・朝鮮人二世の多くはこの「住民票」がクラスメートの目に触れることにこの上なくおびえました。

実はそれは住民基本台帳法に基づく住民票ではなく、外国人登録法に基づいて発行される外国人登録済証明書だったからです。住民票とは大きさだけではなく、色も違ったのでよく目立ちました。当然ながらそこには国籍欄があり、韓国とか朝鮮と書いてあり、本籍地欄には慶尚南道《キョンサンナムド》とか全羅北道《チョルラプッド》などと書いてあります。

それを友だちに見られたくない、在日韓国・朝鮮人だということを知られたら差別されるという不安が胸に渦巻いていました。人によってはみんなの提出が終わってから最後に先生に渡したり、自分が集める役を引き受けて友だちには気づかれないようにするなど、随分「苦労」したものですと回想しています。

　四五年八月十五日、日本の敗戦と同時に朝鮮は解放されました。当時の朝鮮からは約九〇万人の日本人の軍人・軍属及び民間人が引揚げてきました（方面別引揚要図七六年現在　厚生省援護局統計『昭和日本史８　終戦の記録』暁教育図書、一七八頁、一九九六年）。反対に、日本に在留していた約二〇〇万人の朝鮮人も続々と帰国の途に立ちました。占領軍及び日本政府の計画送還や自主帰国を含めて約一五〇万人の朝鮮人が実際に帰国したと考えられます。

　けれども帰国にあたって一人当たりわずか一〇〇〇円の持ち帰り金（四六年当初、大蔵省は都市の家族五人の標準生計費を月五〇〇円と割出し、「五〇〇円生活」という言い方が流行になっていたので、約二カ月分の生活費に相当すると考えられます）、二五〇ポンド（約一一四キログラム）の荷物の制限があったこと、帰国して家族を養っていけるかどうか不安のある人、韓国の政情不安、伝染病の発生など様々な事情で約五〇万人余が少し様子をみてからと、日本にとどまりました。

外国人登録令と外国人登録法

　そうした中で、四七年五月二日、憲法施行の前日、昭和天皇による最後の勅令として外国人登録令が出され「この勅令の適用については当分の間外国人とみな」され、法違反した場合は強制退去できると定めました。四九年の改定では、それまで提示義務だけが罰則の対象であったものを常時携帯義務も罰則の対象にしました。

（旧）外国人登録証明書

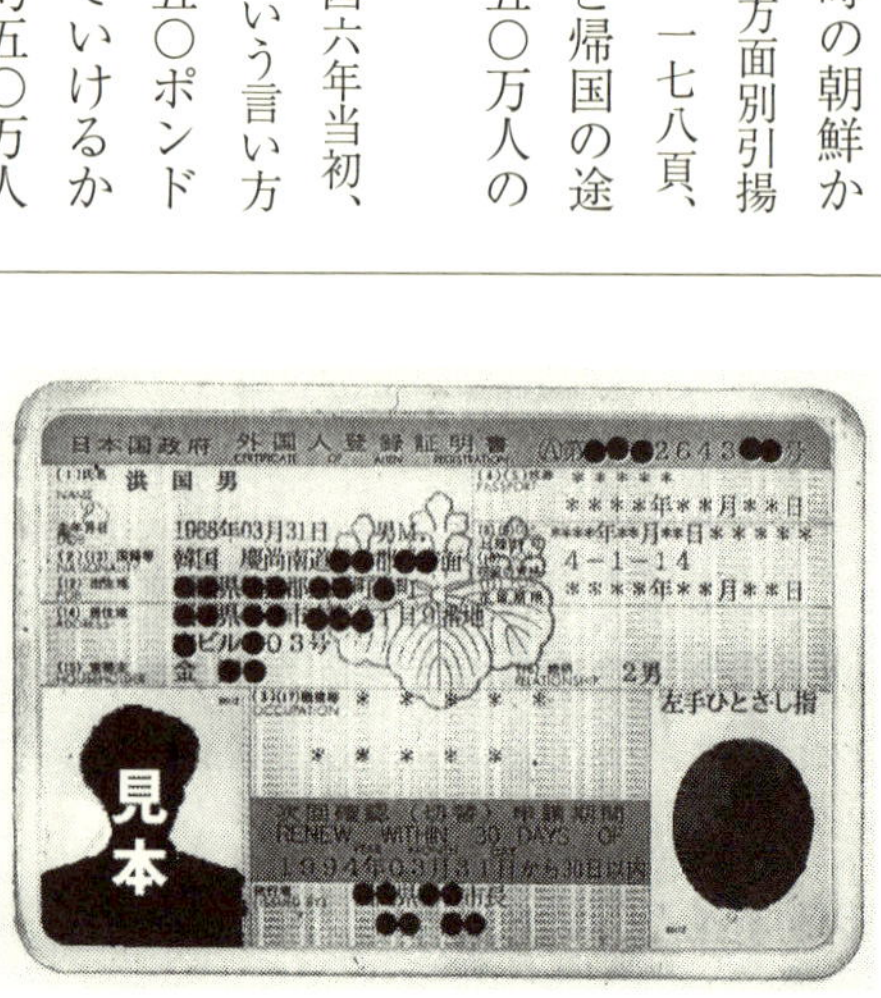

・一九八七年六月、外国人登録法改正により、指紋押捺一回限り、カード化される。
・一九九九年八月、外国人登録法改正により、指紋押捺制度全廃に。
・二〇一二年七月、同法廃止。外国人の在留管理は入管法に一元化される。

五二年四月二十八日のサンフランシスコ平和条約発効に伴って外国人登録令は「外国人登録法」に改められ、在日朝鮮人は「日本国籍を離脱した外国人」として引き続き法の適用を受け、指紋押捺と常時携帯、三年ごとの確認申請（登録切替）が義務付けられましたが、指紋押捺制度は激しい反対運動の影響で施行は延期され、五五年から実施されました。指紋押捺制度の導入は朝鮮戦争下の治安対策、二重登録防止の対策として導入を図ったものでした（詳しくはQ21参照）。

この法律の目的は第一条で「……外国人の居住関係及び身分関係を明確ならしめ、もって在留外国人の公正な管理に資すること」と定められました。居住関係及び身分関係を明確にするといえば住民票の外国人版のように思われるかもしれませんが、住所変更届等が遅れた場合、住民基本台帳法では行政罰の過料（罰金）で済むのに対して、外国人登録法の法違反は全て懲役を含む刑事罰が科せられます。入管当局が発行した本『'80回顧と展望』二一八頁）では「日本人が戸籍や住民基本台帳の届出をしていないと生活上不便や不利益を被るが、外国人の場合はそうした内在的な強制力がないので重罰にする必要がある」と説明していたくらいです。

次に、二〇一二年に廃止される以前の外国人登録事務の基本的

（現）特別永住者証明書

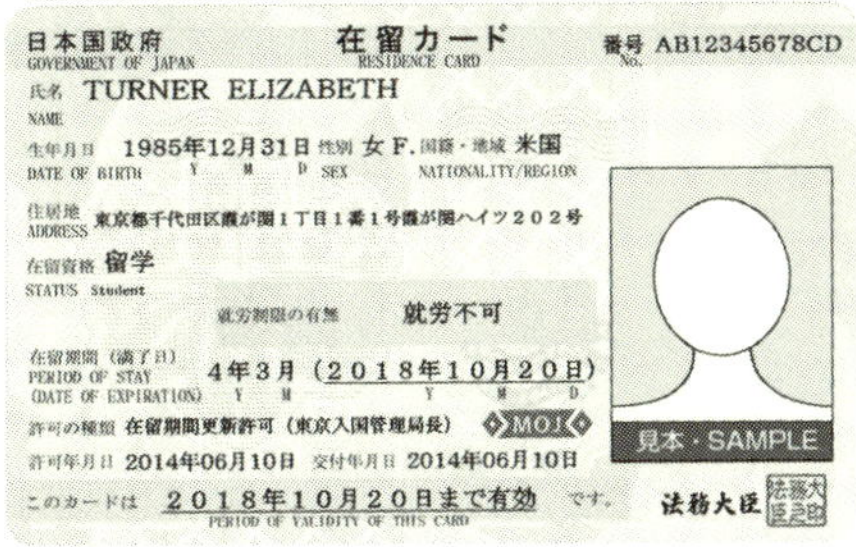

（現）在留カード

朝鮮人引揚げ時の持ち帰り制限

一九四五年九月　SCAPIN・四四「金、銀、証券及び金融上の諸証書の輸出入統制」

一九四五年十月　SCAPIN・一二七「右追加指令」

な内容を見ておきます。まず、入国した場合、九十日以上在留する人はその期間内に市区町村で外国人登録をします。出生した場合は出生届のほかに地方入管局に行って在留資格と、在留期間を定められ（永住者は不要）、六十日以内に外国人登録をします。市区町村は外国人登録原票を作成・保管し、本人には外国人登録証明書を交付し、登録原票の写票を都道府県、国に送ります。登録事項は二〇項目に及びます。

①登録番号
②登録年月日
③氏名
④出生年月日
⑤男女の別
⑥国籍
⑦国籍の属する国における住所又は居所
⑧出生地
⑨職業
⑩旅券番号
⑪旅券発行年月日
⑫上陸許可年月日
⑬在留資格（入管法に定める在留資格及び特別永住者として永住することができる資格）

「持ち帰り金額は、一人千円を超えぬこと、この超過額及び他の一切の通貨や禁止品目は個別受領書と引き換えに取り上げ、司令部の指示あるまで保管し、この報告書を毎週司令部に提出するを要する。日本政府は通貨の交換を一切行ってはならぬ」

一九四六年三月　SCAPIN・八二二の一「引揚」

「四月一日以後、一人当たり二五〇ポンドの手荷物の携行が許される」

注意：SCAPINとは連合国最高司令部の発する訓令（対日指令）のこと
法務研修所編『在日朝鮮人処遇の推移と現状』七〇～七一頁、湖北社、一九七五年

外国人登録令　（一九四七年五月二日勅令第二〇七号）

第一条　この勅令は、外国人の入国に関する措置を適切に実施し、かつ、外国人に対する諸般の取扱いの適正を期することを目的とする。

⑭在留期間（入管法に定める在留期間）
⑮居住地
⑯世帯主の氏名
⑰世帯主との続柄
⑱申請に係る外国人が世帯主である場合には、世帯を構成する者（当該世帯主を除く）の氏名、出生の年月日、国籍及び世帯主との続柄
⑲本邦にある父母及び配偶者（申請に係る外国人が世帯主である場合には、その世帯を構成する者である父母及び配偶者を除く。）の氏名、出生の年月日及び国籍
⑳勤務所又は事務所の名称及び所在地

十六歳以上は常時携帯義務と官憲の請求があれば提示義務もあり、職業、勤務先まで登録されているので、プライバシーは全く保護されていません。外国人登録証明書を常に持ち歩くことを義務付けられることも心理的に負担ですし、事実、警察官の職務質問や治安管理の口実に利用されてきました。古い事例では一九六三年、茨城県土浦市内の朝鮮学校の授業中にいきなり警官が入ってきて登録証明書不携帯を口実に女性教員を子どもの見ている前から連行する事件が起こっています。異議申し立ての訴訟で罰金二〇〇〇円の執行猶予になりました。高等裁判所の判決文では「本件の違反行為は過失によるもので、被告人は常に登録証を携帯し、この日に限って携帯するのを忘れたところをたまたま警官に発見されたということが認めら

第十条　外国人は、常に登録証明書を携帯し、内務大臣の定める官公吏の請求のあるときは、これを提示しなければならない。（後略）
第十一条　台湾人のうち内務大臣の定めるもの及び朝鮮人は、この勅令の適用については、当分の間、これを外国人とみなす。（後略）
第十二条　左の各号の一に該当する者は、六カ月以下の懲役若しくは禁固、一〇〇〇円以下の罰金又は拘留若しくは科料に処する。
第十三条　地方長官（東京都においては警視総監　以下これに同じ。）は、左の各号の一に該当する外国人に対し、本邦外に退去を命ずることができる。
一　第三条の規定に違反して本邦に入った者
二　前条に掲げる罪を犯し禁固以上の刑に処せられた者

れるのであるから、これについては将来に対して注意を促せば足りる程度であり、公訴を提起して刑事上の処罰を求めるまでのことはなかったと考えられないこともないが、裁判所としては公訴の提起がある以上、また法違反の事実が認められる以上、現行法のもとではこれを不問にすることは許されない」とし苦肉の判断として罰金二〇〇〇〇円の執行猶予の判決を下しました（在日朝鮮人の人権を守る会編集・発行『在日朝鮮人の人権を守る会二〇年の歩み』六一頁、一九八三年）。

まるで外国人を犯罪予備軍であるかのように管理の対象とする制度であり、その方法が二〇項目に及ぶ登録事項、指紋押捺制度と登録証明書の常時携帯義務、そして刑事罰の適用でした。指紋押捺反対運動の進展により、二〇〇〇年四月から指紋押捺制度が全廃になり、同時に特別永住者に限り常時携帯義務違反が刑事罰から行政罰に改正され、特別永住者を含む永住者全体に登録事項の職業、勤務先が削除されました（指紋押捺問題についてはQ21参照）。

この間、国際社会は日本の外国人登録制度をどのように見ていたのでしょうか。九三年の国際人権規約委員会は「永住外国人であっても、証明書を常時携帯しなければならず、また刑罰の適用対象とされ、同様のことが日本国籍者に適用されないことは、規約に反するものである」と懸念を表明しました。同委員会は九八年にも「外国人永住者が、登録証明書を常時携帯しないことを犯罪とし、刑事罰を科す外国人登録法は、規約第二六条に適合しないとの最終見解を示した意見を再度表明する。委員会はそのような差別的な法律は廃止されるべきであると再度勧告する」と

三　前号に掲げる者を除く外、前条の規定により刑に処せられた者で再び同条各号の一に該当する行為のあった者

第十四条　内務大臣は、その定めるところにより、左の各号の一に該当する外国人に対し、退去を強制することができる。

一　第三条の規定に違反して本邦に入った者

二　前条の規定による退去命令に違反した者（以下省略）

市民的及び政治的権利に関する国際規約（国際人権規約B規約）

採択　一九六六年十二月

日本　一九七八年署名、一九七九年六月国会承認、九月発効

第十二条（**移動・居住・出国及び帰国の自由**）

一　合法的にいずれかの国の領域内

日本政府に告げました。

さらに再入国許可制度については「在日コリアンや日本に生活基盤のある外国人をも対象とすることは規約第一二条二及び四に適合しない」とし、法律から除去することも求めました。市民的及び政治的権利に関する国際人権規約（B規約）第一二条の自国に戻る権利は国籍国だけではなく、永住者など滞在国に生活の本拠を有する外国人は国籍国のほか〝居住国に戻る権利〟を認めるべきとしているからです。しかし、日本政府はこれらの勧告に今も従っていません。

逆に、指紋押捺制度の方は、テロ事件を理由に、二〇〇七年の改定入管法施行により、新規入国者及び、特別永住者を除く再入国の外国人全てから再び指紋採取することになりました。

外国人登録法の廃止と住民基本台帳への移行

さらに二〇一二年七月の外国人登録制度廃止と入管法改定でまた、大きな変化が生じました。特別永住者には外国人登録証明書に代わって特別永住者証明書が交付され、かつ住民基本台帳に移行されることになりました。特別永住者だけはやっと、常時携帯義務が免除されましたが、官憲の請求がある場合の「提示義務」は残されましたので、警察官や入管職員に提示を求められたときは自宅か職場などに戻るか、従来通り携帯するかで、携帯義務からの解放感はありません。そのほかの中長期在留者は外国人登録証明書に代わって在留カードが交付され、同様に住民基本台帳

にいるすべての者は、当該領域内において、移動の自由及び居住の自由についての権利を有する。

二　すべての者は、いずれの国（自国を含む。）からも自由に離れることができる。

四　何人も、自国に戻る権利を恣意的に奪われない。

外国人登録法　一九五二年四月二十八日　法律一二五号

〔目的〕

第一条　この法律は、本邦に在留する外国人の登録を実施することによって外国人の居住関係及び身分関係を明確ならしめ、もって在留外国人の公正な管理に資することを目的とする。

〔登録証明書の携帯及び呈示〕

第十三条　外国人は、常に登録証明書を携帯していなければならない。

台帳にも記録されます。しかし、オーバーステイなど非正規滞在者は在留カードも交付されず、住民基本台帳にも記録されない「記録無き住民」となりました。

住所変更届以外の諸変更は市区町村ではなく、地方入管局に届出を必要とし、入管局は在留外国人を点から線の監視ができるようになり、法務省入管局による日常的、集中的監視体制へ移行することになりました。八〇年の外国人登録法違反は、確認申請（切替）遅延件数は二二七六件、住所変更登録遅延件数は四二七件でしたが、二〇一一年ではそれぞれ〇件と一五件に激減しました（警視庁編『犯罪統計書』各年版）。この数字は人権に配慮した自治体の姿勢が見られたからですが、逆に政府はこれでは厳格な在留管理ができないと判断したと思われます。

特別永住者は、他の在留資格の外国人に比べ少しは便宜が図られました。しかしそれは、特別永住者が指紋押捺反対運動などのように、また再び入管法改悪反対運動の中心になることを政府として避けたいと考えたためであったのかもしれません。外国人登録法が廃止され、入管法が改定されても管理の対象と位置付ける日本政府の姿勢に基本的な変化は見られません。

二　外国人は、入国審査官、入国警備官（入国管理庁設置令に定める入国警備官をいう。）、警察官、警察吏員、海上保安官、鉄道公安職員その他外務省令で定める国又は地方公共団体の職員がその職務の執行に当り登録証明書の呈示を求めた場合には、これを呈示しなければならない。

三　省略

四　省略

〔指紋の押なつ〕

第十四条　外国人は、第三条第一項、第六条第一項、第七条第一項又は第十一条第二項の申請をする場合には、政令で定めるところにより、登録原票、登録証明書、登録証明書交付申請書、登録証明書引替交付申請書、登録証明書再交付申請書又は指紋原紙に、指紋を押なつしなければならない。

Q5 日本国籍になった人もいるのですか?

国籍は自由に選べるのですか。日本国籍を持っていれば日本人なのに、在日韓国・朝鮮人として行動する人がいるのはどうしてですか。

俳優 李麗仙さんの経験から

俳優の李麗仙《リレイセン》さんは一九四二年生まれですが、祖父母の代に日本にやってきたので、いわば日本生まれの三代目ということになります。子どもの頃にはおばあさんが白いチマチョゴリを着て、家の前で日向ぼっこをしているような光景もあったそうです。また本人も「なんだァ、朝鮮人!」といわれて「朝鮮人のどこが悪い。おまえなんか日本人じゃないか」と言い返すような経験をしています(李麗仙『五つの名前』一一頁、集英社、一九九九年)。

李さんの記憶には小学校二年生のとき担任の先生が「人間はどこの国の人でもみな平等です。黒人は肌の色が違うと差別されているけれども、それは間違っているのよ。お金持ちでも貧乏でも人間はみな平等で、自由という権利があります」(同書一一頁)といわれたことが、成長してからも鮮明に残っています。小学校、中学校では「星山」という通名を使っていましたが、高校から本名で通うようになりました。べつだん肩肘張ったものではなく、自然な成り行きだったとのことです。演劇の世界に入ってからも本名を名乗っていることへの抵抗はありませんでした。

李さんは七五年、自分の意思で帰化しました。仕事や生活上の便利というよりも外国人であることへの不安からでした。「何かあったときには外国人登録証を持っていかなければならない。パスポートを取るとき、人の何倍も時間がかかる」（同書二〇頁）というようなことが面倒になったのです。さらに本人自身、もう日本で骨を埋めるだろうという気持ちもあった、ことが作用していたそうです。

いわば日本国籍を持ちながら在日韓国・朝鮮人として活躍しているのです。韓国向けの国際電話のテレビコマーシャルに出たのもその現れといえます。

そして「本名を名乗りましょう」と声を張り上げるつもりはないが、自分が名乗っていることで「何十分の一かでも他の在日韓国・朝鮮人が本名を名乗れるようになったのだとしたら、それはそれでいいことだし、そういう存在になれた自分をうれしく思う」と語っています。

在日韓国・朝鮮人が日本国籍を取得する場合には二つのケースがあります。それは日本人と結婚した在日韓国・朝鮮人との間に生まれた子ども（国籍法第二条「出生の時に父又は母が日本国民であるとき」）の場合と、日本への帰化（国籍法第四条）によります。帰化の要件は第五条から八条で定められ、原則として①五年以上の居住、②二十歳以上であること、③素行善良であること、④独立した生計を営むことができること、⑤日本国籍取得により元の国籍を喪失する（二重国籍を認めない）、⑥日

国籍法

昭和二十五年五月四日　法律第一〇七号　改正　平成二十年十二月十二日　法律第八八号

（この法律の目的）

第一条　日本国民たる要件は、この法律の定めるところによる。

（出生による国籍の取得）

第二条　子は、次の場合には、日本国民とする。

一　出生の時に父又は母が日本国民であるとき。

二　出生前に死亡した父が死亡の時に日本国民であつたとき。

三　日本で生まれた場合において、父母がともに知れないとき、又は国籍を有しないとき。

（帰化）

第四条　日本国民でない者（以下「外国人」という。）は、帰化によつて、日本の国籍を取得すること

本政府を暴力で破壊することを主張する団体に加わっていないこと、などの条件を備えていることが許可の要件です。日本人の配偶者などはさらに要件は緩和されています。

戦後最初の帰化

　歴史的な経過をみると、Q2で説明したように、平和条約締結までは、在日韓国・朝鮮人は基本的には「日本国籍を保持する」としていましたので、日本の敗戦によってすぐに帰化という問題は発生しませんでした。しかし、平和条約の発効とともに「日本国籍を喪失」することになりました。この時、戦前の植民地支配の結果、日本の国内で公務員として雇用されていた朝鮮人は、五一年十二月の人事院調査および五二年一月の自治庁調査によると国家公務員八三人、地方公務員一二二人＋α（一部の自治体の未報告）が在職していました。彼らは一夜にして「外国籍」公務員となるわけで、その処遇（公務員としての地位の保持）に直面しました。

　法務府（当時。一九五二年から法務省に）は講和条約発効前に国家公務員または地方公務員として在職している朝鮮人で、日本に帰化を希望し、講和条約発効後も引き続きその地位にとどまらせることを相当とする者には、便宜上条約発効前に帰化申請をさせ、発効の日付を以て許可をする手続きを取らせました（五二年三月六日付「公務員たる朝鮮人および台湾人の帰化の手続きについて」）。この手続きにより条約発効日当日の四月二十八日付官報号外に朝鮮五二、中国一七、アメリカ一、無国籍一名

ができる。

2　帰化をするには、法務大臣の許可を得なければならない。

第五条　法務大臣は、次の条件を備える外国人でなければ、その帰化を許可することができない。

一　引き続き五年以上日本に住所を有すること。

二　二十歳以上で本国法によつて行為能力を有すること。

三　素行が善良であること。

四　自己又は生計を一にする配偶者その他の親族の資産又は技能によつて生計を営むことができること。

五　国籍を有せず、又は日本の国籍の取得によつてその国籍を失うべきこと。

六　日本国憲法施行の日以後において、日本国憲法又はその下に成立した政府を暴力で破壊することを企て、若しくは主張し、又はこれ

が記載されています。これが在日韓国・朝鮮人の帰化の最初でした。

そして帰化申請しなかった公務員もいることから、五三年八月、内閣法制局は「公務員に関する当然の法理として、公権力の行使、または国家意思の形成への参画にたずさわる公務員となるためには日本国籍が必要、それ以外の公務員となるためには、日本国籍を必要としない」という制約基準を打ち出しました。この見解の不当性を糾そうと、今日も在日韓国・朝鮮人の公務就任権獲得運動が続いています（Q25参照）。

植民地支配から解放されてから間もない在日韓国・朝鮮人にとって、再び日本国民になるということはとても耐えがたいことでした。民族の誇りを回復し、朝鮮民族として、外国人として生きるということが最大の目標であったからです。ましてや一九五二年といえば朝鮮戦争の真っただ中でした。南北が争っているときに日本人になるということは民族への裏切りではないかとの批判もありました。

しかし生活を守っていくことは個々人の権利であり、差別の厳しい時代でもあったので商取引その他の都合から、次第に帰化した人数は増えていきました。Q1でも紹介しましたが二〇一二年末現在で累計約三五万人余を数えます。

また、五〇年に制定された旧国籍法では、子どもは父親の国籍を継承する父系血統主義をとっていたため、朝鮮人男性と日本女性の間から生まれた子どもは朝鮮籍となるため、意識的に婚姻届を出さず、出生して母親の日本国籍を子どもに継承させ、あとで父親が認知届を出す、というケースも多くみられました。このように

を企て、若しくは主張する政党その他の団体を結成し、若しくはこれに加入したことがないこと。

（国籍の選択）

第十四条　外国の国籍を有する日本国民は、外国及び日本の国籍を有することとなった時が二十歳に達する以前であるときは二十二歳に達するまでに、その時が二十歳に達した後であるときはその時から二年以内に、いずれかの国籍を選択しなければならない。

すれば、国籍は日本、父子関係は事実上だけではなく、法的にも認められます。平和条約発効後は国籍による差別の始まりでしたから、これを回避する苦肉の策でした。

ところが成長してくるにつれ、自分は何者なのかという問い返しが行われるようになりました。だれしも自分という存在の由来を確認したいという願望はあります。その時は日本国籍になっていても、在日韓国・朝鮮人として生まれた事実に直面しないではおれなくなったのです。

帰化者の葛藤――山村政明さん

それが最も悲痛なかたちで現れたのは七〇年十月、山村政明さんが焼身自殺した事件でした。その遺稿集『いのち燃えつきるとも』（大和書房、七一年）には「父よ、母よ、あなたたちの労苦を思うと黙って頭を下げるのみです。けれども、あなたたちは重大なあやまちを犯したのではありませんか？　生活の難易によって左右し得るほど、民族、国籍の問題は軽いものでしょうか。少なくともぼくは、自らの運命の、わずかな選択の自由を残しておいて欲しかった。当時、九歳のぼくであったとしても……」（同書、Rの手記Ⅱ、七〇年初夏、一九〇頁）という言葉が残されています。

山村さんは五五年六月、九歳のとき両親とともに帰化をしました（帰化以前の民族名は梁政明《ヤンジョンミョン》です）。しかし、そののちにも彼は差別にあっています。「ある日学校から帰る途中、私は上級の悪童連につかまった。『チョーセン』『チョーセン』。怒

山村政明（民族名　梁政明《ヤンジョンミョン》）

一九四五年六月山口県生まれ。七人兄妹の三男として育つ。一九五五年六月に一家で韓国籍から日本に帰化し、梁を山村に改姓した。高校卒業後、広島の東洋工業に就職したが、文学の夢を捨てきれず、一九六七年早稲田大学第一文学部に入学。浪人時代洗礼を受けクリスチャンとなった。経済的理由から第二文学部（夜間）に転部、学生運動に積極的に関わる。かたわらクラスの同人誌に梁政明（梁星明）のペンネームで作品を発表。民族の問題、それが原因となって恋愛の破局、学生運動内部の抗争による負傷、それによる生活苦、キリスト教への懐疑、様々な苦悩の末、死を決意。一九七〇年十月六日早朝、早稲田の穴八幡神社で肉親への遺書と「抗議・嘆願書」を遺して焼身自殺した。二十五歳。

った私は激しく手向かっていったが多勢に無勢でかなわず、スキをみて逃げ出した。田んぼのあぜ道を三人の上級生に追い回され、ついに打ち倒されてやわらかい泥にまみれながら激しく泣いたことを覚えている。何人かの大人たちがこの光景を見ていても、私の素性の故に薄笑いを浮かべるだけで、悪童連を制止してはくれなかった。私は男の子だったからまだいい。姉や妹たちはもっと辛い目にあったらしい。中学三年だった姉が、あるとき目を泣きはらして帰宅したことがあった。就職か進学かの相談で職員室に担任教師を訪ねたところ、冷たく言い放たれたそうだ。『お前は、他の家の子とはちがうんだからナ……』。手を取り合って泣く母と姉を見ながら、私は怒りで身をふるわせたのだった」（同書、ある魂の告白――ある在日朝鮮人二世の手記、一九四頁）と記しています。

彼は高校を出ていったん就職したものの、改めて大学に進む中で民族と出会うのです。けれども「民族の血を偽り、日本名の下に、日本人面して生きてきた歳月。その自責と苦悩が、ぼくの表情を沈うつにさせる」（同書、Rの手記Ⅱ七〇年初夏、一九〇頁）との言葉を残して逝ってしまいました。

現在の感覚からすれば彼はあまりに「マイナス思考」だったかもしれません。しかし七〇年という時点では、ものごとを政治的に色分けする傾向が強く、「白か黒か」という二分法的な考え方が支配的でした。日本国籍を持ちながら、しかも在日韓国・朝鮮人としての自己を築くということは体を引き裂くような矛盾の中に飛び込むようなものだったのです。

『山村政明遺稿集いのち燃えつきるとも』大和書房

山村さんの死をただ個人の性格の弱さとだけ責めることはできません。そこへ追い込んだ背景には日本社会の差別と、同時に在日韓国・朝鮮人の中に同胞として受けとめるだけの用意ができていなかったことも無関係ではないからです。

そのために必要なことは、何よりも在日韓国・朝鮮人が日本社会で同じ歴史を背負って生きて来たし、これからも同じ問題意識をもって生きていくという「共同性」を培うことでした。七〇年代になって急速に「在日」という言葉が広がり始めたのは当然の結果でした。

それまでの在日韓国・朝鮮人、特に一世は口を開ければ「いずれは帰国する」と言っていましたが、それはあこがれであっても、決して事実の反映といえるものではありませんでした。二世が社会に出るようになって、本音で語ろうというところから「帰国しない」ことを前提に在日韓国・朝鮮人のあり方が問われるようになったのです。

そこから見えてきた問題は差別をなくすというテーマです。それは国籍にも北か南かという論争にも左右されない共通の課題でした。みんなそのことのために悩んできたのです。何によって出口を探すかは様々でした。韓国を支持するのも北朝鮮を支持するのも、あるいは宗教団体にかかわり信仰に生きるのさえ出発点に大差はありませんでした。探し求める出口の一つが日本国籍を持つということでした。しかし、結局それだけでは解決できなかったといえます。差別が問題である時にはそれを回避するのではなく、なくすために立ち向かうしか根本的な解決方法はなかったからです。

民族名を取り戻す

共通する課題に共同して取り組む中から、日本国籍を持つ人も積極的に発言するようになりました。家族で帰化した際に日本風の氏名にするよう指導された人や、日韓ダブルの日本国籍者の人たちです。八三年尹照子《ユンチョジャ》さん、八四年朴実《パクシル》さん、八五年鄭良二《チョンリャンジ》さんが「民族名への改称の申立て」を行いましたが、いずれも「申立人の個人的感情で、氏変更のやむを得ない事由に該当しない」と却下されました。八五年に大阪で日本国籍の在日韓国・朝鮮人たちが「民族名をとりもどす会」を結成し、八七年六月、朴実さんが二度目の民族名への改姓の申立て訴訟で初めて勝訴し、日本籍朝鮮人の民族名回復を実現しました。同年十月には、鄭良二さんが、八九年には尹照子さんも勝訴し、日本国籍者の民族名使用は判例として認められるようになりました。

民族団体である民団も二〇〇五年から日本国籍を取得した在日韓国人にも支部の役員就任を認めるようになりました。

現在では帰化した人も民族名で戸籍をつくり、民族名で活躍している人もたくさん登場しています。ソフトバンクの孫正義《そんまさよし》さん、マルハンの韓昌祐《ハンチャンウ》さんや元サッカー日本代表の李《り》忠成《ただなり》さん、民主党国会議員として活動する白真勲《はくしんくん》さんなどで、在日韓国・朝鮮人の一つの生き方を示しています。「国籍」にこだわらず、家族のル

民族名をとりもどす会

戦後の国籍法は、一九八五年までは父系血統主義（子どもは父親の国籍を継承する）であったので、韓国または朝鮮籍の男性と日本人女性との間に生まれた子どもは韓国または朝鮮籍になるが、日本社会の差別・偏見を避けるために婚姻届を出さず、母親の非嫡出子として出生届を出し、日本国籍にしたケースが多くみられる。また、帰化による日本国籍取得の場合、八六年までは「帰化後の氏名」に日本的氏名を使用するよう、強力に行政指導がなされた。このように、朝鮮民族にルーツをもつ日本籍者の多くが「日本的氏名」の使用を余儀なくされていた。

一九八〇年代に入って、民族名を名乗り、日本籍の朝鮮人として生きようとする在日韓国・朝鮮人二世・三世が声を上げ、戸籍に記載された

ーツ、個人のアイデンティティを大切にする生き方を尊重したいものです。
戦後七十年の間に在日韓国・朝鮮人は様々な変貌を遂げました。それは「進歩」というしかありません。この変化を積極的に受けとめるためには、在日韓国・朝鮮人がどのように生きて来たのかという歴史を語り継ぎ、研究によって深めていくことが望まれます。

日本的氏名を民族名に変更しようとする運動を開始するようになった。

Q6 在日韓国・朝鮮人はいつ頃、日本に来たのですか？

いつ頃から日本に来て住むようになったのですか。昔は「日本人」だったというのは本当ですか。一世とか二世とか言う言葉は、何を意味しているのですか。

朝鮮の植民地支配をめざす日本

在日韓国・朝鮮人は外国人であるというと、「いつ日本に来たの」とか「それにしても日本語が上手だね、とかいわれることがあります。しかし在日韓国・朝鮮人の歴史はすでに百年を越え、二世・三世はもちろんのこと、五世が誕生しています。その背景を知るためには日本と朝鮮の歴史をひも解かねばなりません。

江戸時代の日本は鎖国をしていた反面で、朝鮮とは友好関係を保ち、外交使節（朝鮮通信使）がたびたび往来していました。一六〇七年から一八一一年までの間、朝鮮からは一二回派遣されました。けれども一八六八年の明治維新以降、この関係が少しずつねじれてきました。富国強兵と文明開化をめざす日本は帝国主義の道を歩むようになります。朝鮮を侵略の対象として位置付けたのはその第一歩でした。

福沢諭吉などは一八九四年の日清戦争を「文明と野蛮の戦い」ととらえ、朝鮮

第二次日韓協約

一九〇五年十一月十七日

〔前文、四条、五条省略〕

第一条　日本国政府は在東京外務省により今後韓国の外国に対する関係及び事務を監理指揮すべく、日本国の外交代表者及び領事は、外国における韓国臣民及び利益を保護すべし。

第二条　日本国政府は韓国と他国との間に現存する条約の実行を全うするの任にあたり、韓国政府は今後日本国政府の仲介に由らずして国際的性質を有する何らの条約若

に対する強迫的な改革の必要性を主張するようになります。この年の十一月十七日付『時事新報』では「その（朝鮮のこと）国質を概評すれば知字の野蛮国とも名付くべきものなれば、その改革の方法手段を談ずるに、全て日本の先例をもって標準を定むべからず。……ただ我日本国の力を以て彼らの開進を促し、従がわざればこれに次ぐに鞭撻《べんたつ》を以てして、脅迫教育の主義に依るの外なきを信ずるものなり」（並木頼寿著『日本人のアジア認識』二七頁、山川出版、二〇〇八年）と論じています。

日清戦争も日露戦争も朝鮮の支配権をめぐる戦いであり、勝利した日本は、アジアの「一等国」という自負をもって一直線に朝鮮を制圧していきました。日露戦争に勝利した一九〇五年十月、日本政府は韓国保護権※確立のための具体的な実行計画を閣議決定し、特派大使として日本政界最大の実力者にして元老の伊藤博文を送り込みました。伊藤は、日本軍憲兵隊と警察四〇〇〇名強の軍事力を後ろ盾にして、反対する大韓帝国の大臣たちに「保護国」化を提議しました。韓国側八名の大臣のうち六名が拒否の姿勢を示さなかったため、賛成を得たとして第二次日韓協約（乙巳《いっし》保護条約、日本政府は韓国保護条約と呼んでいた）は、韓国側が外部大臣・朴斉純《パクチェスン》、日本側特命全権公使・林権助の署名による調印となり、「署名、捺印が終了したのは十八日深夜一時半ごろである。外部大臣の邸璽《ていじ》（職印）は、日本人外交官が憲兵隊を引き連れて外部大臣官邸から奪ってきた。そのため調印が遅れた」のです（趙《チョウ》景達《ギョンダル》『近代朝鮮と日本』一九一頁、岩波書店、二〇一二年）。

しくは約束を為さざることを約す。

第三条　日本国政府はその代表者として韓国皇帝陛下の闕下に一名の統監（レジデントゼネラル）を置く。統監は専ら外交に関する事項を監理する為京城に駐在し親しく韓国皇帝陛下に内謁するの権利を有す。日本国政府は又韓国の各開港場及びその他日本国政府の必要と認むる地に理事官（レジデント）を置くの権利を有す。（後略）

〔解説〕政府は十月二十七日の閣議で「韓国保護権確立に関する閣議決定」を行い、軍事力を背景に交渉に臨み右の協約に調印させた。これにより韓国の外国権を奪い統監府をおいて外交事務を管理した。
〔参考文献〕歴史学研究会編『日本史史料4近代』岩波書店、一九九七年

※李氏朝鮮は、一八九七年に国号を大韓帝国と改称し、大韓国、韓国とも呼ばれた。現在の韓国と区別するために、旧韓国とも呼ばれる。

こうして調印を強制し、形式的には保護条約が締結され、保護権を行使する機関として韓国統監府を設置し、伊藤博文が初代統監に就任し、外交権及び軍事権を完全に掌握しました。

愛国啓発運動の言論誌『皇城新聞《こうじょうしんぶん》』の社長、張志淵《チャンジヨン》は「是日也放声大哭（是の日や放声大哭す）」という論説を書きましたがすぐに差し押さえられ、同紙は停刊処分になりました。国王の重臣であった閔泳煥《ミンヨンファン》と趙秉世《チョウビョンセ》は相次いで自決し、国王高宗《コジョン》も諸外国に密使を送り保護条約の無効と日本の不法を訴えましたが成果を上げることはできませんでした。

やがて、反日義兵闘争が本格的に始まり、知識人たちも愛国啓蒙運動に立ち上がります。統監府は韓国軍を解散させた後、拡大する義兵闘争に対して弾圧を強め、日本軍に非協力的な村には容赦のない虐殺、焼夷作戦を敢行しました。こうして民族運動が窒息させられていく状況の下で、一九〇九年十月ハルピン駅頭で安重根《アンジュングン》が伊藤博文を射殺したことは後世に語り継がれる抵抗の証とされています。

亡くなる前の一九〇九年四月、伊藤博文は日本で首相の桂太郎、外相の小村寿太郎との三首脳で韓国併合案を決定し、七月六日、「韓国併合に関する件」と対韓施設大綱を閣議決定し、「適当の時期」に行うとし天皇に裁可を受けました。伊藤博文は韓国併合の方針を決定した後、統監の地位を譲り、射殺されたのでした。朝鮮民族から見れば、伊藤博文は、朝鮮支配の責任者であり、伊藤を射殺した安重根は「独立運動の義士」であり、単なるテロリストではないことは言うまでもありま

是日也放声大哭

第二次日韓協約直後、「大韓毎日申報」と並んで愛国啓蒙運動の言論活動を担った「皇城新聞」に掲載された社長、張志淵の論説。侵略の元凶として伊藤博文を批難し、協定締結に及んだ諸大臣を「豚犬不若」と糾弾した。高宗が協約を承認していないことをもって協定が無効であることにも言及した。「為人奴隷」になってしまった同胞に「痛哉痛哉《トンジェトンジェ》」と呼訴した張志淵は投獄され、「皇城新聞」も三カ月の停刊処分を受けた。

〔参考資料〕水野直樹・庵逧由香・酒井裕美・勝村誠編著『図録 植民地朝鮮に生きる』二九頁、岩波書店、二〇一二年

「韓国併合」の併合という言葉

〈当時、韓国を日本に合併するという議論は世間に相当唱えられたけれども、いまだにその意味がよく了

せん。

植民地統治の始まり

日本は一九一〇年八月、韓国併合条約を公布しました。これを日韓併合と呼ぶのは正しくありません。また、かつて韓国では「韓日合邦《ハニルハッパン》」ともいっていましたが、これも適切な表現とは言い難いものです。なぜなら日本と韓国が対等に合併したのではなく、日本が韓国を飲み込んで屋台骨をはずしてしまったからです。このときから韓国（朝鮮半島全土）は日本の領土（植民地）となり、朝鮮人は「大日本帝国の臣民」（日本国民）と規定されました。そして、一三九二年から続いた朝鮮王朝（李朝）も幕を閉じました。

韓国併合の前にも朝鮮人が日本に留学などしていましたが、その時点ではあくまでも外国人でした。一八八二年（明治十五年末）の在日朝鮮人数は内閣統計局の統計年鑑では四人、併合時の一九一〇年（明治四十三年）は内務省調査で二二四六人を数えます。反対に在朝鮮日本人は一九一〇年段階で一七万人余、二〇年：三五万弱、三〇年：五三万弱、四〇年：七一万弱、四二年：七五万弱と順調に増加してきました（趙景達『植民地朝鮮と日本』一七二頁、岩波書店、二〇一三年）。

このように植民地支配とは支配者（日本人）が支配地（朝鮮）に入植することを意味しています。そして植民地として活用するために一九一二年八月、土地調査令に基づいて本格的に土地調査事業を実施しました。これは、租税収入を安定的に確保

解されていなかった。あたかも会社の合併のように、日韓両国対等での合同するのだというような考えもあり、（中略）文字も「合邦」とか「合併」などといろいろな文字を用いていた。しかるに、小村寿太郎外務大臣は、韓国は全く日本の内に入ってしまって、韓国と諸外国との条約もなくなるのだという考え方であった。とにかく「合併」という文字は適切ではない。そうかといって、「併呑《へいどん》」ではいかにも侵略的で用いられぬ。いろいろ苦心した結果、私は今まで使用されたことのない「併合」という文字を新たに考え出した。これならば、他国の領土を帝国（日本）領土の一部にするという意味が「合併」よりも強い。それ以後は「併合」の文字が公文書に用いられた……〉

『諸修史関係雑件　外交資料蒐集関係史話集（1）』所収、倉知鉄吉

するため、土地の所有権者と土地の等級、価格を確定し地税負担者を確定するためのものです。民有地は、その土地所有者に対して、臨時土地調査局に申告させ、調査局長は「臨時土地調査委員会」に諮問して、その土地所有者、境界を査定させました。しかし、この「臨時土地調査委員会」は土地の有力者や地主などで構成され、彼らに有利になるように査定されて、土地の所有権、占有権を失う朝鮮人の自作農が少なくなかったのです。

　また、かつての官有地と王室、官庁所有、所有者不明の土地などは国有地とされ、そこで働く農民たちとの間に各地で紛争が起こり、多くの朝鮮人の耕作農民は小作農に転落しました。この調査事業が終了した一八年の段階では地主：三・四％、自作農：一九・七％、自小作農：三九・三％、小作農：三七・六％となりました。そしてこの三％に過ぎない地主が耕地総面積の五〇％以上を所有しました。総督府の地税収入も一九一〇年の六〇〇万円から一九一八年には一一五七万円と約二倍に増加しました。また、一九〇八年に国策会社としてつくられた東洋拓殖株式会社は土地買収と移民事業を主として土地所有を拡大し、敗戦時には植民地朝鮮の最大の地主になり、日本から農業移民の誘致を行い、一九一〇年から二〇年の間に八五〇八戸を誘致しました。

　日本人の土地所有も一九一八年には一九一〇年の三・四倍の二三万六五八六町歩となりました（同上一五頁）。土地や耕作権をなくした農民は次第に流民化し、中国東北部や日本に移住するようになりました。いわば日本人が増えるにつれて押し

氏述「韓国併合の経緯」一九三九年十一月

韓国併合に関する条約　一九一〇年八月二十九日公布

　第一条　韓国皇帝陛下は韓国全部に関する一切の統治権を完全且永久に日本国皇帝陛下に譲与す。

　第二条　日本国皇帝陛下は前条に掲げたる譲与を受諾し且全然韓国を日本帝国に併合することを承諾す。

　第三条　以下八条まで省略

三・一独立宣言と平壌の民衆

「私たちは彼（キリスト教系の学校の教員――引用者）に率いられて街に出、何千というほかの学校の生徒や街の人々と隊伍を組み、歌いながらスローガンを叫びながら町中を行進した。私はうれしさで心臓が破裂しそうだったし、誰もが歓びにあふ

出されるようなかたちになったといえます。

日本への渡航と民族運動

次に日本への渡航の経過を見ておきます。土地や仕事を失った農民は日本の企業の募集に応じて日本へ渡航するようになります。一四年の第一次世界大戦後は戦勝国になったこともあって産業が活発になり大量の労働力を必要とするようになりました。そのため朝鮮から盛んに募集して低賃金で働かせたのが、今日の在日韓国・朝鮮人を形成する始まりです。朝鮮人は農業から工業へ職を変え、言葉も通じない、風習も違う日本で戸惑い、さげすみを受けながらも懸命に生きてきたのです。

一九年には朝鮮で全国的な独立運動が広がりました。「三・一独立運動」と呼ばれているものです。この運動のきっかけを作ったのは朝鮮人留学生（東京朝鮮留学生学友会）で、留学生の雄弁大会を二月八日に東京・神田の朝鮮ＹＭＣＡ会館で開催し独立宣言書を読み上げました。最後の王であった高宗《コジョン》が亡くなり、その葬儀をきっかけに全国的な独立を求める示威運動が平壌など各地で起こったのですが、その背景には国を奪われたことに対する怒りや悲しみはもちろんのこと、土地調査事業、林野調査事業など植民地政策に対する不満が山積みしていたのです。この事件の影響で、四月には「朝鮮人の旅行取締りに関する件」を発表し、従来の企業による募集管理から渡航者の個人管理による渡航規制へと移行していきます。

れていた。私は夢中になって終日食べることを忘れた。何百万人という朝鮮人が三月一日には食を忘れたと思う。私たちが通ったとき、白髪の老人が段の上まで出て来てしゃがれた声で叫んだ、『見ろ、わしは死ぬ前に朝鮮の独立に会えたのだぞ！』」

（ニム・ウエルズ／キム・サン共著『アリランの歌——ある朝鮮人革命家の生涯』七四頁、岩波書店）

三・一独立運動

中国東北部、シベリア、米国、上海、日本国内、朝鮮本国でそれぞれ独立運動を展開していたグループが国王高宗の死を契機に連絡を取り、三月一日にソウルで独立宣言文を発表し、たちまち数万人規模の民衆が参加する大規模なデモになった。密かに印刷された二万枚の宣言文は全土にまかれ、とりわけ前年に終わっしかし、朝鮮半島側における離農による（労働力の供給と関東大震災の復興や低賃金労働力を求める日本企業の需要が結びつき）渡航者は確実に増加の一途をたどりました。三四年には日本への渡航を減少させるため中国東北部＝「満州」へ移住させる政策（閣議決定「朝鮮移住対策の件」で日本への渡航の制限と満州移民の奨励）を行いました。その結果、一九四五年の敗戦当時、日本にも中国にもそれぞれ約二〇〇万人の朝鮮人が住んでいました。

強制連行政策と在日韓国・朝鮮人一世

その後、日中戦争の全面化により、日本人の徴兵、日本人男子若年労働者の不足、一方で軍需物資の増産のため、三九年七月には「朝鮮人労務者内地移住に関する件」という通知を発し、企画院の決定する労務動員計画に基づいて日本内地を中心とする炭坑、工事現場、軍需工場などに朝鮮人労働者を配置することになりました。

募集、官斡旋、国民徴用令に基づく徴用という段階を踏みますが、いずれにせよ送出し労働者数が決められており、物理的な強制力を伴って行われた動員であるため、強制連行政策といえます。

このように在日韓国・朝鮮人の一世とは、朝鮮で生まれて日本に渡ってきた人のことです。中には解放後（戦後）に日本に来た人も少なからずいますが、三〇年代の渡日が一つのピークを形成しています。解放後日本に残ったのも、それだけ日

た土地調査事業で日本人地主や親日派の支配する農地で小作人となった農民の多い農村部の闘いは激しかった。日本の支配層は暴力的に弾圧し、朴殷植《パクウンシク》の『韓国独立運動の血史』によると、死者七五〇九人、負傷者一万五九六一人、逮捕者数四万六九四八人に上る。一部の人は「裁判の結果、死刑判決は一人もなかった、寛大な判決」と称するが裁判以前に無数の銃殺があったことに触れていない。この運動はインドの非暴力・非武装運動や中国の五・四運動などアジアの独立運動の先駆けとなり、また、日本国内では独立運動への警戒、恐れが関東大震災時の朝鮮人虐殺を生み出す原因になりました。

〔参考文献〕『現代史資料』二五・二六巻、みすず書房

協和会

戦前の在日朝鮮人の監視、統制、

戦前の在日朝鮮人統計

年	人数	年	人数
1882（M15）年	4	1914	3,542
1883（M16）年	16	1915	3,917
1884	1	1916	5,624
1885	1	1917	14,502
1886	0	1918	22,411
1887	6	1919	26,605
1888	7	1920	30,189
1889	8	1921	38,651
1890	9	1922	59,722
1891	6	1923	80,415
1892	5	1924	118,152
1893	7	1925	129,870
1894	7	1926（S1）年	143,798
1895	12	1927	165,286
1896	19	1928	238,102
1897	155	1929	275,206
1898	71	1930	298,091
1899	188	1931	311,247
1900（M33）年	196	1932	390,543
1901	355	1933	456,217
1902	236	1934	537,695
1903	224	1935	625,678
1904	233	1936	690,501
1905	303	1937	735,689
1906	254	1938	799,878
1907	459	1939	961,591
1908	459	1940	1,190,444
1909	790	1941	1,469,230
1910	不明	1942	1,625,054
1911	2,527	1943	1,882,456
1912（T1）年	3,171	1944（S19）年	1,936,843
1913	3,635		

資料出所）『在日朝鮮人処遇の推移と現状』4頁～5頁
『在日朝鮮　人の歴史』（金英達著作集Ⅲ）89頁、明石書店、2003年

皇民化を推進する目的で設置された組織で特別高等警察内鮮係が主導した。一九二三年の関東大震災時の朝鮮人虐殺を隠ぺいし、融和を図る目的で大阪や神奈川、兵庫などで設立された。その後一九三六年に内務省は地方長官に「協和事業実施要旨」を通達、以後、全国各地に警察を中心に組織化される。会員の朝鮮人戸主には写真貼付の協和会手帳を交付し、各支部ごとに国旗掲揚、日本語講習、神社参拝等皇民化を推進した。

戦後の外国人登録証明書はこの協和会手帳の再来を思わせ、在日朝鮮人の強い抵抗を引き起こした。

本との関わりが深くなっていたことが大きく作用しています。

一世とか二世とかいう区分は日本に来て何代目かという個別的な経緯よりも、どういう時代に暮らしていたかという横断的な共通性を「世代」として把握する必要があります。そうでないと年齢的に差が開きすぎて歴史的背景がずれてしまうからです。たとえば日本生まれといっても解放のとき十五歳ぐらいに達している場合には、ほとんど一世に近い感覚であるといえます。

一世に共通するのは「戦争体験」です。「お国のため」といえばすべてがまかり通るような全体主義の中で、何から何まで日本人に従順であることを押し付けられる苦汁を味わってきました。

それを強制するためにつくられたのが「協和会」という内務省・警察を中心とした在留朝鮮人の管理組織でした。そこから発行される「協和会手帳」を持たなければ就職もできない状態にまでおかれたのでした。戦後の外国人登録証明書はこの「協和会手帳」の再来を思わせたのです。

しかしながら一世たちは故郷が同じであるという地縁や同じ姓に連なる一族としての血縁によって横のつながりを強く持っていました。同郷親睦会、同族の宗親会がそれに当ります。そうした人と人とのつながりの中で情報を交換し、助け合って暮らしてきたのです。

一世はいわば在日韓国・朝鮮人の開拓者です。言葉に尽くせないような苦労を体験しながら、荒野を切り開き、道をつけ、家を建てて生きる基盤をつくってきま

協和会手帳

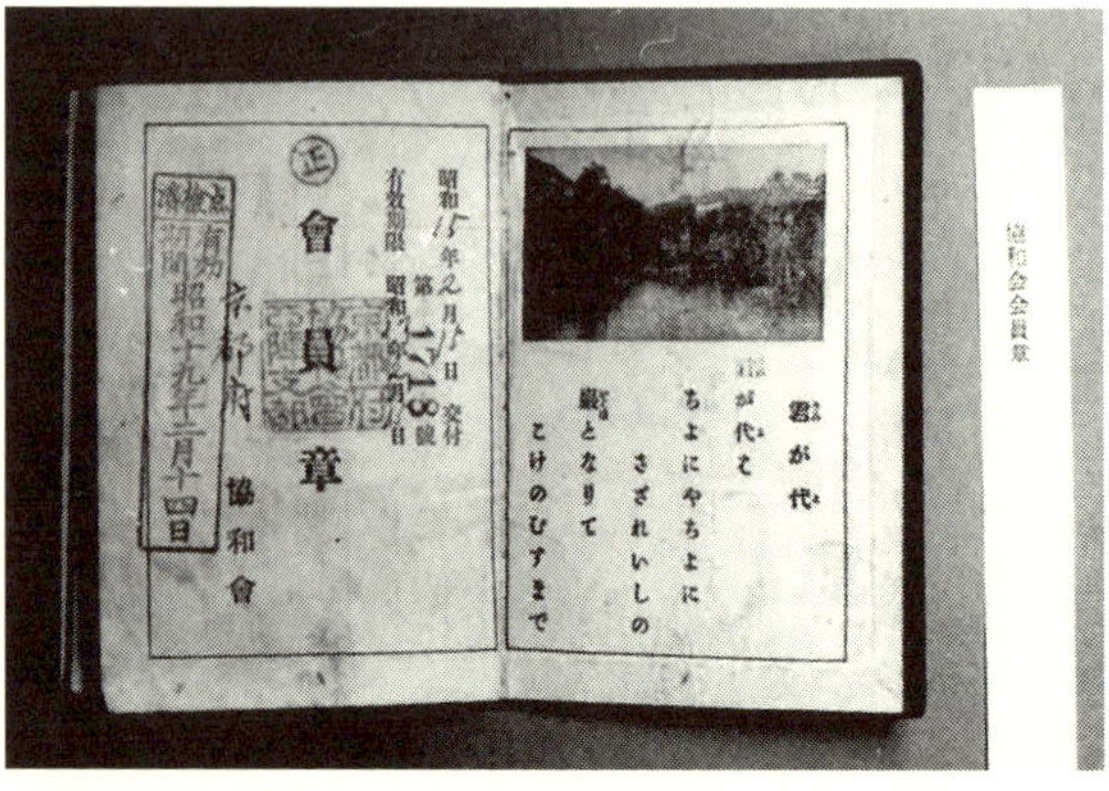

社会福祉法人青丘社ふれあい館在日コリアン生活文化資料館提供

した。一世は「日本国民」であることを押し付けられましたが、決して日本人になったのではありません。それは解放後、急速に民族組織をつくり、学校を建てて民族教育を開始するという精力的な活動へとエネルギーを爆発させていったことからも明らかです。

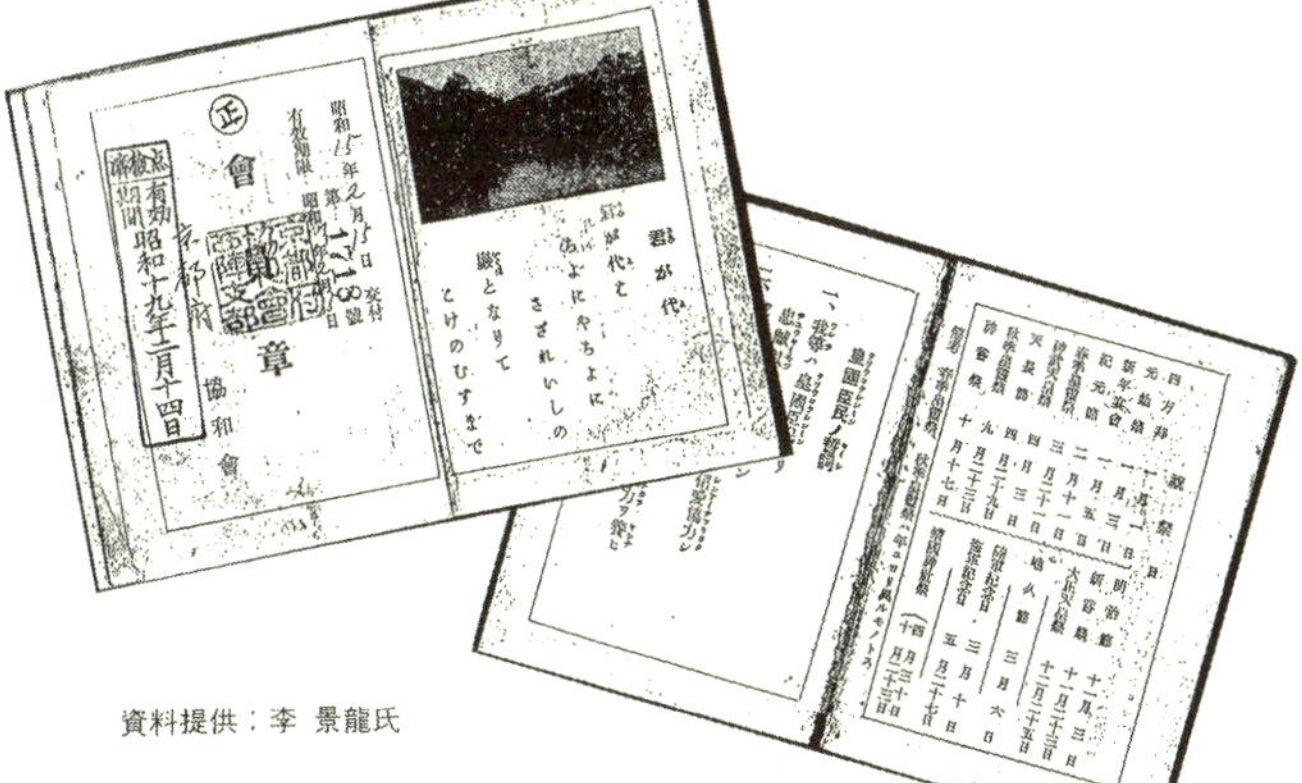

資料提供：李 景龍氏

「在日外国人を理解するためのハンドブック」川崎市市民局、一九九三年刊

Q7 戦時労働動員はどのように実施されたのですか？

戦時労働動員というのは、実際にはどのように行われたのですか。本人の自由意思で日本に来たのだという人もいますが本当でしょうか。

歴史上、日本は二度にわたって朝鮮人を強制的に日本に連れてきました。一度目は豊臣秀吉の朝鮮侵略（一五九二年文禄の役、一五九七年慶長の役）のときであり、二度目は一九三七年に始まった日中戦争以後です。文禄・慶長の役（韓国では壬辰《イムジン》倭乱《ウェラン》、丁酉倭乱《チョンユウェラン》と呼ぶ）では捕虜となった農民を大量に連れてきて使役しました。江戸時代の友好関係（朝鮮通信使）はその反省の上に立って、捕虜を返還する交渉から始まったのです。また陶工を連れてきて薩摩や伊万里などで陶磁器を焼かせました。鹿児島に住む沈寿官《ちんじゅかん》さんという陶工はその十五代目にあたるそうです。

戦争をするためには武器が必要なことはもちろんですが、何よりも兵力がなくてはなりません。三七年七月、盧溝橋事件を境に日中戦争に突入した日本がその典型ともいえるものでした。

日本は一九三一年に陸海軍あわせて二七万八〇〇〇人の兵力を持っていました。しかし三七年には五九万三〇〇〇人、翌三八年には一三〇万人に膨張しています。

朝鮮人内地移住に関する方針（内地朝鮮共通）一九三九年七月二十九日厚生次官・内務次官から各地方長官宛通知

一　募集により内地に移住せしむべき朝鮮人労働者数は、毎年度労務動員計画に示さるる数を限度とすること。

二　朝鮮人労働者の内地移住については、いわゆる縁故雇入れによる移住の該当分のうち募集雇入れによる移住を認むること。

三　募集による移住朝鮮人労働者は思想堅実、身元確実、身体強健にそれは同時に国内の生産現場から労働者が引き抜かれることを意味していました。また、戦争遂行のために軍事物資の製造及び軍事施設の建設にも通常では予想もできないような労働力が必要になりました。

植民地として最大の人的資源を有していた朝鮮は、真っ先に総動員体制に組み込まれ、朝鮮人が兵力や労働力として強制的に動員されました。動員の目的によって兵力動員と労働動員に大きく分けられますが、ここでは労働動員について説明します（兵力動員についてはQ23戦後補償で説明します）。

労働力として移入

日本はまず一九三八年四月「国家総動員法」を施行し、五月に朝鮮に適用し、それに基づいて三九年七月四日に朝鮮から日本内地への労働者導入を盛り込んだ昭和十四（一九三九）年度労務動員計画を閣議決定し、同月八日「国民徴用令」を公布して朝鮮では十月から施行しました。七月二十九日には「朝鮮人内地移住に関する方針」を策定し、各地方長官宛てに通知しました。三九年の動員計画数一一三万九〇〇〇人のうち八万五〇〇〇人が朝鮮人に割り当てられ、炭坑、鉱山、土建など日本全国の重要産業部門に投入しました。このときは計画人数八万五〇〇〇人を朝鮮総督府が割り当てた地域へ「募集許可書」を受けた各企業が現地の地方行政機関の職員や警察官の協力を得て、直接乗り込んで募集しました。これを「自由募集」と呼んでいますが、自由だったのは募集する側であって、連れて行かれる側には自由

して、なるべく国語を解し所轄警察署長において内地渡航支障なしと認定したる者に限ること。

四　移住朝鮮人労働者の募集主は、乗船地所轄警察署長に朝鮮総督府令労働者募集取締規則による応募者名簿を提示し、渡航の査証を受くること。

五　募集による移住朝鮮人労働者は、すべてこれを時局産業〔労務動員実施計画による産業をいう〕に従事せしむること。

六、七、八、九、十　省略

〔注〕この「募集」の段階では朝鮮人戦時労働動員の産業分野を時局産業に限定し、その人数も最小限度にしようとしている。

はありませんでした。

札幌に住む金達善《キムダルソン》さんは慶尚北道の生まれですが、三九年に従兄弟のところへ向かって歩いているときにいきなりトラックに乗せられました。着いたところは長万部《おしゃまんべ》の静狩金山、すでに三〇〇人ほどが働いていたそうです。その体験談は次のようなものです。

「後ろから人を荷台に乗せた貨物自動車が来て、私の前を通り過ぎそして急停止しました。見るとトラックの荷台には七~八名の朝鮮人が顔をこわばらせて座っており、日本人も何人か見えました。そのトラックから年配の男と若い二人の日本人が飛び降り、私の方に駆け付けて来てどこに行くのかと詰問するように聞きますので『隣村の従兄の家に行く途中だ』と答えました。すると年配のほうの男が『それでは貨物自動車で送ってやろう』と言い、トラックに乗れといいましたが私は従兄の家は近いから歩いていくと答えると『いいから乗れ』と無理やりにトラックの荷台に乗せてしまいました。トラックが走り出してからも不安になり、すぐに降ろしてくれるように頼んだのですが、日本人はニヤニヤ笑って答えようともしません。そのうちに隣村に入る道の前を、スピードを上げて走り去ってしまったのでこのままでは何処に連れて行かれるのかわからないと思い、必死になって降ろしてくれるように頼みました。それでも降ろしてくれないので、トラックから飛び降りようとすると、若い日本人が何かをわめいたかと思うと、ピシ、ピシとビンタを張りました。驚いて何事かと思っているうちにまたビンタを張られました。何が何だかわか

日本に労務動員された朝鮮人統計

◆朝鮮総督府鉱工局勤労動員課「内地・樺太・南洋移入朝鮮人労務者渡航状況」1944年12月

年度	計画数	石炭	金属	土建	工場他	計	達成率
1939年	85,000	34,659	5,787	12,674	0	53,120	62.5%
1940年	97,300	38,176	9,081	9,249	2,892	59,398	61.0%
1941年	100,000	39,819	9,416	10,965	6,898	67,098	67.1%
1942年	130,000	78,083	7,632	18,929	15,207	119,851	92.2%
1943年	155,000	68,370	13,763	31,611	14,606	128,350	82.8%
1944年	290,000	71,550	15,920	51,650	89,200	228,320	78.7%
合　計	857,300	330,657	61,599	135,078	128,803	656,137	76.5%

※出典；第86回帝国議会説明資料　四　労働市場

※山田昭次・古庄正・樋口雄一編著『朝鮮人戦時労務動員』(69頁、2005年、岩波書店)より引用。

※1944年度分は12月末までに送出すべき割当員数。1944年度計画数290,000人のほかさらに100,000人の追加要求あり。

※このほか厚生省勤労局、大蔵省管理局、朝鮮経済統計要覧などの統計数値があるが、ここでは、上記の朝鮮総督府鉱工局勤労動員課の数値を紹介しておく。

らないうちに彼らの出張所になっている旅館に連れて行かれ、旅館の部室に監禁されてしまい、その翌日、元山《ウォンサン》行の列車に乗せられて、元山《ウォンサン》から船で北海道に連れられてきました」（金賛汀《キムチャンジョン》『証言朝鮮人強制連行』一五頁、新人物往来社、一九七五年）。

北海道美唄市の金善永《キムソンヨン》さんは四二年ソウルで、日本に行けば二年間で働いて二〇〇〇円くらいの貯金ができるという土建会社の誘惑に乗せられて同胞九一名とともに連行されました。着いてから初めて炭坑で働くということを聞かされ、自分たちを取り巻いた警官に炭坑はいやだと抗議しましたが「戦争には石炭が必要だ。絶対に変更はできない」といって殴られ、結局炭坑で働くことになりました」（朴慶植《パクキョンシク》『在日朝鮮人強制連行の記録』一〇八頁、未来社、一九六五年）。

「自由募集」の後一九四二年からは「官斡旋」による連行が行われました。太平洋戦争の開始によりそれまでのやり方では追いつかないと判断したからです。二月十三日、政府は「朝鮮人労務者活用に関する方策」を閣議で決定し、朝鮮総督府も「労務動員実施計画による朝鮮人内地移入斡旋要綱」を決定し「警察官権、朝鮮労務協会、国民総力団体その他関係機関と密接なる連絡を持し労務補導員と協力の上割当労務者の選定を了するものとする」としています。これによって指名された労務者は逃亡を防ぐために出身地別の隊組織に編成し、日本の事業者から派遣された補導員によって連行されました。

福岡県田川市に住む安龍漢《アンヨンハン》さんは一九四二年の初め、十七歳のとき「牛の背にどっさり薪を積んで帰ってくると家の前で面長（村長、町長にあたる）と巡査が待ち

朝鮮人労務者活用に関する方策

一九四二年二月十三日閣議決定

「……軍要員の拡大に伴い、内地においては基礎産業における重労務者の不足特に著しく、従来この種労務者の給源たりし農業労力また逼迫し来りたる結果、応召者の補充すら困難な実情にあり。ここにおいてこの種の労務者の需要に未だ弾力を有する朝鮮に給源を求め以って現下喫緊の生産確保を期するのは焦眉の急務たり」

「本方策に基づく労務者の送出は、朝鮮総督府の強力なる指導により之を行う」。

〔注〕この「官斡旋」の時期になると、朝鮮人労働者を集めて選定し、彼らを企業の代理人に引き渡すまでの業務を全て朝鮮総督府側の職業紹介所や府・郡・島とその他の下部行政機関の邑・面が引き受け、企業が派遣する「労務補導員」は上記の業務に協力する補助的存在となった（山田昭次・古庄正・樋口雄一『朝鮮人戦時労働動員』九三頁、岩波書店、二〇〇五年）。

うけていました。安、お前の処は男手が三人もおるから仕事に困ることはあるまい。一人だけ内地へ行け。……行く先は福岡の炭鉱だ。ここの面で十人の割り当てがある。……私は隙を見て逃げようかと思いましたが、残された父が彼らからひどい目にあうのではないかと心配しました。……結局私は長兄の身代わりとなって日本へ行くことになりました」（林えいだい『消された朝鮮人強制連行の記録――関釜連絡船と火床の鉱夫たち』二〇六頁、明石書店、一九八九年）。

ソウルで雑貨業の家業を手伝っていた金仁植《キムインシク》さんは、一〇〇〇名の同胞と共に一週間の軍事訓練をうけたのち、四個中隊に編成され軍人上がりの隊長に連れられて日本に来ました。日本に来てからは川崎市の日本鋼管（現在、UFEスチール株式会社）に配属され、三カ月間は訓練の名目で無給労働でした。食事にはほとんど米粒がなく、麦とひじき混じりの飯に塩汁がついたものでした。反抗的な態度を見せると逆さ吊りにして殴るなど半殺しの目にあう人も少なくなかったといいます。金さんによれば「工場内の事故で死傷者も出たし、栄養不良で死んだ人も多い」とのことです（朴慶植前掲書、一一七頁、未来社、一九六五年）。

四二年から四三年にかけて、こうした官斡旋による動員数は約二四万人（国民動員計画一九四二年：一二万人＋四三年：一二万人）でした。戦況がさらに悪化すると一九四四年八月、「半島人労務者の移入に関する件」が閣議決定され、日本内地で使用すべき朝鮮人の要員確保のため新規徴用を実施することになり、徴用の対象者には令書を交付して行う形式になりました。徴用による朝鮮人労働者の動員計画数は

半島人労務者の移入に関する件
一九四四年八月八日閣議決定についての総督府作成の議会説明資料

「内地における重労務者需要は逐年激増し来たり、昭和十九年度においては内地に対し二九万人の送出要求あり。然るに近時半島の労務給源の逼迫と在内地朝鮮人労務者の出動期間延長措置に伴う影響などにより、之が送出は著しく困難を加重し来たれるを以て、送出方法の刷新強化につき、根本的対策を講ずるの要あるを認め、本年九月を期し、労務援護態勢を確立するとともに、内地労務送出者を能う限り広範囲に一般徴用により動員することとせり。」

（朴慶植『朝鮮人強制連行の記録』五五頁、未来社、一九六五年）

〔注〕日本国民への国民徴用令の施行は一九三九年からで、朝鮮ではその発動を避け、四一年から軍要員関係だけに適用し、四四年二月になって朝鮮内の重要工場、事業場の

戦時朝鮮人労働動員に関する政府・企業側の資料・証言集

◆1942年2月13日閣議決定「朝鮮人労務者活用に関する方策」の「方針」
「本方策に基づく労務者の送出は朝鮮総督府の強力なる指導により之を行ふものとし所要に応じ国民徴用令を発動し要員の確保を期するものとす」

◆1943年　北海道炭鉱礦汽船前田一労務部長（元日経連専務理事）『特殊労務者の労務管理』
「工場鉱山における労力構成の根幹たる本来の内地人労務者は、既に給源の不如意を招来し、これを充足すべき労働力としては国民徴用令による徴用工をもってするほか、法令勤報隊・短期挺身隊・農閑期出稼ぎ労務者・転廃業者等の内地労力を持って彌縫するにとどまらず、更に鮮人・華人・白人の外地労力を吸収し、今や労務管理の対象たるべき労務者の種類は複雑多岐の様相を呈している」（前田一が執筆した朝鮮人に対する労務対策の「ガイドブック」の書き出し部分）　◇出典；岩波ブックレット　シリーズ昭和史No.7「大東亜共栄圏」48～49頁

◆1944年4月12日　道知事会議における朝鮮総督府田中武雄政務総監の訓示
「官庁斡旋労務供出の実状を検討するに、労務に応ずべき者の志望の有無を無視して漫然、下部行政機関に供出数を割当て、下部行政機関もまた概して強制供出を敢えてし、かくして労働能率低下を招来しつつある欠陥は断じて是正せねばなりません。」（『朝鮮総督府官報』1944年4月13日付）

◆1944年7月31日付、内務省管理局長宛内務省嘱託小暮泰用「復命書」（外務省外交資料館所蔵）
「徴用は別として、その他いかなる方式に依るも、出動は全く拉致同様な状態である。それは、若し事前に於いて之を知らせば、皆逃亡するからである。そこで、夜襲、誘い出、その他各種の方策を講じて、人質的掠奪拉致の事例が多くなるのである。」

※1944年9月、一般の労働動員を原則として「徴用」によって行うことになる。徴用に応じなければ国家総動員法第36条によって1年以下の懲役または千円以下の罰金に。

◆1945年1月8日付、勤労局長宛厚生事務官松崎芳「復命書」
　朝鮮人の間での「内地渡航を忌避する傾向」を認め、その理由について朝鮮在住家族への「送金僅少又は皆無なること」「音信不円滑にしてその安否すら確かめ得ざること」や出勤期間延長、食料の不足などの「労務管理上の不備」にあることを述べていた。

◆1950年　鎌田沢一郎著『朝鮮新話』（元朝鮮総督宇垣一成の秘書）
「納得の上で応募させていたのではその予定数になかなか達しない。そこで郡とか面とかの労務係が深夜や早暁、突如、男手のある家の寝込みを襲い、あるいは田畑で働いている最中にトラックを回して何気なくそれに乗せ、かくてそれらで集団を編成して北海道や九州の炭鉱に送り込み、その責を果たすという乱暴なことをした。」

〔参考文献〕
『日本の朝鮮・韓国人』樋口雄一著、同成社、2002年
『朝鮮人戦時労働動員』岩波書店、2005年
『朝鮮人強制連行』外村大著、岩波新書、2012年
『日韓新たな始まりのための20章』田中宏・板垣竜太編、岩波書店、2007年

二九万人（大蔵省管理局編『日本の海外活動に関する歴史的調査』）と閣議決定されました。
国民徴用令で連行された朝鮮人は「応徴士《おうちょうし》」と呼ばれました。まるで自分から進んできたようなごまかしの言葉です。日本国土で激しい戦闘の行われた沖縄で、生存できた「応徴士」が語った「一番切なく思ったこと」は次のようなものでした。

「年老いた父母と田植の最中に徴発され、連行され、振り向いて祖父母を見たときの切なさ」

「老父と妻子を残して死ににいくより、自殺しようかと考えた」

「どこに何をしに行くのかも知らされずに父母妻子と引き裂かれたこと」

「他国の戦場へ連行されること」

「強制連行され、生きるか死ぬか、目の前が真っ暗になったこと」

「船に乗せられ、太平洋に出たとき、もう最後だと観念した心情」

「幼い娘一人を置いて死に場所へ行く心情」

強制的に連行された朝鮮人は全国いたる所で、炭鉱・金属鉱山・飛行場建設・トンネル掘り・戦略物質の製造その他で働かされました。

女性も動員

労働動員では全て男性が対象でしたが、一九四三年からは女性の労働動員も始まりました。一月に「生産力増強緊急対策要綱」を閣議決定し、女子労働動員の強化を決定、九月には次官会議で「女子勤労動員の促進に関する件」を定め、動員対

現地徴用を行った。日本内地で働いていた朝鮮人労務者には、四二年十月から一部に徴用令を発動して軍属として採用していた。四四年になるといよいよ労働力が不足し、徴用令の適用によって朝鮮から内地へ強制的に連行した。
　敗戦色の濃いこの時期、爆撃の激しい内地への徴用に喜んで応じるものは少なかった。

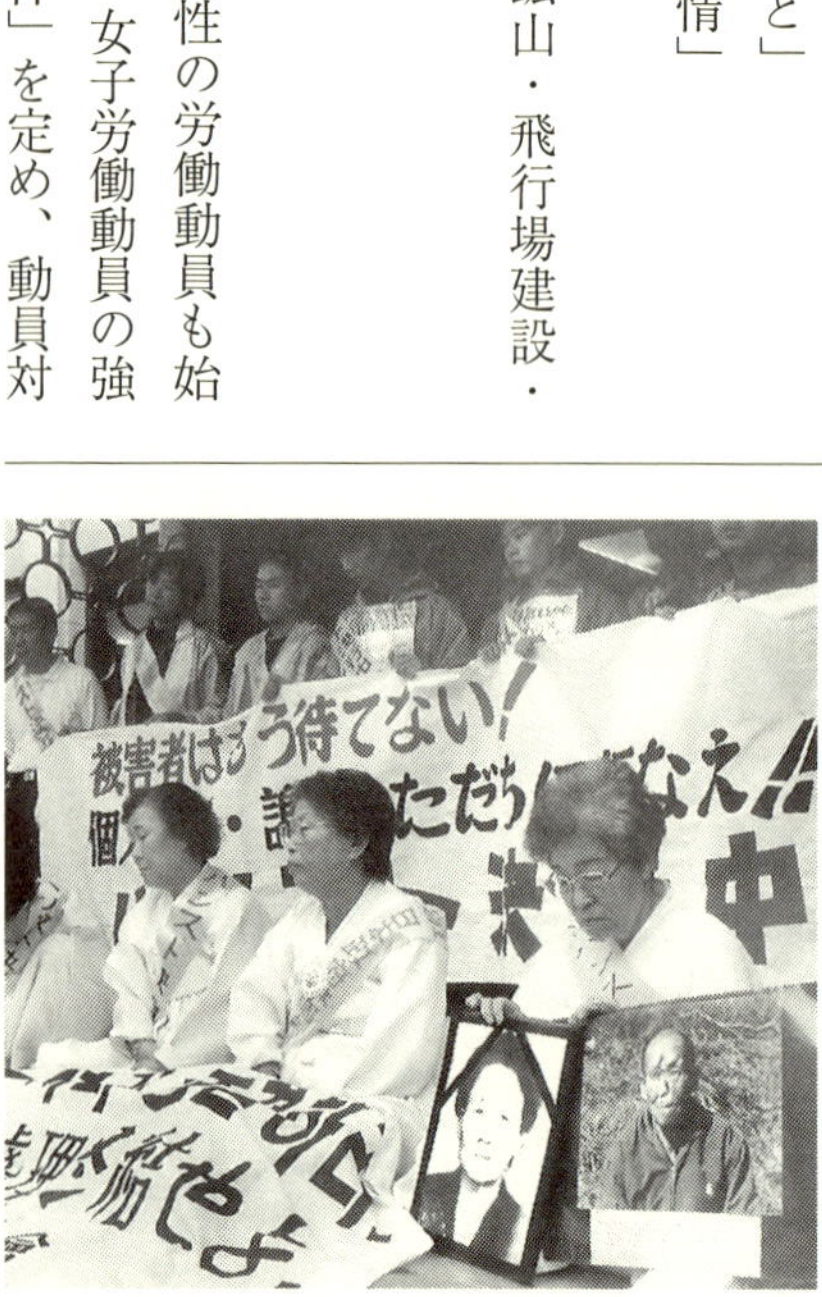

個人に対する謝罪と補償を求めて断食に入った韓国太平洋戦争遺族会（一九九四年九月二十六日、衆議院前で。毎日新聞）

象を新規学校卒業者、十四歳以上の未婚者などとしました。四四年八月には「女子勤労挺身勤労令」が国内、朝鮮でも同時に公布・施行され、日本には約四〇〇〇人前後（高崎宗司著『「半島女子勤労挺身隊」について』五六頁、財団法人女性のためのアジア平和国民基金『「慰安婦」問題調査報告書』所収、一九九九年）が連行されました。「日本に行けば女学校に行ける。お金にもなる」という甘言が、植民地支配下の貧しい生活で学校へ行きたい少女たちを誘導したといえます。それを支えたのも「お国のため」という皇民化教育であったこと

「恨」の半世紀 決意の訴え

元慰安婦提訴

「逃げたら死ぬぞ」そして、翌朝から

金学順さん「胸痛い、でも話す」

1991 年 12 月 6 日付『朝日新聞』夕刊より

元朝鮮挺身隊、徴用から60年余

年金手当金、わずか99円

だまされ、待たされ、あげく

2009 年 12 月 23 日付『朝日新聞』より

慰安所 軍関与示す資料

防衛庁図書館に旧日本軍の通達・日誌

部隊に設置指示

募集含め統制・監督

「民間任せ」政府見解揺らぐ

参謀長名で、次官印も

1992 年 1 月 11 日付『朝日新聞』より

も忘れてはなりません。

「日本の工場での挺身隊の生活は『籠の鳥』だった。寄宿舎からの自由な外出は禁じられ、絶えず監視下に置かれ、賃金も受け取れず、故郷から持参した小遣いまで取り上げられて、逃亡ができない状態に置かれた。そして日々極度の空腹に耐えながら長時間の労働に服さなければならなかった。企業は帰国時にも賃金を渡さなかった」（山田昭次・古庄正・樋口雄一『朝鮮人戦時労働動員』一七三頁、岩波書店、二〇〇五年）のです。そして、中には勤労挺身隊に応募して、「軍慰安所」に連れて行かれた女性もいました。

日本軍「慰安婦」問題

韓国では一九七〇年代に、日本人男性の韓国への買春ツアー、いわゆる「妓生《キーセン》観光」に対して、韓国教会女性連合会等の女性団体が抗議行動を開始し、運動だけではなく、女性に対する性暴力や売春問題に関する歴史調査も同時に開始しました。日本は、戦前、軍の力で朝鮮人の若い女性を「慰安婦」として連行し、戦後は金の力で女性の人権、人格を冒瀆していると受け止められていました。特に日本軍の「慰安婦」と同世代であった尹貞玉《ユンジョンオク》氏（当時、梨花《イファ》女子大学教授）らはこのような同世代の女性たちの被害を歴史の闇に埋もれさせることはできないと考え、日本調査を終えると『挺身隊踏査報告』を発表し、とりわけ、一九九〇年一月、ハンギョレ新聞に掲載された「挺身隊取材記」が大きな反響を呼びました。

国際人権条約の委員会から日本政府に提出された勧告

◆女性差別撤廃委員会　二〇〇九年八月

三七　委員会は、「慰安婦」の状況に対処するために締約国（日本）がいくつかの措置を講じたことに留意するが、第二次世界大戦中に被害者となった「慰安婦」の状況の恒久的な解決策が締約国において見出されていないことを遺憾に思い、学校の教科書からこの問題への言及が削除されていることに懸念を表明する。

三八　委員会は、締約国が「慰安婦」の状況の恒久的な解決のための方策を見出す努力を早急に行うことへの勧告を改めて表明する。この取組には、被害者への補償、加害者の訴追、及びこれらの犯罪に関する一般国民に対する教韓国では挺身隊問題と呼ばれていますが、日本軍「慰安婦」問題とは、アジア・太平洋戦争下で、日本軍の戦地・占領地に軍人、軍属に対する性的「慰安」のために設置された「慰安所」に、日本内地のほかアジア諸国から女性を、本人たちの意思に反して徴集・連行した性奴隷制度のことです。吉見義明氏は、その被害者総数は「どんなに少なく見積もっても五万人以上になる」と推測しています（吉見義明『日本軍「慰安婦」制度とは何か』五五頁、岩波書店、二〇一〇年）。

一九九〇年五月の盧泰愚大統領の訪日の機会に、韓国の女性団体は「慰安婦」問題解決を求める声明をだし、韓国の外相も日本政府に強制連行被害者の名簿作りへの協力を要請しました。こうした動きの中、日本の国会でも六月に本岡昭次・社会党議員は、強制連行について質問し、「慰安婦」問題の調査を政府に求めました。これに対して労働省職業安定局長は、「民間の業者がそうした方々を軍と共に連れて歩いてい」たので調査はしかねる、と答弁しました。声明を出した女性団体はこの答弁に強く反発し、日本政府に抗議の公開書簡を送りました。要求項目は、①日本軍「慰安婦」の強制連行の事実を認めること、②公式謝罪、③真相究明、④慰霊碑の建立、⑤生存者、遺族に対する補償、⑥歴史教育で事実を語り続けること、の六項目とし、実現に向けて十一月には「韓国挺身隊問題対策協議会」を結成しました。

一九九一年八月十四日、「民間業者ではなく、日本軍が私の青春を奪った」と名乗り出た金学順《キムハクスン》さん（当時六十七歳）が記者会見に臨み、「慰安婦」問題は、戦時性

育が含まれる。

◆国連・拷問禁止委員会　二〇一三年五月

――軍による性的奴隷の被害者――

一九　第二次世界大戦中の日本軍の性的奴隷行為の被害者、いわゆる「慰安婦」に対する虐待を認めるべく取られたいくつかの措置に締約国からの情報にもかかわらず、委員会は、本件に関し、特に以下との関係で、締約国が条約に基づく義務を履行していないことに引き続き深い懸念を有する。

a　被害者に対する適切なリハビリテーションを提供していないこと。委員会は公的資金というよりも民間の寄付金によって出資された補償が、不十分かつ不適当であることを遺憾に思う。

◆経済的、社会的及び文化的権利に関する委員会（国連・社会権規約

暴力の問題として、広く世界の関心を集めるようになりました。これまで政府は軍の関与を認めてこなかったのですが、一九九二年一月、吉見義明中央大学教授が防衛庁防衛研究所図書館で、「慰安婦」の徴集と慰安所の設置に日本軍の関与を示す文書を発見すると、官房長官は「当時の軍の関与は否定できない」と認め、訪韓した宮沢首相（当時）は盧大統領に「お詫び」を表明しました。

同年九月には、フィリピン人被害者としてマリア・ロサ・ルナ・ヘンソンさんが初めて名乗り出て、一九九三年四月、在日韓国人の宋神道《ソンシンド》さんも東京地裁に提訴しました。当事者、支援者の運動の広がりと、軍の関与を示す資料の発掘などにより、日本政府も調査を行い、同年八月になって河野官房長官は談話を発表しました。河野談話では、「慰安婦の募集、移送」、「慰安所の設置、管理」について日本軍の関与を認め、「多数の女性の名誉と尊厳を深く傷つけた問題」であるとして、「歴史の教訓として直視し」「同じ過ちを繰り返さないという固い決意」を表明しました。

一九九五年には、村山首相が、戦後五十年を機会に、道義的立場から「女性のためのアジア平和国民基金」構想を明らかにしました。国民的な償いの事業を政府と国民が二人三脚によって実施し、その事業は、当該国や地域の政府、ないし政府の委任による民間団体が認定した元『慰安婦』の方々に対して実施されるもので、具体的には①首相のお詫びの手紙、②国民からの募金による一人当たり二〇〇万円の償い金の支給、③政府資金による医療福祉支援事業でした。

韓国、台湾、フィリピンなどでは多くの被害者や支援者が反対を表明しました。

委員会）二〇一三年五月二六　委員会は、「慰安婦」が被った搾取が経済的、社会的及び文化的権利の享受及び補償の権利にもたらす長きにわたる否定的な影響に懸念を表明する（第3条、第11条）。委員会は、締約国に対し、搾取がもたらす長きにわたる影響に対処し、「慰安婦」が経済的、社会的及び文化的権利の享受を保障するためのあらゆる必要な措置をとることを勧告する。また、委員会は、締約国に対して、彼女らをおとしめるヘイトスピーチ及びその他の示威運動を防止するために、「慰安婦」が被った搾取について公衆を教育することを勧告する。

吉見義明教授が発見した六点の資料

これらの資料は敗戦直前に空襲を

本来ならば、国家として事実を認め、謝罪し、補償すべきところを国民の募金によって代替することは国家としての責任を果たしていないといえます。このことは、国際人権規約委員会、女性差別撤廃委員会などからも指摘を受けています。

「女性のためのアジア平和国民基金」は九七年から韓国で七名の被害女性に支給開始を強行し、被害女性に対立と混乱をもたらしました。韓国政府は日本政府に「償い事業」の中止を求めましたが、基金の側は事業を継続し、二〇一四年三月五日現在、二八五人の被害者に事業を実施しました。内訳は「フィリピン二一一人、台湾一三人、韓国六〇人」（和田春樹「慰安婦問題——現在の争点と打開への道」『世界』二〇一四年九月号、一一九頁、岩波書店）でした。「基金」は二〇〇二年九月、各国で事業を終了し、二〇〇七年に解散しました。「償い事業」を受けた被害者は、韓国も台湾も認定被害者の半数以下で、「この数字は被害者の過半数が日本政府の『解決策』を受け入れなかったことを意味しています」（内海愛子「戦後補償」和田春樹・内海愛子・金泳鎬・李泰鎮編『日韓歴史問題をどう解くか』一五〇頁、岩波書店、二〇一三年）。

二〇一四年六月、日本軍「慰安婦」にされた被害女性と支援者が衆議院議員会館に集い、第一二回日本軍「慰安婦」問題アジア連帯会議が開催され、日本政府への提言と内外の研究者、市民によって調査・発掘された文書等五二九点が提出されました。

日本軍「慰安婦」問題については、歴史的事実、強制性、河野談話、「女性のた

避けるために八王子の地下倉庫に避難させていたため、連合国軍到着までに証拠書類の焼却が間に合わなかった一九四二年までの資料群の中にあった。連合国軍に接取されてアメリカにわたり、後に返還されて防衛庁防衛研究所図書館に保存されていたが、この資料群に「慰安婦」関係の資料が含まれていることを気づかず見過ごされていた。発見された資料は、

(1) 岡部直三郎北支那方面軍による慰安所設置の命令（指示）。北支那方面軍参謀総長「軍人軍隊の対住民行為に関する注意の件通牒」

(2) 陸軍省による徴募方法の指示。陸軍大臣副官「軍慰安所従業婦等募集に関する件」一九三八年三月四日

(3) 第21軍による管理・統制。波集団司令部「戦時旬報（後方関係）」

めのアジア平和国民基金」などの評価をめぐって様々な議論が生まれました。しかし、基本は被害女性がどう受け止めているのか、ではないでしょうか。被害者が納得できる誠意ある対応が必要で、それは日本軍と政府の責任を明確にした謝罪であり、補償であると思います。被害者が存命中に解決しなければなりません。「戦後補償は条約や二国間協定で解決済み」という意見や国家補償の対象は日本国民や「軍人・軍属」優先という政府の見解を抜本的に見直すべきです。

戦後処理、未払い金

労働動員の問題は「連行」の暴力性だけではなく、敗戦後の賃金、強制貯金等の未払い問題も大きな問題です。労働の対価である給与は強制貯金をさせられ退職時まで渡されることがなかったのです。四五年九月一日厚生省勤労局長・健民局長・内務省監理局長・警保局長は各地方長官宛てに「朝鮮人集団移入者等の緊急措置に関する件」という通牒を送り、「①略、②賃金の支給については当座の小遣いとして必要なる額程度を手渡し残額は各人名義の貯金となし、事業主に於いて保管しておくこと、③右措置は朝鮮との通信途絶によるやむを得ざるものにして、将来帰鮮の際は必ず本人にわたすこと」と指示しました。朝鮮人労働者の動揺を抑えるために、企業が通牒の主旨を繰り返し説明したことはいうまでもない。しかし、企業はそれを守らなかったのです（山田昭次・古庄正・樋口雄一『朝鮮人戦時労働動員』二三三頁、岩波書店、二〇〇五年）。

一九三九年第2旬号

などで、いずれも日本軍が立案・設置し、管理・統制したことを示している。

〔参考文献〕吉見義明編『従軍慰安婦資料集』大月書店、一九九二年）

第一二回日本軍「慰安婦」問題アジア連帯会議の日本政府への提言

二〇一四年六月二日

一　次のような事実とその責任を認めること

①　日本政府及び軍が軍の施設として「慰安所」を立案・設置し管理・統制したこと

②　女性たちが本人の意に反して、「慰安婦・性奴隷」にされ、「慰安所」等において強制的な状況に置かれたこと

③　日本軍の性暴力に遭った植民地、占領地、日本の女性たちの

続いて九月十七日、徴用された労働者については、徴用解除の手続きが取られ、新規徴用の対象になっていた者については国民動員援護会より一人一〇〇円の慰労金が支給されましたが、「朝鮮人新規徴用者」（朝鮮にて徴用したる者）にはこれを支給しなかったのです。

この後、在日朝鮮人の中心的な民族団体であった朝鮮人連盟の補償要求・未払金委託要求について、四六年六月、厚生省は「朝鮮人、台湾人及び中国人労務者の給与等に関する件」と題する次官通牒を送付し、「なお、このような要求はあるいは将来日本政府に対する全般的な要求の中の一項目となりえるかもしれないと思われるが、現在事業主とこれらの労務者の問題として個々に処理すべき限りではないこと」とし、朝鮮人連盟からのポツダム宣言受諾の九月二日以前の退職手当要求は法的根拠がないこと、朝鮮人連盟は労働組合法に規定する交渉団体ではないことを指示しました。

さらに、四六年十月、厚生省は「朝鮮人労務者に対する未払い金その他に関する件」という通牒を発し、地方長官を通じて管下の関係企業に未払金を地方法務局へ供託させ、朝鮮人団体に支払うことを阻止しました。供託の目的は朝鮮人連盟の委託要求を拒否し、未払金問題を国家間の解決に委ねる点にありました。

四九年、韓国側の求めに応じてＧＨＱは日本政府に対して未払い金の調査を命じ、この時の調査で約二億三七〇〇万円が確認されています。また、五〇年の労働省調査「帰国朝鮮人労務者に対する未払い賃金債務等に関する調査」でも東京法務

被害にはそれぞれに異なる態様があり、かつ被害が甚大であったこと、そして現在もその被害が続いているということ

④　当時の様々な国内法・国際法に違反する重大な人権侵害であったこと

二　次のような被害回復措置をとること

①　翻すことのできない明確で公式な方法で謝罪すること

②　謝罪の証として被害者に賠償すること

③　真相究明：日本政府保有資料の全面公開、国内外でのさらなる資料調査、国内外の被害者及び関係者へのヒヤリング

④　再発防止措置：義務教育課程の教科書への記述を含む学校教育・社会教育の実施、追悼事業の実施、誤った歴史認識に基づ

局への供託金の朝鮮人分は一億二〇〇〇万円ほどあり、地方法務局や未払いのままの債権を加えると、やはり二億円ほどになります（田中宏・中山武敏・有光健他著『未解決の戦後補償』一七六〜一七九頁、創史社、二〇一二年）。

戦時労働動員された朝鮮人のその大半は「ただ働き」させられたといっても過言ではなかったのです。

請求抑えようと厚生省やっき

強制連行、賠償めぐる文書

企業や警察と連携

地元調停案に「遺憾」

『朝日新聞』一九九一年一月十二日付

韓国の4727人年金記録確認

社保庁 戦時動員の民間人

支援金受給に光

『朝日新聞』二〇〇九年十二月三十日付

く公人の発言の禁止、及び同様の発言への明確で公式な反駁等

Q8 創氏改名とはどういうものですか？

「創氏」とは何ですか。誰でも自分の名前は大切にするものなのに、人の名前を強制的に変えさせるようなことが、なぜ行われたのですか。

皇民化政策

韓国併合ののち日本は朝鮮を皇民化（＝「日本人化」）するために様々な方法をとりました。まず最初に「大韓帝国」（一八九七年〜一九一〇年）と定められていた国号を一切使うことを禁じました。日本の一部として、地域名「朝鮮」と呼ぶようにしたのです。

次に地名を日本風に改めました。首都ソウル（漢字では「漢城」と表記されていた）を「京城《けいじょう》」に変更したのをはじめ、日本人居住者の多い地域の町名を日本式に変えました（一九一四年三月京畿道告示第七号「京城府町洞名称」）。たとえば、武橋洞《ムギョドン》（日本の町に当たるものを「洞」という）を武橋町、明洞《ミョンドン》が明治町、小公洞《ソゴンドン》が長谷川町（軍司令官・長谷川好道の名前から）、今の新村《シンチョン》あたりが竹添町（竹添進一郎公使の名前から）、乙支路《ウルチロ》を黄金町《こがねちょう》、道路の名前も忠武路《チュンムロ》を「本町通り」などとしました。学校の名前さえミッション系の永生《ヨンセン》高等女学校を「日の出高等女学校」に変えるほどでした。

朝鮮教育令

一九一一年八月二十三日、

第一章　綱領

第一条　朝鮮における朝鮮人の教育は本令による。

日本にとって植民地支配を成功に導く一番の問題は朝鮮人を内面から「日本人」に作り替えることでした。そのため教育には大きな関心を払い、一九一一（明治四十四）年に公布した朝鮮教育令では「教育に関する勅語の旨趣《ししゅ》に基き忠良なる国民を育成すること」を目的に、朝鮮人に日本語を教え「国民たる性格」を養成することを基本に掲げました。教育勅語とは一八九〇（明治二十三）年に出された国民教育の基本方針ともいえるものです。それには「ひとたび国家の一大事（戦争）になれば、勇気を奮い立て身も心も国（天皇）のために捧げることで、天にも地にも尽きるはずのない天皇の運勢が栄えるようにしなければならない」（現代語訳）と書かれています。

こうして朝鮮人は「天皇の赤子《せきし》」（天皇の子ども）として日本の命令には絶対的に服従するよう仕向けられました。それがいわゆる「皇民化教育」です。この政策を推進するために、日中戦争の起こった一九三七（昭和十二）年以降、それまでの「内鮮融和《ないせんゆうわ》」という言葉をさらに強めて「内鮮一体《ないせんいったい》」というスローガンが掲げられました。日中戦争に突入すると、「融和」などとのんびりしたことを言っておれなくなってきたのです。戦時動員体制に組み込むこと、朝鮮は大陸兵站《へいたん》基地として万全の態勢を整えることが要求されたのです。まさに教育勅語にある「国家の一大事」というわけです。

まず「日本人」としての精神を養うため神社に参拝することを強制されました。韓国併合以来、日本人居住地には故郷の氏神（八幡、天神、金毘羅《こんぴら》など）を移植する

第二条　教育は教育に関する勅語の旨趣に基き**忠良なる国民を育成することを本義とす**。

第三条　教育は時勢及び民度に適合せしむることを期すべし。

第四条　教育は之を大別して普通教育、実業教育及び専門教育とす。

第五条　普通教育は普通の知識技能を授け特に**国民たるの性格を涵養し国語を普及することを目的とす**。

第六条　実業教育（省略）

第七条　専門教育（省略）

第八条　普通学校は児童に国民教育の基礎たる普通教育を為す所にして、身体の発達に留意し**国語を教え徳育を施し国民たるの性格を養**成しその生活に必須なる知識技能を授く。

第九条以下、三〇条まで省略

ことから始まり、一九二五（大正十四）年には天照大神《あまてらすおおみかみ》、明治天皇を祭神とする朝鮮神宮をソウルの南山《ナムサン》に創建しました。さらに三〇年代以降は「一面（面は村にあたる行政区域）一神社計画」を推進し、参拝を強要しました。特に約五〇万人のキリスト教徒に対しては弾圧と懐柔が強化され、警察官立会いの下で神社参拝を決議した教派もある一方、これに反対した牧師・信徒は検挙、投獄され、約二〇〇の教会は閉鎖されました。

さらに一九三七年十月には「皇国臣民の誓詞《せいし》」（児童用と中学生以上の一般用の二種類）が制定され、朝礼などことあるごとに斉唱が義務付けられました。

子ども用の内容は次の通りです。

私共は大日本帝国の臣民であります
私共は心を合わせて天皇陛下に忠義を尽くします
私共は忍苦鍛錬して立派な国民となります

こうした民族抹殺ともいえる人間改造政策は、組織化・集団化を図ることにより強力に推し進められました。一九三八年七月、国民精神総動員朝鮮連盟が発足し、四〇年から「国民総力朝鮮連盟」と改称されます。連盟の基礎組織として一〇戸を単位とする「愛国班」をつくり監視統制の役割に加えて生産力の拡充も謳われました。愛国班では毎月一日を「愛国の日」とし、国旗掲揚、宮城遥拝《きゅうじょうようはい》、神社参拝、「国

創氏改名

一九三九（昭和十四）年十一月十日、朝鮮総督府制令第十九号によって朝鮮民事令第十一条の第三次改正が発布され、翌年二月に施行された。その内容は、

（一）氏に関する規定
（二）裁判上の離婚
（三）婿養子縁組の無効・取消し
（四）異姓養子を認める

というもので、創氏改名というのはこの（一）に関することであり、第十一条に左の一項が加えられた。

「氏は戸主（法定代理人あるときは法定代理人）之を定む」

附則

本令施行の期日は朝鮮総督之を定む。

朝鮮人戸主（法定代理人あるときは法定代理人）は本令施行後六月以内に新たに氏を定めこれを府尹又は

語」奨励、勤労奉仕、「皇国臣民の誓詞」斉唱などが集団で行われました。さらには愛国貯金、節米貯金なども愛国班を通じて呼びかけられました。

皇民化政策の大きな柱になったのが「創氏改名《そうしかいめい》」と「国語常用」です。学校では朝鮮語を教えるのを禁じただけではなく、役所では電話さえも日本語でなければいっさい受け付けないという状態でした。一九四〇年当時、普通の会話に差し支えない程度に日本語が話せる人は一六％ほどでした。強引ともいえる指導が行われた一九四三年でも二二％ですから、自分の言葉を使えない悔しさと同時に不便のほどがうかがえます。

創氏改名

朝鮮人の名前は、本貫《ほんがん》、姓、名の三要素で構成されています。本貫とはある宗族集団の始祖の出身地とされる地名のことで、例えば金《キム》という姓でも金海金氏《キムヘキムシ》や慶《キョン》州金氏《ジュキムシ》などと宗族集団で区別され、現在の戸籍（家族関係登録簿）にも記載されています。姓は父親の姓を受け継ぎ一生不変です。金、李、朴など一文字が多く、南宮《ナムグン》、鮮于《ソヌ》など二字姓も少しですがあります。女性は結婚しても夫の姓に変わることなく父親の姓のままです。当時の朝鮮では、姓を変えるということは人間としての尊厳にかかわるものとされてきました。重大な約束をするとき、それを破ったら「姓を変える」と誓うほどでした。朝鮮では姓は命の次に大切とされるだけでなく、子どもの名前を付ける上で用いる字さえ同一氏族集団の同世代に属する男子には共通の

邑面長（いずれも地方行政の長）に届出づることを要す。

前項の規定による届出を為さざる時は本令施行の際に於ける戸主の姓を以て戸主の氏とす。〔以下省略〕

南次郎朝鮮総督談「司法上における内鮮一体の具現」一九四〇年二月

「このたび朝鮮民事令が改正せられその内容は親族法の諸種の点にわたっているが、そのうち半島人（原文のまま）の真摯かつ熱烈な要望にこたえて半島人が法律上内地人式の「氏」を称えうる途を拓いた点は改正の重要な眼目であって、内鮮一体の線に沿うた親族法上に於ける画期的改正であると謂うことができる。

（中略）

故に内鮮一体の理想から謂えば、全半島民衆が近き将来において往時の渡航半島人の如く、形容ともに皇

一文字（行列字）を入れた名前にするなど一定の決まりがありました。

こうした民族の伝統に反する形で、創氏改名は一九三九（昭和十四）年十一月に改正民事令として公布されました。創氏改名とは、朝鮮の慣行である夫婦別姓を否定して「家」の称号として「氏」を付け、婿養子や異姓養子を認めるとともに、それに付随して名も改められるとした姓名変更のことです。「血統」を中心とする「姓名」を内地と同じように「家系」を中心とする「氏名」に改めようとするものです。本当の目的は「朝鮮的な家制度、特に父系血統に基づく宗族集団の力を弱め、日本的なイエ制度を導入して天皇への忠誠心を植え付けること」（水野直樹『創氏改名』五〇頁、岩波書店、二〇〇八年）だったのです。

当時の朝鮮総督・南次郎も「由来朝鮮には血族団体の名称として、李とか朴とかいう姓はあるが、日本古来の家の称号たる氏というものがない。そうして一家内にあって夫と妻が別々の姓を称しているなど、我が国古来の風習と一致しない処がある。そこで半島人をしてこの血族中心主義から脱却して、国家中心の観念を培養し、天皇を中心とする国体の本義に徹せしめる趣旨の下に、今年皇紀二六〇〇年の紀元節を機として、氏を付けることを許されるようになった」（南次郎「朝鮮も一生懸命だ」『キング』一九四〇年十月号。引用：水野直樹『創氏改名』五一頁、岩波書店、二〇〇八年）。そして、戸主の姓をそのまま氏とするのではなく、父系血統に基づく宗族集団の力を弱めるために「内地人風の氏」に変えさせることも意図しました。

国臣民化する日の到来することが望ましい次第である。（後略）

朝鮮人の氏名に関する件

一九三九年十一月十日制令第二〇号

朝鮮総督　南　次郎

第一条　御歴代御諱《ぎょき》又は御名は之を氏又は名に用いることを得ず

自己の姓以外の姓は氏として之を用いることを得ず。ただし、一家創立の場合に於いてはこの限りにあらず。

第二条　氏名は之を変更することを得ず。ただし、正当の事由ある場合においては朝鮮総督の定めるところにより許可を受けたるときはこの限りにあらず。

〔注〕第一条の「御歴代御諱又は御名」とは代々の天皇の名をいう。一九四〇年一月十

設定創氏と法定創氏

手続きとしては南次郎総督の言葉にあるように一九四〇（昭和十五）年二月十一日の紀元節から六カ月間、八月十日までに創氏をするかどうかを決めて届け出なければならなかったのです。法律的には創氏は義務で、改名は任意とされました。届け出なければ行政手続きとして従来の姓がそのまま氏とされ、妻の姓も夫の氏に代わりました。届け出ない場合は「法定創氏」と言われました。届け出た場合を設定創氏といい、内地人風の氏名が求められました。結果的には約八割が設定創氏で、二割が無届のままで法定創氏となりました。一方、裁判所の許可を必要とする「改名」をしたのは、一〇％に過ぎません。

届け出た場合の設定創氏も皇民化が目的ですから李を金とするとか、妻の姓と合わせて朴李とすることなどは認めず、また歴代天皇や皇室にゆかりのある家の氏も認められていません。内地人風の氏名については、日本との区別がつかなくなるという根強い批判も日本人社会にあり、朝鮮人側にも姓に一文字を加えるとか本貫に由来する氏にするなど、宗族集団としてのまとまりを維持する目的もあり、総じて皇民化政策でありながらも朝鮮的な雰囲気を残した氏が多くありました。金さんが金山、金本、金田、金井、金村などにする例や金海金氏は本貫を生かして金海にするなど、また、姓を二文字にわける（黄を共田、張を弓長、朴を木戸、崔を佳山など）ケースや朴氏は新羅の国の建国伝説に基づいて新井（新羅の始祖、朴赫居世は井戸のほとりで生まれた）とするなどです。

六日、各地方法院宛に出された朝鮮総督府法務局長通牒では、さらに具体例を挙げて用いてはならない氏を例示している。

記

一　御歴代御諱及び御名は別表の通り（別表略）

二　氏の設定については、御歴代御諱、御名のほか御歴代の追号、皇族の宮号、王侯族の称呼、顕著なる神宮名又は神社名（例えば伊勢、橿原、宮崎及び靖国等）、皇室に由緒深き家（例えば近衛、鷹司等の如き五摂家及び久邇、音羽等臣籍に降下せられし家）、歴史上及び現代の功臣の氏（例えば東郷、乃木、西園寺）等を依用したるときは之を受理せしめざること。

（以下省略）

川崎市川崎区在住の鄭《チョン》さんのかつての日本名は黒井でした。それは、最初に日本に来ていた鄭さんの伯父さんが関東大震災時、虐殺される恐れがある中、仕事仲間の黒田さん、井上さんに助けられたことがあり、伯父さんは創氏改名のときに、二人の命の恩人の名前をくっつけて「黒井」にしたので、親族はみなこれにしたがい「黒井」としたと聞いているそうです。また無届による法定創氏では「姓」の金がそのまま「氏」としての金になりました。創氏改名といってもやはり日本人との違い（＝差異化）を残すことは考えられ、朝鮮戸籍では本来の戸主の姓に朱線を入れその右側に新たな氏を書き、姓は「姓及本貫」欄に移されました。

創氏改名は任意だったのですか？

創氏改名は氏の設定（創氏）は義務＝強制であり、届け出なければならないのですが、届け出せず、旧来の姓を氏として残したい人もいたことから、自発的に行ったかのように理解する人がいますが、実態は決してそのようなものではありません。梶山季之著『族譜』のモデルとも言われる、かつて義兵であった全羅南道淳昌郡《チャンスングン》の薛鎮永《ソルジニョン》という老人は「誓不改姓」という遺書を残して抗議の自殺した話は有名です。総督府は葬儀に際して弔問を許しませんでした。

また当時、朝鮮人の道（日本の都道府県に相当）知事は五人いましたがその内の二名（全羅北道《チョルラプッド》知事・孫永穆《ソンヨンモク》、忠清北道《チュンチャンプッド》知事・兪萬兼《ユマンギョム》）は氏の設定届出をしなかったため、免職させられました（水野直樹『創氏改名』一七七頁、岩波書店、二〇〇八年）。

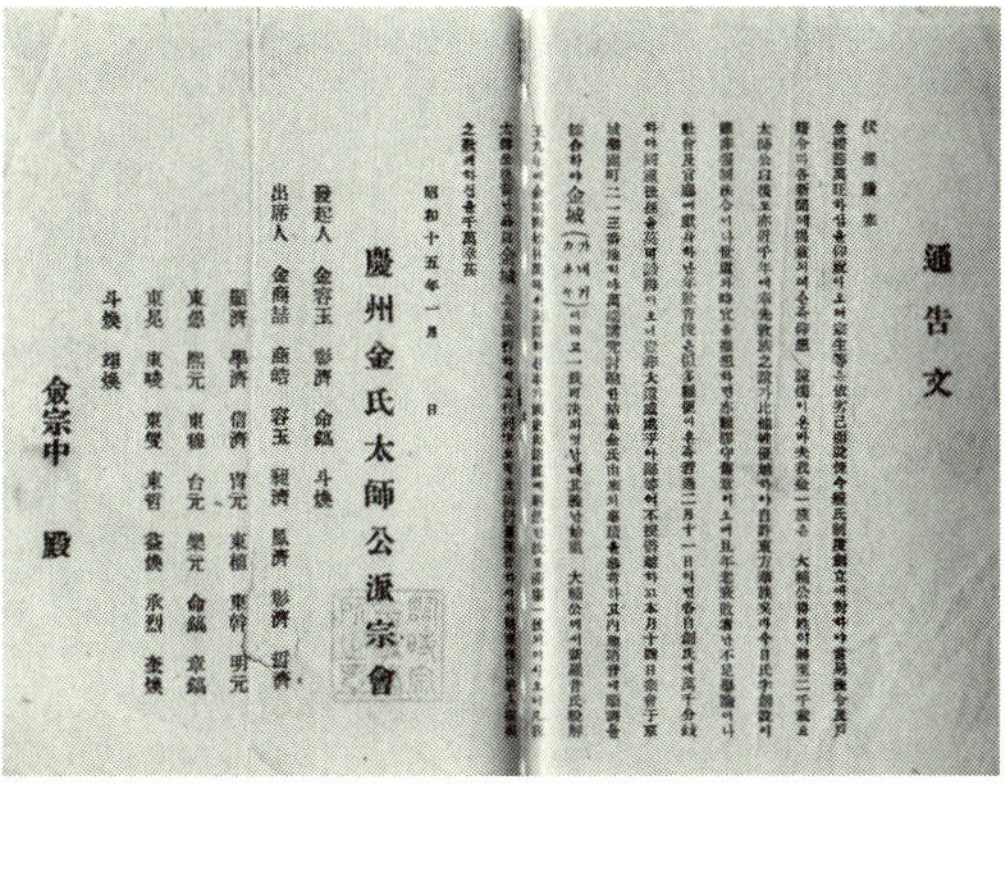
通告文

慶州金氏太師公派宗會

僉宗中 殿

慶州金氏の一派が一族に向けて出した創氏を金城《かねき》にするという通告文

水野直樹・庵逧由香・酒井裕美・勝村誠編著『図録 植民地朝鮮に生きる 韓国・民族問題研究所所蔵資料から』九〇～九一頁、岩波書店、二〇一〇年

韓国の歴史学者である文定昌《ムンジョンチャン》著の『軍国日本朝鮮強占三六年史』では、創氏改名を強要した具体的な方法を六つに分けて紹介しています（宮田節子・金英達・梁泰昊『創氏改名』一一三頁、明石書店、一九九二年）。

一　創氏しない者の子どもに対して各級学校への入学・進学を拒否。
二　創氏しない子どもに対して日本人教師はわけもなく叱責・殴打し、児童をして父母に哀訴させ創氏させる。
三　創氏しない者は、公私を問わず総督府関係機関にいっさい採用せず、現職者も漸次罷免措置をとる。
四　創氏しない者に対しては行政機関で行うすべての事務を取り扱わない。
五　創氏しない者は非国民、不逞鮮人と断定し、警察手帳に記入し、査察、尾行などを徹底的にするとともにあるいは優先的に労務徴用の対象としたり、食料その他物資の配給対象から除外する。
六　創氏しない者の名前の書かれている荷物は鉄道局や丸星運送店で取り扱わない。

これだけの不利益と差別をして、創氏改名が任意であったなどと言えるのでしょうか。こういうのを強要とか強制というのではないでしょうか。

解放後、朝鮮人は直ちに創氏名を捨てて元の朝鮮名による門札を掲げ、新聞報道でもすべて本名に変えていました。一九四六（昭和二十一）年十月、植民地支配から解放された朝鮮民族の要望を受けて米軍政庁は一九四六年十月「朝鮮姓名復旧令」を公布施行しました。創氏制度によって日本式氏名に変更された朝鮮姓名の簡易復旧を目的に「日本統治時代の法令による創氏制度により、朝鮮姓名を日本式氏名に変更した戸籍簿記載はその初日から無効であることを宣言する」と定められました。簡易復旧とは本人申請がなくても職権により「復旧」を図るという意味です。けれどもその後遺症は今も残っています。在日韓国・朝鮮人は解放後も日本の支配下にあって日本国籍を保持しているとされ、民族差別が根強く残っていたため、創氏名を使い続ける結果になり、いわゆる「通名」と言われるようになりました。

しかしその多くはどこかしら日本人の日本名とは異なる雰囲気があります。たとえば「河東《ハドン》（かとう）といえば鄭《チョン》」、「達川《タルチョン》（たつかわ）といえば徐《ソ》」というように名前の由来を探すこともできなくはないのです。鄭《チョン》氏の本貫の一つが河東《ハドン》（河東鄭氏）であり、徐《ソ》氏の本貫の一つが達川《タルチョン》（達川徐氏）であることを知っていれば、「ああ、同胞だな」とわかるのです。

「日本名」をつけることがいかに切ないものであったのかという現れともいえます。

「通名」についての注意

在日韓国・朝鮮人が創氏改名を契機に、現在も日本風の氏名を使用している現実があります。

例えば金さんが金本、金海などという通称名を使い、朴さんが新井という通称名を使っている場合もありますが、血統的に、代々日本人である金本さんや金海さん、新井さんもたくさんいるわけですから、この点を誤解しないでいただきたいのです。金という氏で、「こん」と読む日本人もいますし、林、柳などは日本人か在日韓国・朝鮮人か判別がつきません。氏名からだけで判断するのは避けていただきたいと思います。

Q9 解放前に日本国内ではどういう抵抗運動がありましたか？

植民地支配を打ち破るために、どのような抵抗運動があったのでしょうか。今日では考えられないような酷い労働・生活条件に対し、いかに闘ったのですか。

在日韓国・朝鮮人は植民地支配や民族差別を受けながら、ただ黙々と生きてきたわけではありません。蔑視《べっし》や迫害を受けながらも、人間らしく生きることを求めて苦闘してきました。

一九一〇年代には、韓国併合以前から日本にいた留学生らが学生団体・キリスト教団体・親睦会などをつくって民族意識を高め、独立の回復をめざす努力をしました。新年会・新入生歓迎会・雄弁会などの行事や機関誌の発行を通して「現状の破壊、圧政の転覆」を鼓吹したのです。

たとえば一九一五（大正四）年四月に東京朝鮮基督教青年会館で行われた朝鮮人各学校卒業生雄弁会で、宋鎮禹《ソンジヌ》（明治大学生）は「現状の打破と青年の特色」という演説をしています。内容は現状打破に向けて世論・雄弁・文章・実行という四つの力を身につけようというものでした。また南忠熙《ナムチュヒ》（早稲田大学生）も朝鮮人が至る所で日本人の圧迫と虐待を受け、生活難に追われ、さ迷っている惨状を説き、い

独立宣言書（二・八独立宣言）

宣言文（省略）の決議文

一　韓日合併はわが民族の意志によるものではなく、わが民族の生存と発展を脅かし、また東洋の平和を乱す原因となっている。それ故に本団は、わが民族の独立を主張する。

二　本団は、日本の議会と政府に対し朝鮮民族大会を招集し、その大会の決議を以てわが民族の運命を決定する機会を与えられんことを要求する。

三　本団は、万国平和会議における

かにしてこれを回復すべきか研究しなければならないと訴えています（朴慶植『八・一五解放前在日朝鮮人運動史』七〇頁、三一書房、一九七九年）。

この伝統は脈々と受け継がれ一九一七年二月に開かれた雄弁大会で成元慶《ソンウォンギョン》（中央大学生）は「祖国の現状は悲観しないわけにはいかないが、もし祖国の全体が朝鮮は必ず独立できると固く自覚すれば決して難しいことではない。要は国民の覚悟にかかっている」（同書七五頁）と強調しています。

一九一七（大正六）年十月にはロシア革命が起こり、また翌年一月、アメリカのウィルソン大統領が民族自決原則一四原則を発表しました。実際に一九一八年十一月に第一次世界大戦が終わってハンガリー、ポーランド、チェコスロバキアなどの諸民族が独立したことは世界の植民地の人々に大きな影響を与えました。海外の朝鮮独立運動家もこれを絶好のチャンスととらえ活発な行動を起こしました。

留学生の書いた独立宣言文

一九一九年一月、東京朝鮮基督教青年会館で開かれた東京朝鮮留学生学友会主催の新年雄弁大会では異口同音に「今の情勢はわが朝鮮民族の独立運動を行うのに最もふさわしい時期」と演説し、直ちに実行に移すことを決定しました。この内容について警察は「不穏当」であると監視を強めましたが、実行委員のメンバーは秘密組織として「朝鮮独立青年団」を結成し、李光洙《イグァンス》が独立宣言書を執筆することになりました。その内容は、不当な侵略と不法な「韓国併合」ならびにそれ以後の日本

民族自決主義をわが民族にも適用せんことを要求する。またその目的を達するために、日本に駐在する各国大使、公使にたいし、本団の意思を各自の政府に伝達することを要求する。同時に委員二人を万国平和会議に派遣し、わが民族全体の派遣委員と一致した行動をとる。

四　以上の諸項の要求が不幸にも失敗すれば、わが民族はただ日本にたいし永遠の血戦をなすのみである。それによって生ずる惨禍についてわが民族はその責任を負わない。

一九一九年二月八日

朝鮮青年独立団代表

崔八鏞　尹昌錫　金度演　李琮根

李光洙　宋継白　金喆寿　崔謹愚

白寛洙　金尚徳　徐椿

の支配政策を糾弾し、「韓国併合」が東洋平和を乱す禍根《かこん》であると述べた上で、「わが民族は正当な方法によって民族の自由と独立、生存の権利を守るため最後の一人まで熱血を流すことを辞さない」というものでした（同書八九頁）。一月末には宋継《ソンケ》白《ベク》がそれを学生服に縫い込みソウルへ持っていきました。また上海にも李光洙《イグァンス》を派遣し、そこからイギリス、アメリカ、フランスの首脳にも英文で打電しています。

二月八日、実行委員たちは宣言を各国の大使や日本政府に郵送する一方、東京基督教青年会館で再び学友会を開きました。約六〇〇名の留学生が集まった中で独立宣言書と決議文を朗読し、会場は感激と興奮のるつぼとなったとのことです。解散命令や検束など警察の弾圧によって運動は挫折しましたが、「二・八独立宣言」は朝鮮における三・一独立運動の先駆的役割を果たしたのです。

一九二〇年代になるとＱ６でも説明したように、日本への渡航管理を厳しくしながらも、第一次大戦後の工業化の進展による労働力需要のため、朝鮮人の渡航は急増し、それに伴う摩擦《まさつ》も拡大しました。このころの日本は近代化のため全国的にインフラ（社会基盤）整備に追われ、河川や道路工事など土木の仕事に大量の安価な労働力＝朝鮮人を受け入れました。東京周辺だけを見ても、関東大震災復旧工事（二三年）、羽田飛行場建設工事（一七年羽田飛行大学校開校）、山手・中央・京浜省線拡張工事（二五年山手線開業）、私鉄各線拡張工事、京浜国道、青梅・甲州街道拡張工事など目白押しの状況でした。こうした工事現場の近くには劣悪な環境の朝鮮人集落が形成され、偏見・差別・虐待が日常茶飯事のように起こっていました。なか

在日本朝鮮労働総同盟

一九二五年二月、それ以前に組織されていた東京、大阪などの一二の労働組合、八〇〇人の組合員を結集し、東京で創立された中央組織（在日朝鮮労総と略称）。一九二六年には二五組合、九九〇〇人余りを擁する規模に発展し、最盛期は四万人余りの組合員を組織し、この時期の在日朝鮮人労働運動、民族運動の指導的な役割を果たした。

しかし、二八～二九年にかけて、政府の弾圧を受けて幹部を失い、また、二八年には、労働組合の国際組織（赤色労働組合インターナショナル）の大会で、資本主義諸国における植民地出身労働者は、居住国の労働組合に加入すべきとされた。

この決定を受けて、在日朝鮮人労働者も日本の左派系労働組合（日本労働組合全国協議会、全協と略す）

でも一九二三（大正十二）年に起きた関東大震災のとき、朝鮮人が暴動を起こしている、井戸に毒を投げ入れたなどのデマが軍隊、警察など官憲や自警団を通じて流され、関東一円で約六〇〇〇人近くの朝鮮人が虐殺されたことは日本の近代史上に消すことのできない汚点と言わなければなりません。

在日朝鮮人の労働運動

当然のように差別や迫害に抗議する運動が広がりました。一九二二年に起こった中津川（信濃川の上流）発電所工事（大倉組の飯場）での朝鮮人虐殺に対する抗議、二三年の関東大震災時の朝鮮人虐殺に抗議する集会などを契機として、社会主義・共産主義の思想団体（一月会）や学生・青年団体（在日本朝鮮青年同盟）が組織されたほか、労働組合づくりも積極的に行われました。二二年十一月「東京朝鮮労働同盟会」が結成され、二五年二月には全国組織として「在日本朝鮮労働総同盟」（在日朝鮮労総）へと発展していきます。その運動方針は朝鮮人労働者に階級意識を付与し、民族的自覚と団結を促すことでした。

一九二七年二月、朝鮮では「政治的経済的覚醒を促し、団結を強固にする」ことなどを掲げて統一戦線的な「新幹会《しんかんかい》」が組織され、同年五月以降、日本でも東京・京都・大阪・名古屋に支会が結成されました。新幹会の日本支会は在日朝鮮労総、東京朝鮮青年同盟を中心として、朝鮮総督の暴政政治に反対する運動を展開し、居住権の確立、表現の自由獲得、「内鮮融和」というごまかし的な政策反対などを訴

と合同（実質的には在日朝鮮労総の組織解消）することが決定さ、一九二九年十二月、解体宣言文が発表された。

えかけました。
各地の工場・事業所では差別賃金や長時間労働など待遇改善を要求して、労働争議が起こりました。一九二九（昭和四）年の労働争議は二五六件、参加人員は七六六一人でした。賃金支払い要求七九件、賃金値下げ反対・賃上げ要求六三件、解雇手当要求四五件、復職要求三二件、その他四七件です。これらの原因は従来から一貫している民族差別に対する抗議が根底にありました（同書一九五頁）。全労働者二〇〇〇名のうち五〇〇名が朝鮮人という、東北の発電所工事現場では朝鮮労総が次のようなポスターを貼っています。

「日本人労働者諸君、俺たちは毎日毎日あの危険な仕事場で、ときどき重傷者、死者をだして体の続く限り働かされて自分の口を糊《こ》すること充分でないんだ。まして妻子のある者がどうして養えるか。だから俺たちは飛島組に向かって待遇改善・賃金値上げを要求したのだ。日本人労働者諸君、君たちの利害と俺たちの利害は決して相反するものではない。……」（同書一九七頁）。

一九三〇年代には渡航の制限が強化されたにもかかわらず、在日朝鮮人人口はますます増えました。働くところといえばガラス、エナメル、琺瑯《ほうろう》、鍍金《ときん》、肥料、製材及びメリヤスなどの工場で、内容的に単純で、賃金は低くしかも重労働を必要とする職種ばかりでした。今日でいう三K労働の比ではありません。居住環境も劣悪で、住宅バラックや掘立小屋といった粗末なものが多く、狭い部屋にぎゅうぎゅう詰めということも珍しくもありませんでした。

しかし、日本国内では一九三〇（昭和五）年に世界の共産主義運動の方針「一国一党の原則」（労働者の解放を指導する党は一国に一つあればよいという共産主義の運動理論）にしたがって、朝鮮人だけで組織された「在日本朝鮮労働総同盟」は日本労働組合全国協議会（「全協」と呼ばれた）へと吸収、解消されました。在日朝鮮人の社会主義者にとって階級的な連帯か、民族的な団結かという問いは戦後も続く悩ましい問題となりました。結果として組織率の低下に表れるように、民族団体としての機能は低下したことは大きな痛手となりました。

だからといって待遇改善要求がなくなったわけではありません。三〇年五月に起こった岸和田紡績女工のストライキはその代表的なものでした。三一年には神奈川県浦賀町の平作川改修工事現場で働いている労働者が「毎日就労させよ、日給三割値上げ、八時間労働」などの要求を掲げてストに突入しました。

一九三二（昭和七）年四月には岩手県の大船渡鉄道工事に働いていた朝鮮人七〇〇名と日本人一〇〇名が、十四時間労働、低賃金、購買部の日用品の価格が高いことなどに抗議して立ち上がりました。いったんは要求を認めさせましたが、後になって指導者らが襲撃され、即死三名、重傷四名などという悲惨な弾圧も起こっています。

これら頻発する争議はいずれもやむにやまれず切実な声を上げたものですが、日本人と朝鮮人の離間策が取られたり、警察による弾圧などで押しつぶされ、多くは妥協的な解決を呑まざるを得ませんでした。

労働争議は四〇年代になっても続き、「募集」や「官斡旋」によって強制的に連

在日本朝鮮労働総同盟の日本労働組合全国協議会への加盟後に結成された朝鮮人独自の労働団体

団体名称	大阪化学労働組合	泉州一般労働組合	阪南労働者自助会	大阪労友会	名古屋合同労働組合	横浜労働者同盟
活動地域	不明	堺市を中心に	大阪市西成区を中心に	大阪市東成区を中心に	名古屋市	横浜市
結成年月	1930年	1930年	1933年	1933年	1935年	1934年

※これらの団体の組織人員は内務省警保局の把握では数十人から数百人程度としている。
資料出所；外村大『在日朝鮮人社会の歴史学的研究』.226頁、緑陰書房、2004年

行された労働者の闘争も多くあります。タコ部屋（監獄部屋のような施設）に収容された北海道の炭鉱では代用食や少量だった食事の改善という要求も出されていました。

在日朝鮮人の文化運動

一方、朝鮮人の中からも文化運動が盛んになりました。文学、演劇の面で活躍する人も多く現れています。芥川賞の候補になった金史良《キムサリャン》や民族の詩心を代弁した尹東柱《ユンドンジュ》などが有名です。金史良《キムサリャン》は東京帝国大学卒業後、一九三九年に発表した『光の中に』が芥川賞候補作となりました。この他『海への歌』『太白』『親方コブセ』などの作品があり、在日朝鮮人文学の先駆的存在と言われています。『親方コブセ』は解放前の朝鮮人部落の雰囲気、健康的な楽天性がよく描かれています。

尹東柱《ユンドンジュ》は京都の同志社大学の在学中、思想犯として囚われ、一九四五年二月福岡刑務所で獄死しました。詩集『空と風と星と詩』が死後刊行されています。

また、生活必需品を供給するための生活協同組合も組織・運営されました。『民衆新聞』の発行母体でもある阪神消費者組合がよく知られています。神奈川では金《キム》台郁《デウク》（菊田一雄）が一九三二（昭和七）年に日本無産者消費組合連盟創立大会で常任中央執行委員・機関紙部長に選ばれるなど戦前・戦後を通して生活協同組合運動で活躍したことが知られています。

このほか、特高月報「戦局の推移に伴ふ在住朝鮮人の動向」などでは朝鮮人の間には「戦争傍観的敗戦的態度」が広がり、軍需工場などでは怠業が甚だしくなっ

金史良作品集

相愛会

在日朝鮮人の融和、同化を推進する団体で、その中でも会員数が最も多く、長期にわたって組織を維持した団体。丸山鶴吉など朝鮮総督府の警察官僚の支援を受け、三・一独立運動の後の一九二一年に設立された。

一九二三年の関東大震災後に、復興の土木事業に協力したこともあって総督府の支援を受けて東京に総会館を設立した。中心人物には、後に衆

たという指摘があるように、静かな抵抗も広がっていたことがわかります。熊本県の西南戦争の激戦地として知られる田原坂で、空襲を避けるため神社で分散授業を受けていた日本人学生は、次のような体験談を語っています。「五月のある日……座り込んで朝食をとる二十人ばかりの屈強な男たちに出会った。私は異様な雰囲気を感じてその場を逃げるように駆け抜けた。当時、軍部は本土決戦に備えて各地で弾薬の備蓄をしていた。田原坂の山中も候補地の一つだった。男たちは弾薬備蓄のための横穴掘りに駆り出された朝鮮人労働者であった。ある日の午後、休憩中の男たちに出会った。その時、上空に米軍機が飛来した。男たちは空を仰いで拍手した。監視役の日本人老兵は黙ってみていた。七月のある日、労働者たちは突如、姿を消した。どこへ行ったのかわからない。途中まで掘られた横穴は、田原坂の雑木林の中に隠れるようにして今もある」（朝日新聞社編『戦争体験　朝日新聞への手紙』一二五頁、朝日新聞出版、二〇一二年）。朝鮮人労働者たちの方が、冷静に戦況を見ていたのかもしれません。

戦争が深まるにつれ、独立を求める運動も広がりました。それには民族主義的な流れと共産主義的な流れがあり、解放後の在日韓国・朝鮮人にも影を落とすことになります。これらの抵抗の他に、「相愛会」など親日的な流れもありました。それが同胞から怨嗟《えんさ》の的になったことは言うまでもありません。解放前における在日朝鮮人の運動は民族としての誇りを守り、人間としての生存を求める「叫び」だったのです。

議院議員を務めた朴春琴《パクチュングム》などがいる。

活動としては、就職斡旋や宿泊施設の設立など在日朝鮮人同士の助け合いの側面もあったが、労働運動にも干渉し、警察と協力して左派系の朝鮮人の労働運動、民族運動に敵対した。三〇年代後半になると、警察中心の統制と皇民化政策が協和会によって進められるようになると、組織力は衰え、一九四一年には解散させられた。

尹東柱詩集『空と風と星と詩』

Q10 在日韓国・朝鮮人は8・15をどのように迎えましたか？

日本の敗戦によって在日韓国・朝鮮人の多くは故郷を目指して帰国したと聞きました。しかし現実には、大勢の人が日本に残っています。どうしてですか。

戦争の末期になると日本各地に空襲がありました。一九四五年三月九〜十日には東京、同月十三〜十四日には大阪が焼け野原になりました。強制連行されてきた朝鮮人は鉱山や炭鉱などの他に、大都市の軍需工場の近くに住んでいることが多かったので、この空襲で大きな被害にあいました。

東京では約一〇万人のうち五万人が、大阪では三二万人のうち八万人以上が戦災にあっています。全国の朝鮮人被災者の総数は約二四万人、日本人被災者に比べると一〇〇人に一人が朝鮮人だったことになります。

東京の権善姫《クォンソンヒ》さんはその体験を次のように語っています。

「三月十日の大空襲のとき、私もやられました。あのときの恐ろしさ、忘れられません。私は妊娠八カ月でしたが、夜中に空襲警報が鳴ったか鳴らないうちにもう焼夷弾の雨です。これはただ事ではない。今夜はもうだめかもしれないと、そんな予感がしました。嫁入りのときに母が縫ってくれた衣装を風呂敷に包んで、これだ

ポツダム宣言　署名　一九四五年七月二十六日（ポツダム）

一〔戦争終結の機会〕吾等合衆国大統領、中華民国政府主席及びグレート・ブリテン国総理大臣は、吾等の数億の国民を代表し協議の上、日本国に対し、今次の戦争を終結するの機会を与ふることに意見一致せり。

二〔戦争遂行の決意〕、三〔戦争継続の結果に対する警告〕、四〔日本国の選択肢〕、五〔戦争終結の条件〕六〔軍国主義勢力の除去〕、七〔占領の目的〕条文省略

けは離すまいと胸に抱きしめて、夫と二人で近くの防空壕に逃げ込んだのですが、あたりは火の海でした」。

男は国民服にゲートル、戦闘帽、女はもんぺに防空頭巾、みんな胸の白い布きれに住所、氏名、血液型を書き込んで縫い付けるというのが当時のスタイルでした。

在日朝鮮人も被爆

また広島、長崎に落とされた原子爆弾は戦争のもっとも悲惨な犠牲を生みました。ここには強制連行で連れてこられた労働者が多く、朝鮮人もまた同じように被爆しています。プロ野球で最多安打を記録した張本勲選手もこのとき姉を亡くしています。原爆の投下によって広島では約三五万人が被爆し約一四万人が死亡、長崎では約二八万人が被爆し約七万人の死亡者を出したといわれています。この時広島には約一〇万人、長崎には約八万人の朝鮮人がいました。そのうち広島では約五万人が被爆し三〜四万人が死亡、長崎では約三万人が被爆し一〜二万人が死亡したといわれています。被爆したまま帰国した朝鮮人も約三万〜四万人といわれています。

広島の町はずれにいた鄭順南《チョンスンナム》さんは次のように思い出を語っています。

「朝の八時すぎ私は子どもたちと家にいましたが突然、すさまじい光とものすごい爆音が伝わってきたので、びっくりして外に飛び出しました。広島市の方面にキノコのような雲がわき上がり、あたり一面が暗くなってしばらくして焼けた紙や布が空から降ってきました。それからしばらくたって広島にものすごい爆弾が落ち、

八〔領土の局限〕カイロ宣言の条項は、履行せらるべく、又日本国の主権は、本州、北海道、九州及び四国並びに我らの決定する諸小島に局限せらるべし。
九〔軍隊の解体〕条文省略
十〔戦争犯罪人の処罰・民主主義傾向の強化〕吾等は、日本人を民族として奴隷化せんとし又は国民として滅亡せしめんとするの意図を有するものに非ざるも、吾等の俘虜を虐待せる者を含む一切の戦争犯罪人に対しては厳重なる処罰を加えらるべし。日本国政府は、日本国国民の間における民主主義的傾向の復活強化に対する一切の障壁を除去すべし。言論、宗教および思想の自由並びに基本的人権の尊重は、確立せらるべし。
十一〔賠償及び産業の制限〕、十二〔占領軍撤収の条件〕条文省略

広島にいた人は皆死んだという噂が広がってきました。夫のことが心配でしたが、夕方になって服をずたずたにして血だらけになって帰ってきました。玉ねぎの行商をしていて被爆したが幸い軽傷だったのです」。

このような体験ののち四五年八月十四日、日本はポツダム宣言を受諾しました。ポツダム宣言というのは七月二十六日、連合国側が「日本国の降伏条件を定めた宣言」で、そこには「日本国の主権は、本州、北海道、九州及び四国並びに我らの決定する諸小島に局限せらるべし」と明記されています。これによって日本は敗戦を受諾し、朝鮮は植民地ではなくなりました。またこれに先立つ四三年十一月のカイロ宣言（英・米・中国首脳が署名）では「朝鮮の人民の奴隷状態に留意し、やがて朝鮮を自由独立のものにする決意を有する」とあります。

解放当時のことをある女性は「解放はうれしかったね。頭の上の大きな石が取れたようだったよ」と話しています。またある人は「日本が負けたとわかったときはみんな喜びました。これで朝鮮へ帰れる、と。同じ地域に一〇〇〇人ぐらいいた朝鮮人のうち半分くらいが日本を離れました」と振りかえっています。

解放の喜び

兵庫県の朴憲行《パクホンヘン》氏（解放後、朝鮮建国促進青年同盟設立に参加、民団尼崎支部団長などを歴任）によればその日「夕方頃になると、日本の敗戦を知った同胞たちで地域の路上は人であふれ、まるで大集会場のようになった。そのうちあちこちから『マン

十三〔日本国への要求〕吾等は、日本国政府が直ちに全日本国軍隊の無条件降伏を宣言し、かつ右行動における同政府の誠意につき適当充分なる保障を提供せんことを同政府に要求す。右以外の日本国の選択は、迅速かつ完全なる壊滅あるのみとす。

カイロ宣言　署名　一九四三年十一月二七日（カイロ）

ローズヴェルト大統領、蒋介石総統及びチャーチル総理大臣は、各自の軍事及び外交顧問とともに、北アフリカで会議を終了し、次の一般的声明を発した。

各軍事使節は、日本国に対する将来の軍事行動を協定した。

（中略）

同盟国は、自国のために利益も求めず、また領土拡張の念も有しない。

セー』（万歳の意味）の叫び声が上がり『朝鮮万歳』や『独立万歳』の声がひっきりなしに叫ばれた。路上は興奮し陶酔する人が引きもきらず、まるで祭りのようになってきた」とのことです。

埼玉にいた河享権《ハヒョングォン》さんにとってそれは「ただ黒い雲が晴れ、青空が広がるような気持だった。長いこと忘れていた故郷のことが急に思い出された。とにかく体が軽くなった。駆け出したような気持だった」と表現しています。永年苦労した年配の人たちは、よくぞここまで生きてきたといって涙を流し、若者は独立朝鮮の建国に意欲を燃やしたのが解放の光景でした。

喜びに沸き立つ朝鮮人は我先にと帰国を急ぎました。下関、福岡をはじめ朝鮮半島に近い各地の港には朝鮮人が集結し、野宿する人が出るほどでした。

しかし、青森から釜山に向かっていた浮島丸が途中寄港した京都府舞鶴港で爆沈し、五四九人の犠牲者を出したように、機雷に触れたり風浪に襲われるなどして無事に帰りつけない人も多くいました。さらにはいったん帰国したはずの人が、再び日本に戻ってくるという現象が起こりました。植民地支配から解放されたとはいうものの、故郷では生活の手段を見つけることが出来なかったのです。

川崎の一世の女性も自分の経験を以下のように語っています。

「私たちも韓国へ帰ろうとして洗濯タライとか売っちゃったよ。ヤミで切符を買おうとして知り合いに話をつけておいたけど、でも順番待ちで。家財道具を売ったりして待っていたのよ。……でも先に韓国に帰った人がまたヤミ船で帰ってくるん

同盟国の目的は、一九一四年の第一次世界戦争の開始以後に日本国が奪取し又は占領した太平洋における全ての島を日本国から剥奪すること、並びに満州、台湾及び膨湖島のような日本国が清国人から盗取した全ての地域を中華民国に返還することにある。

日本国は、また、暴力及び強慾により日本国が略取した他の全ての地域から駆逐される。

前記の三大国は、朝鮮の人民の奴隷状態に留意し、やがて朝鮮を自由独立のものにする決意を有する。

（後略）

植民地支配の終焉と分断支配の開始

朝鮮半島で解放への準備を進めていたのは民族主義者・呂運亨《ヨウニョン》が一九四四年八月に組織した朝鮮建国準備同盟で、解放後、朝鮮総督府から行

だよ。うちのオヤジ〔注・夫のこと〕は私に、先に子どもたちを連れて韓国に行けっていうんだ。自分はお金を儲けてから帰ってくるってね。オヤジ一人でお金稼げるわけないじゃないの。みんな帰ったら私も帰る。私一人では行かない。お金もないし、男の子も生んでないし、女の子二人連れて行ってもいいことないから私も残るといって、そのうち、みんな韓国から帰ってくるから私も帰らないで今までここ（川崎）にいる」（「川崎　在日韓国・朝鮮人の生活と声」調査部会編『川崎　在日韓国・朝鮮人の生活と声――在日高齢者実態調査報告書』一九九九年、社会福祉法人青丘社）。

次々に伝わってくる本国の政治的、経済的混乱に直面して、帰国の熱は冷めていきました。インフレ、就職、住宅、食糧難、洪水など暗いニュースが相次ぎました。

朝鮮半島での解放

朝鮮半島においても日本の植民地支配からの解放はあっけなく唐突でもありました。「解放」の日を新義州《シニジュ》で迎えた故咸錫憲《ハムソクホン》（宗教家、思想家、民主化運動のシンボル的存在）氏はその日が「盗人のように不意に訪れた」（咸錫憲『苦難の韓国民衆史』）と表現し、朝鮮共産党の指導者・朴憲永《パクホニョン》も煉瓦工に身をやつしてろくな闘いもできないまま「棚からぼた餅といった体で解放を迎えた」と率直にその日を振り返っていました（朴明林《パクミョンリム》『朝鮮戦争の勃発と起源』）。また、北朝鮮の指導者・金日成《キムイルソン》も日本軍の討伐を避けてロシアのハバロフスクに避難し、解放後、戻ったのは八・一五

政権を委譲されて、安在鴻《アンジェホン》らとともに建国準備委員会（建準）を立ち上げた。八月末には朝鮮半島南部において一四五の支部が設立され、九月には朝鮮人民共和国を宣言したが米軍政によって否定された。

北部では曺晩植《チョウマンシク》を中心に反日運動を担ってきたプロテスタントのキリスト者が自治組織を指導した。その後ソ連の進駐に伴って、社会主義者、共産主義者の影響力が強まった。四五年十二月、モスクワで開催された米英ソの三国外相会議で、米ソ合同委員会の管理下で臨時政権樹立を具体化し、同政権を米英ソ中四カ国の五年間の信託統治下に置くことなどが合意され、冷戦構造の影響を受け、独立国家樹立の夢は遠ざかった。

から一カ月後のことでした。上海にあった韓国臨時政府主席の金九《キムグ》も日本の敗北が「私にとってはうれしいニュースというよりは、天が崩れるような感じのことだった。心配だったのは、われわれがこの戦争でなんの役割をはたしていないために、将来の国際関係においての発言権が弱くなるだろうということだ」（『白凡逸志《ペクボンイルジ》——金九自叙伝』、文京洙《ムンギョンス》『韓国現代史』三七～三八頁、岩波書店、二〇〇五年より引用）と言わざるをえませんでした。

本国でも日本でも、朝鮮人民衆にとっては独立運動や民族運動の指導者や組織によって準備された「解放」ではなかっただけに解放感にあふれたものでしたが、金九の予想した通り、冷戦体制に翻弄される戦後史を歩まざるをえなくなりました。

解放後の暮らし

在日朝鮮人は、一方では帰りたくてもお金がない、もう少し働いてからなどと考えているうちに日本での生活をいかに守るかということの方が切実になってきました。また帰国に際して持ち帰り財産を金額にして一人当たり一〇〇〇円、荷物を二五〇ポンド（約一二〇kg）に制限されたこと、コレラの発生があったことなどもブレーキになりました。当時の一〇〇〇円は四六年二月、大蔵省が五人家族の標準生計費を「五〇〇円を目標」としていましたので、約二カ月分の生活費に相当する額といえます。

日本にとどまることになった朝鮮人には失業の嵐が吹き荒れました。徴用など

1946年2月17日付「朝鮮人、中国人、琉球人、台湾人の引揚に関する件」

◆帰還希望者・残留希望者調査表

	登録者	帰還希望者	残留希望者	帰還希望者
朝鮮人	647,006	514,060	132,946	79%
中華民国人	14,941	2,372	12,569	16%
台湾省民	15,906	12,784	3,122	80%
北緯30度以南※	200,943	141,377	59,566	70%
合計	878,796	670,593	208,203	76%

注意；上記の調査は当時Non-Japaneseとされた４つの過渡的な法的地位にあったグループについて、引揚事業の対策のために、帰還・残留希望者数を把握するために行われた。ただし、在日韓国・朝鮮人に関してはこの時点のあくまでも「希望」の意思表示で、実際はほとんどの人が当分の間、帰国を見合わせ、朝鮮戦争によって帰国を断念することになった。

※「北緯30度以南」とは正確には「本籍を北緯30度以南（口之島を含む）の鹿児島県又は沖縄県に有する者」をいう。

◆資料出所；金英達著作集Ⅲ『在日朝鮮人の歴史』137頁～138頁、明石書店、2003年

で働かされていた軍需工場は空襲で破壊されて操業停止になり、加えて海外から日本人が引き揚げてきたことにより、労働人口が急増したため完全に行き場を失ってしまったのです。職場から追い出された朝鮮人の中には一時的に生活をしのぐため「闇商売」をすることもありました。屑拾いや豚飼いなど、やむにやまれぬ仕事も行いました。それらは「日本人ならよほどの困窮者でも手を付けないような歩の悪い条件の劣るもの」だったからでした。

在日朝鮮人の大半の生活は解放以前より悪くなり、それは「生活が苦しい」というよりはもはや「生計が立ち行かなくなる」ほどでした。男は民族差別の結果、会社勤めはできず、小規模露店のような商売か肉体労働などで、収入が少なく、女性が「ドブロク」（濁酒）を造ったり、工場で働いたり、土方にもなって家計を支えました。ただ「ドブロク」造りは酒税法違反ということもあり、警察、税務署の取り締まりは厳しいものでした。

なかでも有名な事件が五二年三月の大阪府泉南郡多奈川町の朝鮮人部落への取り締まりでした。この事件で、大阪地裁の佐々木哲蔵裁判長は、酒税法違反などで起訴された朝鮮人に対する警察側の取り締まりの行き過ぎを批判し、朝鮮人が生活苦のために酒の密造を行ったとしても同情の余地があり、こういう環境に陥れたことは日本として深い責任があり、できるだけ生活環境の実態を調査し、温かい気持ちと理解ある態度で臨むべきである、と述べて、被告一七人中、無罪五人、免除一人、その他有罪の者も執行猶予の判決を下しています（法務研修所編『在日朝鮮人処

朴在一『在日朝鮮人に関する総合調査研究』六四頁、新紀元社、一九五七年

「戦後になって朝鮮人の職業にまず起こった変化は戦時中に集中動員されていた産業労働部門からの追放である。（中略）戦後、軍人の復員と一般日本人の引揚げにより日本内の産業人口は急激に増大した。その結果として日本は戦災と敗戦で破壊麻痺された産業状態とあいまって未曽有の失業者を擁することになり、いかなる職業であれ日本人勤労者がこれに殺到した。したがって、この時期に純粋な筋肉労働のみの未熟練労働の持ち主である朝鮮人労働者が日本の産業にとって必要なはずがなく、またいかなる下層労働でもそこに割り込む余地などありえなかった。（中略）日雇人夫、自由労働者、糞尿汲取り、清掃夫、沖仲仕、土木人

遇の推移と現状』二六四頁、一九五五年）。

　在日朝鮮人は何の保障もなく荒野に投げ出されたようなもので、「解放」とはほど遠い状態におかれたのです。日本は、過去の植民地政策に責任を取らないばかりか、新聞をはじめとして「密入国」、「密輸」、「密造酒」、「闇市」、「闇商売」、「第三国人」などと、在日朝鮮人に対して、いかにも怪しげな無法者であるかのような民族的偏見をあおる論調が多く現れ、祖国の分断や法的地位のあいまいさも重なり解決すべき問題は山積みになりました。

一九四五年八月二十日、帰国開始の場面（記録映画「映像で見る光復50年」より）

　厳しい現実の前で、在日朝鮮人にとって「解放」は束の間の夢に終わりました。しかし、青年の多くは初めて民族意識を取り戻し、精神的解放の喜びに浸りました。「八・一五」が在日韓国・朝鮮人に勇気と希望を与える出発点になったことは間違いありません。

夫等にも日本人勤労者が押し寄せ朝鮮人労働者はほとんどこの部門からも閉め出された。（中略）ただし、残留した朝鮮人にとって生業の道が全然なかった訳ではない。（中略）敗戦と同時に日本の産業体系は破壊現象を来たし、生産、流通、価格等の各方面に経済混乱を起こしたし、また戦時中の統制法規の上に新しく占領軍の法令を抱え込んでの行政治安面にも混乱が起きた。ここからして敗戦国又は戦災国特有の小商売又は闇商売が横行し在日朝鮮人はここにその生業の道を見出したのである」

Q 11 解放後、どういう活動がありましたか？

解放後、在日韓国・朝鮮人が第一にしようとしたことは何ですか。そして、そのための組織にはどんなものがあり、どんな違いがあったのでしょうか。

民族組織の結成

解放を迎えた在日朝鮮人はたちまち、帰国を円滑にできるようにすること、生命や財産を守ること、失業への対策、生活の苦しい同胞の救済、さらに独立祖国の再建に寄与することなど、様々な問題に立ち向かわなければなりませんでした。

作家であり、神奈川を中心に在日本朝鮮人連盟（朝連と略称）で活動した故金達《キムダル》寿《ス》氏は「在日五〇年を語る」（『青丘』第二二号、一九九五年）で次のように回想しています。

「最初の頃は帰国を管理するのが仕事だった。関東でいえば神奈川はかなり人が多くて運動の拠点でもあったわけで、……考えてみればかなり先駆的だったといえる。……生活擁護もあったけど、同時に自己防衛しなければならない。戦争中の我々の頭を離れなかったのは、関東大震災のときの虐殺でしたよ。もしも、米軍の大空襲で混乱状態に陥ったらどうなるか、というのがあるわけ。隣組で竹槍訓練を

在日非日本人居留民に対する政策
——米国国務省戦後計画委員会
一九四四年六月十六日

「占領軍政府は、すべての非日本人居住者（西洋人並びに朝鮮人を含む東洋人）を日本人から緊急に保護しなければならないような事態に対処するよう、準備しておくべきである」

「朝鮮人は日本臣民である。しかしながら一九二三年の震災の際、朝鮮人に対して大規模な暴行が加えられた。特に彼らに独立が約束されたた

やったでしょう。あの竹槍でB二九を落とせるわけがないんで、朝鮮人をやっつけるためかもしれない。事実そうだったとしゃべっている軍将校もいたしね。戦争は終わったけど混乱しているから組織を作って自己防衛しなければ、というものがあった」

心配は決して在日朝鮮人だけの杞憂ではなく、アメリカ政府も「在日非日本人居留民に対する政策――米国国務省戦後計画委員会」が戦争終結前に想定したことが知られています。

各地に朝鮮人の自主的な団体がつくられ、それらを結集して四五年十月、在日本朝鮮人連盟という中央組織が結成されました。結成大会では、

一　われわれは新朝鮮建設に献身的努力をする
一　われわれは世界平和の恒久維持を期する
一　われわれは在留同胞の生活安定を期する
一　われわれは帰国同胞の便宜と秩序を期する
一　われわれは日本国民との互譲友誼を期する
一　我々は目的達成のために大同団結を期する

という綱領を採択しました。

運動の分裂

けれども運営に当たって植民地時代に日本に協力した経歴を持つ人や民族主義

ことに鑑みて、彼らが日本の降伏後にも同じような敵意に直面する恐れがある。軍当局はそうした事態に対処するよう準備しておくべきである。

さらに、八〇万人に及ぶ朝鮮人鉱山労働者のような多数の朝鮮人が職を失う可能性があるが、彼らは日本では彼らを援助する親族も友人もほとんど持たないため、特に扶助が必要となる可能性がある」

朝鮮建国促進青年同盟（建青と略称）と新朝鮮建設同盟（建同と略称）

朝鮮建国促進青年同盟は、朝鮮人連盟結成の一カ月後の十一月十六日に東京で、洪賢基《ホンヒョンギ》らを中心に結成さ

的な人が徐々に排除され、日本共産党の指導の下に左翼的な色彩を持つようになりました。また、朝鮮半島が米ソによって南北に分断支配され、モスクワで開催されたアメリカ、イギリス、ソ連による三国外相会議で完全独立のための準備として、英米ソに中国を加えて五年間の朝鮮の「信託統治」期間が設けられました。しかし信託統治をめぐって朝連内部で対立が起こり（反託か賛託か、が問われた）、また北に進出したソ連と南に進駐したアメリカのどちらの陣営を支持するかという対立も深刻化しました。

　朝連から離れた人は四五年十一月、朝鮮建国促進青年同盟（建青）をつくり、また四六年一月には新朝鮮建国同盟（建同）も生まれました。この二団体は四六年十月に在日本朝鮮居留民団（民団）へと合流します。多数派になった朝連はまず同胞の引揚げに全力を投入しました。厚生省、運輸省と交渉して輸送の一切を引き受け、名簿の作成、帰還証明書の発行、列車の手配、乗船地での収容施設、船便の増配要求などめまぐるしい活躍でした。

　また戦争中、強制労働させられた朝鮮人労働者に対する未払い賃金などについて、朝連は、該当する事業所に対して当然の権利と補償を要求しました（Q7参照）。一部では補償金を獲得しましたが、その約束が成立したところでも政府が介入して反古にされたこともあります。とくに土建業の企業組合は頭からこれらの支払いを拒否し、政府の指示に従って法務局へ供託しました。ところが、朝鮮人労働者や遺・家族への供託についての通知は企業組合によってほとんど行われず、多くが未

れた朝鮮人青年の民族団体。のちに、李承晩《イスンマン》政権の支持をめぐって、賛成派（＝支持派）と反対派（統一派）に分裂した。

　新朝鮮建設同盟は四六年二月、著名な独立運動家・朴烈《パクヨル》らを中心に無政府主義者、親日派、宗教家などが朝連から離脱して結成した。

　いずれも、朝鮮人連盟が共産主義、社会主義者ら左派によって主導されていることに反発し、結成された。

　一九四六年十月には、両組織が母体となって「在日本朝鮮居留民団」が結成され、初代団長に朴烈《パクヨル》が選出された。

　一九四八年大韓民国樹立後は、韓国政府によって在日韓国人の公認団体に認定され、組織名称も「在日本大韓民国居留民団（民団と略称）」に変更された。

払いのままだったのです。

四六（昭和二十二）年四月から連合国の計画的引揚げが始まる頃から帰国の波が衰え、日本での生活をどう守るのかということが前面にでてきました。四六年二月の朝連第二回臨時大会、十月の第三回大会では綱領の筆頭に「我々は在留同胞の権益擁護と生活の向上を期する」ことが掲げられました。特にこの頃、国会質問の中で「いわゆる解放された在留者」が「傍若無人な振る舞い」をしているなどの差別的な表現が飛び交ったことも反発を招きました（四六年七月二十四日衆議院本会議における大村内務大臣答弁「治安維持に厳正な取締りを加える」、八月十七日衆議院本会議における椎熊三郎議員発言〔Q３参照〕など）。

日本は在日韓国・朝鮮人がもはや「植民地支配の被支配者」ではない、ということを十分に認識できていませんでした。ついこの前まで「日本人」としておとなしく従っていたのにと、時代の変化を受け入れられず、人間としての自己主張を持ち始めたことに苛立ちを表しました。さらには自分の生活困難のはけ口として逆に差別感情を高めていったのです。

朝連は在日朝鮮人の生活権を擁護する活動を専門的に担当するための新たな組織「朝鮮人生活権擁護委員会」を四六年十一月に発足させました。日本の政権当局者の古い朝鮮人観を打破して日本における朝鮮人の地位を確定するため、帝国主義的侵略に伴う犯罪事実は徹底的に究明しなければならないなど、歴史的経過を明らかにして人道上、当然連合国民に準ずる待遇を受けることをめざしました。

朝鮮人生活権擁護委員会

一九四六年十一月に、朝連中央総本部で第一回朝鮮人生活権擁護委員会全国代表者会議を開催し、朝鮮人の生活権を擁護する活動を専門的に担当する組織を設置した。委員は朝連の役員であるが、活動の独自性や弾圧への対応を考慮して朝連から分離独立した組織と位置付けられた。

十二月の皇居前広場で開催された全国大会の目的は、

一　在日朝鮮人の身分上の合法的な処遇の要求
二　政策上の圧迫反対
三　差別的朝鮮人登録制反対
四　朝鮮人に対する財産税課税の不当性など目の前の切実な生活擁護のために日本政府と交渉を求める

の四点であった。

〔解説〕この運動の背景には、椎熊議員の国会での発言（Q３参照）や外国人登録令の前十二月には皇居前広場で「生活権擁護全国大会」が開かれ、一万人を越える在日朝鮮人が参加しました。子どもから年寄りまで、実にそれは挙族的な大会だったといわれています。ただこのとき、首相官邸へ要請行動に行っていた交渉団の動向を見に行ったデモ隊の暴力行為（プラカードの棒でシャンデリアが割れ落ちたとされる）が問題とされ、警察は割ったデモ隊員ではなく、官邸で首相代理と交渉中の交渉団一〇名を逮捕しました。軍事裁判で「占領目的に有害な行為」として全員本国送還という有罪判決を受けました（呉圭祥《オギュサン》『ドキュメント在日本朝鮮人連盟』四〇～四一頁、岩波書店、二〇〇九年）。GHQは占領支配に対する日本人の不満を在日韓国・朝鮮人に向けさせることにより民族差別を広げました。同時に冷戦下における朝鮮人の急進的な民族運動に厳しい姿勢を示し、民族学校閉鎖の強硬策を予見させるものがありました。

四七年には日本経済は悪性インフレで失業者が増大しましたが、朝鮮人は稼働人口三〇万人の内二〇万人が失業というありさまでした。各県単位に「生活権擁護委員会」をつくって失業対策などを要求する一方、生活協同組合や業種組合を結成していきました。

四八年一月になると朝連は「住民としての基本的権利である生活権を主張」し、「在留朝鮮人は外国人として日本に居住する権利がある。したがって生活のために諸般の活動が保障されなければならない」という見解を発表しています。その具体的な課題は「病弱者に衣食住を日本の負担で無償配給すること」「失業者に正当な

身である大阪府の朝鮮人登録条例の制定などや占領軍の「残留する朝鮮人は日本国籍を有する」との指令の発表など、日本政府及び占領軍の残留朝鮮人に対する処遇政策への深刻な危機感がある。

　全国代表者会議では在日朝鮮人の法的地位について「我々は連合国民でもなく、中立国民でもない、しかしながら世界のいかなる国、いかなる国民より朝鮮人は日本帝国主義的侵略により大いなる被害を被っている。であるからわれわれ朝鮮人は人道上当然連合国民に準ずる者として、待遇を受けるべきものと信ずる。また朝鮮政府が樹立されたならばその暁は、朝鮮は当然国際連合の加盟国となるに相違ない。しからばわれわれが現在準連合国民として待遇されるのは極めて至当と言わなければならない」と朝鮮人の地位を規定した。

〔参考〕

・呉圭祥《オギュサン》著『ドキュメント在日韓国・朝鮮人朝鮮人連盟』四一頁、岩波書店、二〇〇九年

・鄭栄桓《チョンヨンファン》『朝鮮独立の隘路　在日朝鮮人の解放五年史』七四頁、法政大学出版局、二〇一三年

生活を保障する職業を与えること」「教育費を負担すること」などでした。

朝連が行った事業の中で特筆すべきことに民族教育があります。解放直後から帰国する子どもに母国の言葉を教えるという目的で始まった教育活動は、日本での定住がはっきりするにつれて学校としての体裁を整え、学校建設や教科書の編集から教員の確保まで全力を傾けました。四六年十月現在、五二五の初等学院（生徒約四万二〇〇〇人、教員約一〇〇〇人）、四つの中学校（生徒一一八〇人、教員五二人）、一二の青年学校（生徒数七一四人、教員五四人）を数えるほどです。この民族教育こそ在日韓国・朝鮮人に「解放」を感じさせる、熱気あふれる取組みであったといえます（詳細は次のQ12）。

朝連から離れていった民団も帰国の実現、民族教育、生活権擁護では同じような関心を持っていました。運動の進め方は、朝連が抗議型になりやすいのに対して民団は要請型というのが違いといえる程度です。一九四七年に施行された外国人登録令（Q3参照）についてもそれぞれが強い反対を表明しています。

祖国の分断

しかし、四八年八月、朝鮮半島において南に大韓民国が建国され、同年九月には朝鮮民主主義人民共和国が樹立されると、その対立は在日韓国・朝鮮人にも大きな影響を与えました。民団は「在日本大韓民国居留民団」と改称し、「大韓民国の国是を遵守する」ことを組織の第一の目標として掲げました。さらに韓国旅券発行

北鮮旗（原文のまま）の掲揚禁止に関する国家地方警察本部長官通牒

一九四八年十月八日（無電）

国警本部長官発各管区本部長・各警察隊長宛

「北鮮人民政府共和国（原文のまま）の国旗の掲揚又は使用については現地軍政部又は関係進駐軍当局と連絡の上、事実上掲揚又は使用せられざるよう措置せられたい。右は一般国民に公示することなく、その虞《おそれ》ある具体的な場合に当該者に注意を加え、またその事実発生した場合には之が撤去を命じこれを肯ぜざる時は自ら撤収する等遺憾なきを期せられたい。右、自治体警察にも連絡せられたい」

MPによる北鮮旗押収に際し発生した朝鮮人負傷事件

一九四八年十月十四日総司令部発表

について末端の業務を受け持つなど、本国との結びつきを深めていきました。朝連は十月の全国大会で「朝鮮民主主義人民共和国支持」を行動綱領として採択し、十二月には慶祝団を送りました。

朝連の内部では日本共産党の影響下にありながらも、朝鮮民主主義人民共和国を支持する立場をとりました。GHQの北朝鮮国旗掲揚禁止命令（四八年十月、第八軍政本部副司令官が緊急無線で「北朝鮮国旗掲揚禁止令」を軍団司令部と軍政司令官に通知）に背いて、集会に国旗を掲揚することで意思表明しようとし、弾圧を受けることもありました。

けれども在日韓国・朝鮮人がよりよい生活をできるようにするためには日本の変革を急ぐべきだとする意見が強く、自らを「外国人」であるよりも日本の「少数民族」と位置付ける傾向も見受けられました。その一つの現れが選挙権に対する態度です。

日本政府は四五年十二月、衆議院議員選挙法を改正し、女性にも普通選挙権を付与しましたが、一方で一九二五年に普通選挙法を実施して以来、当時、日本国民であった内地在住の朝鮮人にも認めていた選挙権を停止しました。引続き日本国籍を保持していても「戸籍法の適用を受けない」者の選挙権を停止したのです。国籍を基準に排除できないため、戸籍法の適用を基準にしたのです（Q24参照）。

これに対して朝連は四七年一月の第九回中央委員会で、今後日本の参政権を求めていくことを決議し、三・一革命記念大会で公表しました。「在日朝鮮人は外国

「十月十二日仙台市において、朝鮮人の一団が、北鮮旗の掲揚を禁止する旨の連合国最高司令官の決定を軍政部が強行することに抗議して、MPを襲撃した際、一朝鮮人がMPに射撃された。MPは、北鮮旗の掲揚を禁止する旨の指示を軍政部が日本人及び朝鮮人に対して繰り返し発した後押収したものである。朝鮮人たちが若干の米国のMPの身体を襲撃したときに、一弾が発射された。負傷した朝鮮人の状況は不明であった。MPは襲撃してきた朝鮮人二名及び朝鮮人指導者三名を逮捕した。その指導者三名は、昨日調査完了を見ないのに釈放された。（以下省略）

（『在日朝鮮人管理重要文書集』現代日本・朝鮮関係資料第六輯、湖北社、一九七八年より引用）

人であるけれども市民権を付与すべきだ」と主張し、「われわれが選挙権、被選挙権を要求するのは日本国民になろうとするのではない。我々の利益と権利を擁護する手段としての日本統治機構に発言権を持とうというのである」とその理由を示しています。

一方の建青《けんせい》と民団は外国人としての立場を強調し、選挙権要望は「民族に背く行為」とし、「解放独立の朝鮮人民が、敗戦国日本と過去に於いて如何なる因縁関係があったにせよ、今日では否定できない外国人であり、また外国人としての生活権を確保しその権益を擁護する立場に置かれている。外国である日本の内政に関与する選挙権・被選挙権獲得の運動は、自らが日本人化する希望を表明したもの」と非難しました（声明書「選挙権獲得の陰謀を粉砕せよ」『民団新聞』四七年三月二十日付、鄭栄桓『朝鮮独立への隘路――在日朝鮮人の解放五年史』一八〇頁、法政大学出版局、二〇一三年より）。

こうした応酬のあと、朝連は書記長の交替を経て、四八年一月に朝連中総書記局は「在留同胞市民権問題に関する談話」を発表しました。そこでは「市民権は生存権と参政権に分けられますが、参政権を包含するものが市民権であり、我々は現段階にあって日本国籍を持つことができないので参政権を主張することが出来ません。それゆえに生活権獲得運動がわれわれの権利獲得運動であり、この権利を主張しながら義務の履行に力を注がねばなりません。在留外国人は外国人として日本に居住する権利があり、よって生活のために諸般の活動が保障されています」（同書

団体等規正令（昭和二十四年政令第六四号）

（前文省略）

（この政令の目的）

第一条　この政令は、平和主義及び民主主義の健全な育成発達を期するため、政治団体の内容を一般に公開し、秘密的、軍国主義的、極端な国家主義的、暴力主義的及び反民主主義的な団体の結成及び指導並びに団体及び個人のそのような行為を禁止することを目的とする。

（団体の結成及び指導の禁止）

第二条　その目的又は行為が左の各号の一に該当する政党、協会その他の団体は、結成し、又は指導してはならない。

一　占領軍に対して反抗し、若しくは反対し、又は日本国政府が連合国最高司令官の要求に基いて発し

一八四頁）と大きく主張を転換しました。これには投票時の選挙運動よりも政府・自治体など行政機関への直接的で大衆的な要請運動の方に有効性があるという判断もあったと思われます。

民族団体の解散命令

四九年九月、朝鮮民主主義人民共和国の建国一周年を翌日に控えた九月八日、政府は団体等規正令を適用して、不当にも朝連、民青（在日本朝鮮民主主義青年同盟・朝連系）などの解散を命じました。解散の根拠は「占領軍に反する行為」と「暴力主義的方法の是認・正当化」を挙げています。法務府特別審査局は部内月報「朝連について」を作成し、「中国共産党の勝利を受けて、朝連が在留同胞の自治体制をはるかに逸脱して、日本共産党と手を結び国内で破壊工作を企んで朝鮮半島から武器を密輸している」という報告をGHQ民政局に報告していました（同書二七一頁）。朝連の解散に続き、十月、文部省管理局と法務府特別審査局は共同で「朝鮮学校に対する措置について」という通達を出し、朝連が開校した学校の廃校を決定しました。十月と十一月の二度にわたって計三六七校が閉鎖されました（同書二七五頁）。

しかし、朝連の流れは五〇年六月「在日朝鮮統一民主戦線（民戦）」へと受け継がれ、五五年五月「在日朝鮮人総連合会（総連）」の発足につながっていきました。

解放後の在日韓国・朝鮮人は母国の南北分断により絶え間なく対立してきましたが、生活と人権を守るという面では共通するテーマを抱えていました。当時の政

た命令に対して反抗し、若しくは
反対すること。

治的雰囲気や、外国人として生きるという前提の下では論争は避けがたいことであったのかもしれません。けれども四六年にはすでに帰国の足が止まり、定住化傾向が明らかであったことを考えると、むしろその事実に立脚して自主的な立場で共同歩調をとりうる要素は多くあったのではないかと惜しまれます。

戦後在日韓国・朝鮮人民族団体の変遷

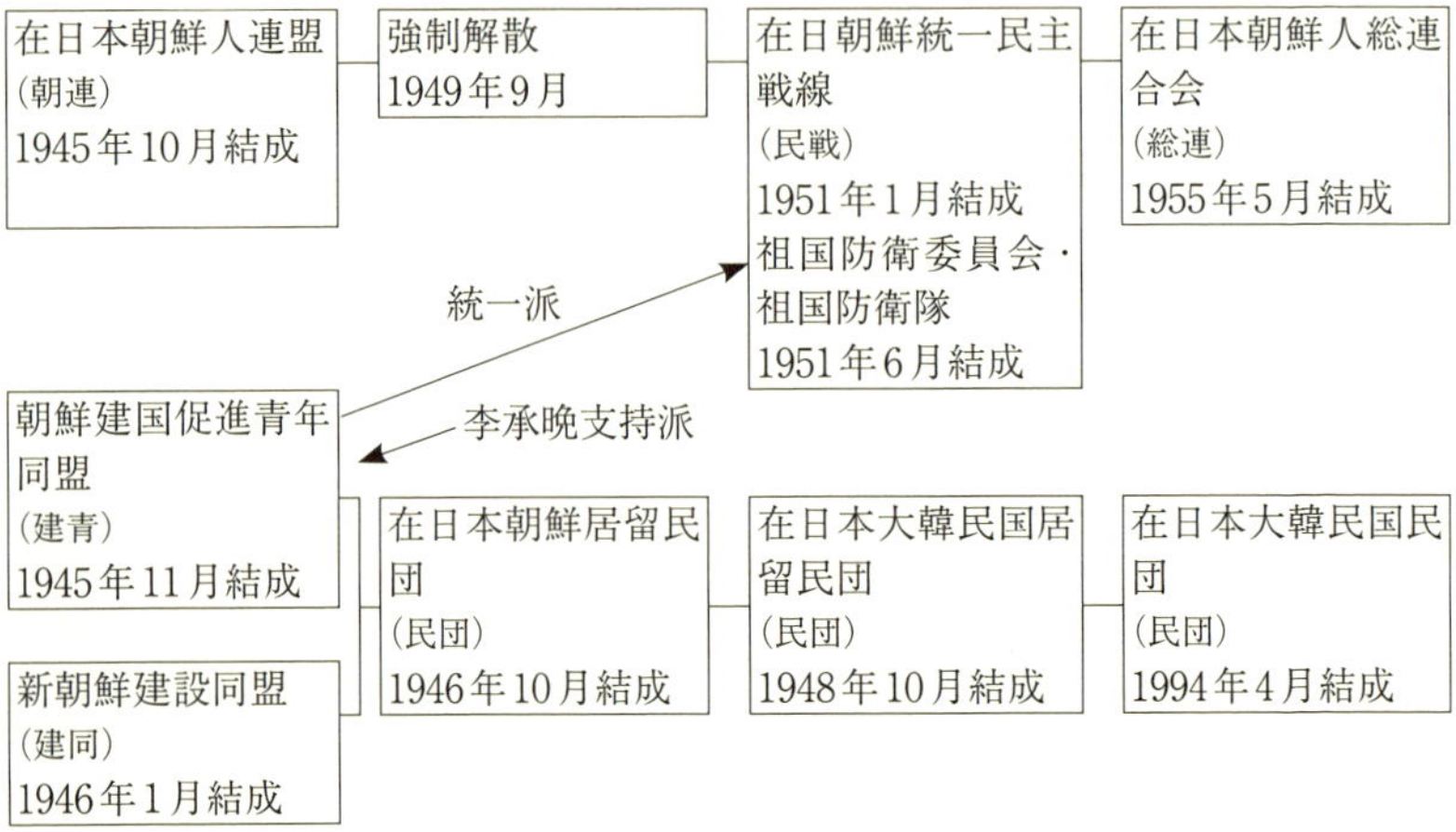

Q12 民族教育はどのように広がっていったのですか?

朝鮮語の学習と民族教育のためにつくられた民族学校が数年もたたずにつぶされ、その時、強い反対運動が起きたと聞きましたが、どんなことが起きたのですか。

民族教育のはじまり

在日韓国・朝鮮人にとって「解放」とは自分を偽らずに生きていけるということでした。それは強制的に名前を変えさせられ、朝鮮語を使うことを禁じられたことへの悲しみを二度と味わいたくないということに他なりません。多くの人はそのために慌ただしいと見えるほどに帰国を急いだのです。いろいろな事情で帰れなかった人も気持ちは同じでした。

とりわけ子どもの教育をどうするかが切実な問題になりました。一九四五年の秋頃からは個人の家などで「国語《クゴ》（朝鮮語）」講習所など塾形式で授業が開始されています。朝鮮人は何もない中から手探りで子どもに民族の言葉と文字を教えようと立ち上がりました。

四六年二月には早くも日本の小学校に当たる初等学院をつくり始めました。「金のある者は金を！　力のある者は力を！　知恵のある者は知恵をだせ！」が当時の

教育差別撤廃を求めて大阪府庁に詰めよる。四八年四月

スローガンであったといわれています。はじめのうちは倉庫を改造したものなど、粗末な校舎でこれといった設備もありませんでした。けれどもそこでは教える方も教えられる方も意気揚々としていました。

東京の高甲仙《コカプソン》さんは「日本の学校じゃない。朝鮮人学校ができたんだからと、父に説得されてしぶしぶ出かけていきました。けれど日本の学校とは違うことが少しずつ分かってきました。今まで朝鮮人はなぜ自分の国を出て、日本でみじめな生活をしなければならなかったのかを、どの先生も異口同音に話してくれたのです。一番強く胸に刻み込まれたのは、朝鮮はもう日本の手から離れたということです」と振り返っています。

川崎で育った安承玟《アンスンミン》さんは「（解放の）年が明けて朝鮮人連盟が子女の民族教育のために学院を開くことになり、私もそこに通うことになった。はじめは一教室の塾のようなものであったが、民族に対する知識、言葉、文字、習慣、歴史などを学んだ。やがて立派な校舎も建ち正式に朝鮮人学校が創設され、生徒は二〇〇人ぐらいになった。私は五年に編入された。毎日の授業は楽しかった。他国の歴史や文字を学ぶのとは違ってすべてが自分と密接であり、探究心と好奇心を燃やさせた」と語っています。

そうした学校がいかに在日韓国・朝鮮人から望まれていたかは、四六年十月までに小中高校及び青年学院、高等学院、女学院をあわせて五四一校、生徒数四万四一一二人、教師一一二八人という発展を見るに至ったことからも明らかです。

朝鮮人連盟時代の朝鮮学校の変遷

年月／区分	小学校			中学校			高校、青年学院、高等学院、女学院		
	学校数	生徒数	教員数	学校数	生徒数	教員数	学校数	生徒数	教員数
46年10月	525	42,182	1,022	4	1,180	52	12	750	54
47年10月	541	46,961	1,250	7	2,761	95	30	2,123	160
49年5～7月	288	32,368	955	16	4,555	165	3	364	50

注意；朝鮮高級学校（高校）は1948年に設立されたので、1946年と1947年の「高校、青年学校、高等学院、女学校」の数字は高校以外の学校の総数で、1949年の「高校、青年学校、高等学院、女学校」の数字は高校のみの数字である。

青年学校、高等学院、女学校とは、主に短期間の講座を開設して地方の支部の活動家を養成する教育機関をいう。

出典；李東準《リドンジュン》『日本にいる朝鮮の子ども』春秋社、1956年。

呉圭祥《オギュサン》『ドキュメント在日本朝鮮人連盟』368～369頁、岩波書店、2009年より引用。

ＧＨＱと日本政府による民族教育の圧迫

しかし一方、こうした教育の広がりを快く思わない動きがありました。日本政府は朝鮮学校の教育内容が、日本の植民地統治を批判するものであることについて、またＧＨＱは解放後の朝鮮人運動が本国の分断を背景に、韓国の単独選挙反対、反米軍政闘争との結びつきを警戒して、それぞれ弾圧しようとしたのです。日本政府とＧＨＱは互いに自らの責任を薄めあうようなかたちで在日韓国・朝鮮人に対して管理し、行動を制約しようとしました。

Ｑ３で紹介したように在日朝鮮人は、参政権では日本国籍であるが戸籍法の適用を受けないので停止、外国人登録令ではこの勅令の適用については「外国人とみなす」とされましたが、朝鮮学校については日本国籍保持を前提に、「日本人同様、公立・私立の学校に就学させなければならない」とされました。解放後から平和条約までの期間は、この国籍のあいまいさによって在日韓国・朝鮮人は翻弄されることになります。

まず四七年十月、ＧＨＱ・民間情報教育局は「朝鮮人諸学校は、正規の教科の追加科目として朝鮮語を教えることを許されるとの例外を認めるほかは日本（文部省）の全ての指令にしたがわしめるよう、日本政府に指令する」と定めました。これを受けて四八年一月、文部省学校局長は都道府県知事宛に「朝鮮人設立学校の取り扱いについて」という通達で、「朝鮮人子弟であっても、学齢に該当する者は、日本

文部省学校局長通達「朝鮮人設立学校の取り扱いについて」

一九四八年一月二十四日

一、現在日本に在留する朝鮮人は、昭和二十一年十一月二十日付総司令部発表により日本の法令に服しなければならない。従って朝鮮人子弟であっても、学令に該当する者は、日本人同様、市町村立又は私立の小学校又は中学校に就学させなければならない。また私立の小学校又は中学校の設置は、学校教育法の定めるところによって、都道府県監督庁（知事）の認可を受けなければならない。学齢児童又は学齢生徒の教育については、各種学校の設置は認められない。

私立の小学校及び中学校には、教育基本法第八条（政治教育）のみならず設置廃止、教科書、教科内容等については、学校教育法に

人同様、市町村立又は私立の小学校又は中学校に就学させなければならない」、「学齢児童又は学齢生徒の教育については、各種学校の設置は認められない」、「なお、朝鮮語等の教育を課外に行うことは差支えない」としました。

朝連は教育基本法の拘束を受け、文部省の認可を受けるよりも自主的な教育をめざして財政的には厳しいけれども自主運営を続けてきました。しかしこの通知によると各種学校としても認められず、私立学校とするならば都道府県の認可と教育基本法の制約を受けることになり、最も大切な朝鮮語等の教育は課外にしかできなくなります。さらに通知を受けた各地の都道府県は、在日韓国・朝鮮人の子どもに就学通知を出したり、転入学の受付、空襲などで取り壊された公立学校の跡地を借用して運営されていた朝鮮学校には明け渡しを求め、新学期を前に朝鮮学校閉鎖命令を出すようになりました。

阪神教育闘争と朝鮮学校の閉鎖

阪神教育闘争と呼ばれる関西での民族教育を守る闘いは貴重な経験でした。GHQ兵庫軍政部は四八年三月五日付で朝鮮学校の立ち退きに関して兵庫県に指示書をだし、兵庫県はこれに基づいて市の校舎を借用していた朝鮮人学校に明け渡しを命じました。十五日、この命令の撤回を求めて交渉に来た朝鮮人代表ら六八人は退去命令に従わないとして検束、同日には立ち退きの仮処分手続きが取られ、二十三日には強制処分、学校閉鎖を強行しました。二十四日、これに抗議しようと在日韓

おける総則並びに小学校及び中学校に関する規定が適用される。なお、朝鮮語等の教育を課外に行うことは差支えない。

二、三、省略

国・朝鮮人が大挙して県庁に押し寄せ、団体交渉の結果、知事との間で以下の内容について調印することができました。①学校閉鎖命令の撤回、②学校明渡しの延期、③不当な拘束者の即時釈放、④今後のことは代表と協議、⑤本日のことは不問に付す。

しかしアメリカ第八軍は兵庫県知事の閉鎖令撤回の直後、神戸市全域に非常事態宣言を発令し、全域に直接軍政を確立しました。警察とMP（Military Police）による「朝鮮人狩り」が行われ四日間で検挙者一九七三名を数えました。三九人が軍事裁判にかけられ、最高で重労働十五年の判決を受けました。同じ時期に大阪でも四月二十三日、大阪府庁前で閉鎖令撤回を求める集会が三万人規模で開催され、武装警官により二三名が重傷を負い、二〇〇名余が検挙されました。これに対する抗議として二十六日にも朝鮮人学校閉鎖反対集会が開かれ、代表団が交渉中にも関わらず、大阪軍政部が交渉中止と五分以内の群衆の解散を命じ、大阪市警は米軍の命令として消防隊による放水、武装警官による突入、実弾を発射しました。これによって十六歳の金太一《キムテイル》少年が射殺されました。

このように多くの犠牲者を出しましたが、五月五日には朝鮮人教育対策委員会と文部大臣は「教育基本法と学校教育法に従う、私立学校の自主性の範囲内で朝鮮人独自の教育を行うことを前提として、私立学校としての認可を申請する」との覚書を交わしました。しかし、認可を受けた学校は全体の四割弱に過ぎず、日本の公立学校の敷地、校舎を借用していた学校のほとんどは強制閉鎖されてしまいました。

文部省と朝鮮人連盟との覚書

一　朝鮮人の教育に関しては、教育基本法及び学校教育法に従うこと。

二　朝鮮人学校問題については私立学校として自主性が認められる範囲内において朝鮮人独自の教育を行うことを前提として私立学校としての認可を申請すること。

一九四八年五月五日

文部大臣　森戸辰男

朝鮮人教育対策委員会責任者
崔《チェ》　瑢根《ヨングン》

さらにその後、四九年十月「朝鮮学校に対する措置について」という通達が出され、朝鮮学校そのものが強権的に閉鎖されました。

神奈川県横須賀の朝鮮学校の閉鎖の様子を作家・故金達寿《キムダルス》（当時、教員）は次のように記しています。「そこへけたたましいサイレンの響きとともに、ぞくぞくとトラックがやってき、真っ黒い山のような、波のような武装警察隊が押し寄せてきた。教室から外へ出かけた人々は、そのまま襟首を捕まえて放り出され、まだ教室の中にいた生徒たちはいっせいに泣き出して、おかみさんたち（生徒の親）と共に机にしがみついたが、その机ごと彼らは猫か犬のように外に放り出された。それでまたさらに腕をくじき、膝頭をうちわっていっそう増した子どもたちや、おかみさんたちの泣き声。暗闇に覆われた学校の内外で激しく押したり、押されたりのもみあう乱闘となった。が、それは一瞬のうちのような出来事だった。しまいには無我夢中となった人々はそれぞれの抗議の言葉と憎悪の言葉を発しながら、頭を横っちょにして躍りかかっていったが、真っ黒い大渦巻のような警察隊の警棒でその頭を打ち叩かれ、腹を突き上げられ、蹴飛ばされて退かなければならなかった。そうしているうちにも、もう後方の警察隊により、教室の入り口や窓口までが忽《たちま》ち用意されてきた抜き板を十文字に張られて、釘を打ちつけられてしまった。その警官の背に向かって生徒たちが、泣きわめきながら馬乗りに飛びかかり群がって行っては、仰向けにはねられた」（金達寿『前夜の章』五二年四月、小沢有作『在日朝鮮人教育論（歴史編）』所収、二六五頁、亜紀書房、一九七三年）。

朝鮮人学校に対する措置についての文部省監理局長・法務府特別審査局長共同通牒

都道府県知事・都道府県教育委員会宛

一九四九年十月十三日

朝鮮学校に対する措置について

措置要綱

朝鮮人学校の取扱い方針は、昨年五月の覚書並びに発学二〇〇号で明らかであるが、その後の実情に鑑みるとき、これが必ずしも遵守されていないので、これを遵守させる必要があり、また、今回、在日本朝鮮人連盟の解散指定が行われたことにより、この際日本の法令及びこれに基づく命令を厳正に遵守させる必要がある。このため、朝鮮人学校に対しては、別紙の方針に基づいて、左に掲げる措置を講ずるものとする。

Ⅰ　学校について

朝鮮人のみを収容する教育施設の取り扱いについて

文管振第210号
1965年12月28日
各都道府県教育委員会　殿
各 都 道 府 県 知 事　殿

わが国に在住する朝鮮人のみを収容する教育施設の取り扱いについては、従来から格別のご配慮をわずらわしてきたところでありますが、これについては、下記により取り扱うべきものと考えますので、その趣旨を御了知の上、事務処理に遺漏のないように願います。

一　朝鮮人のみを収容する公立小学校分校の取り扱いについて

わが国に在住する朝鮮人子弟の教育上の取り扱いについては、従来もわが国の公立の小学校または中学校において教育を受けることを希望する場合には、その入学を認め、今後も別途「日本国に居住する大韓民国国民の法的地位及び待遇に関する日本国と大韓民国との間の協定における教育関係事項の実施について（昭和40年12月28日文初財第464号文部事務次官通達）」によりその入学を認めることとなったが、このことは、朝鮮人子弟にわが国の公立学校において特別な教育を行うこと認める趣旨でないことはいうまでもないところである。

しかるに、朝鮮人のみを収容する大部分の公立の小学校分校の実体は、教職員の任命・構成、教育課程の編成・実施、学校管理等において法令の規定に違反し、極めて不正常な状態にあると認められるので、次によって、適切な措置を講ずること。

（1）これらの朝鮮人のみを収容する公立の小学校分校については、法令に違反する状態の是正その他学校教育の正常化されると認められない場合には、これらの分校の存続について検討すること。

（2）これらの公立の小学校分校における学校教育の実態が改善され、正常化されると認められない場合には、これらの分校の存続について検討すること。

（3）なお朝鮮人のみを収容する公立の小学校または中学校およびこれらの学校の分校または特別の学級は、今後設置すべきではないこと。

二　朝鮮人のみを収容する私立の教育施設（以下「朝鮮人学校」という。）の取り扱いについては、次によって措置すること。

（1）朝鮮人学校については、学校教育法第1条に規定する学校の目的に鑑み、これを学校教育法第1条の学校として認可すべきではないこと。

（2）朝鮮人としての民族性または国民性を涵養することを目的とする朝鮮人学校は、わが国の社会にとって、各種学校の地位を与える積極的意義を有するものとは認められないので、これを各種学校として認可すべきでないこと。なお、このことは、当該施設の教育がわが国の社会に有害なものでない限り、それが事実上行われることを禁止する趣旨でない。

朝鮮学校は、自治体の判断や、朝鮮人側との交渉のよって、①自主学校のまま（四四校）、②公立学校または公立学校の分校（東京都立朝鮮人学校や神奈川、愛知、兵庫の公立学校分校など三二校）、③公立学校における民族学級（茨城、滋賀、大阪など七七学級）、④夜間講習会（京都など二一カ所）に分かれましたが、民族教育は途切れることなく続きました（梶井渉『都立朝鮮人学校の日本人教師』所収、三二三頁、岩波書店、二〇一四年。五二年四月現在、東京都立朝鮮学校教職員組合資料より）。

差別に固執する政府と改善の動き

多くの在日韓国・朝鮮人の子どもたちは日本の学校に転校を余儀なくされました。この子どもたちを待ち受けていたのは「日本人と同じように」教育を受けることでした。「日本人と同じように」とは、在日韓国・朝鮮人が、「日本人としての国民教育」を受けることであり、それは民族の歴史や文化を無視する教育だったのです。

そして五二年のサンフランシスコ講和条約締結に伴い日本国籍を喪失することになり、五三年二月の通達で「日本学校への就学義務」は取り消され、公立学校への就学は「恩恵」として許可される立場になりました。

六五年の日韓条約に基づいて「朝鮮人のみを収容する教育施設の取り扱いについて」という通知（前頁参照）が出されましたが、この通知では「朝鮮人としての民族性または国民性を涵養することを目的とする朝鮮人学校は、我が国の社会にとっ

一　教育基本法、学校教育法その他の教育関係法令並びに法令に基づいて行う監督庁の命令を遵守せしめること。
二　教科書は、国定教科書又は文部省検定教科書を使用することを原則とするが、朝鮮語、朝鮮の歴史等について朝鮮人独自の教育を為す場合の図書は、所定の認可を受けたものを使用することを遵守させること。
三　教育面において、旧朝鮮人連盟の主義、主張、公道を宣伝、普及または支持するような一切の傾向を払拭させること。
四　学校施設を旧朝鮮人連盟関係の会合その他に利用させせないこと。
後略
五　無認可学校については所定の手続きを経て認可を受けさせること。
六　旧朝鮮人連盟の本部、支部等が

て各種学校の地位を与える積極的意義を有するとは認められないので、これを各種学校として認可すべきではない」としました。

しかし、各種学校の許認可は都道府県知事の権限であったので、朝鮮学校関係者は各種学校としての認可を申請し、七五年にはすべての朝鮮学校が各種学校の認可を受けました。全国に四校ある韓国学校は東京が各種学校で、京都・大阪にある三校は一条校（学校教育法第一条で定められた学校）の認可を受け、公立学校と同様のカリキュラムの他に民族教育を行っています。七〇年からは東京都、七四年から大阪府、七七年からは神奈川県などが補助金を支給し、九七年の愛媛県の支給決定で、朝鮮学校のある二九の都道府県すべてが補助金を支給することになりました。

このほか、九一年に全国高等学校野球連盟が朝鮮学校を含む外国人学校の大会参加を承認し、九四年には高校体育連盟が連盟主催の大会への参加を承認しました。その後、全国高等学校総合体育大会（インターハイ）では各地の朝鮮学校が参加して活躍しています。

これには、次のようなエピソードがあります。一九五七年、早稲田実業高校のエースピッチャー、四番打者として甲子園で優勝した王貞治さんは、その活躍にもかかわらず国籍（父は中国人）を理由に、同年の静岡国体の硬式野球部門での出場を拒否されたのです。甲子園で優勝した早稲田実業高校チームは出場したのに、彼一人だけマウンドに立てず、スタンドで応援するしかなかったのです。こうしたスポーツ面でも在日外国人差別が続いたのですが、それが九〇年代になってようやく

設置していた学校については、設置者を喪失し、当然廃校になったものとして処置すること。

Ⅱ　以下省略

改善されたのです。

九四年、朝鮮学校の子どもたちの通学定期券は各種学校のため、公立・私立学校、専修学校に通う学生より割高になっていましたが、ＪＲ各社は割引率を平等にするよう是正しました。

外国人学校の大学受験資格問題

大学受験も合格できる学力さえあればいいと思うのに、各種学校であるため制限がありました。高等学校卒業と同等程度の学力があるかどうかを認定する「大学入学資格検定試験」（大検。二〇〇五年以降、高等学校卒業程度認定試験に変更）に合格することが必要でした。

九九年までは大検の受検資格である中学卒業の資格すら認めていなかったので、韓国学校を含む朝鮮学校の高校生は、通信制あるいは定時制高校に通いながら（ダブルスクールを余儀なくされ）卒業証書を得て、大検を受けることになります。

その後、多くの私立大学は大学独自で「高等学校卒業者と同等の学力があると認めた者」という認定条項をつくり受験資格を認めました。国立大学としては九八年に京都大学大学院が朝鮮大学卒業生の受験資格を認め、九九年になって文部省は外国人学校卒業生に大学院への入学資格を認めるようになりました。

国公立大学の受験資格については改善が進まず、二〇〇三年になって文部科学省は欧米の三つの学校評価教育機関の認定を受けた一六のインターナショナルスク

国連人権条約の各種委員会による朝鮮学校に対する差別是正勧告
第二回　人種差別撤廃委員会の総括所見　二〇一〇年三月十六日
一三　委員会は、締約国が提供した説明に留意しつつも、条約第四条ａ及びｂに付された留保を懸念する。委員会は、また、韓国・朝鮮学校に通う子どもたちを含む集団に向けられた露骨で粗野な発言と行動が相次いでいること、並びに、特に部落民に向けられたインターネット上の有害で人種主義的な表現と攻撃が相次いでいることを懸念をもって留意する。（第四条ａ・ｂ）以下省略
二二　（前略）しかし、委員会は、教育制度の中で人種主義を克服するための具体的なプログラムの実施についての情報が欠けていることに遺憾の意を表明する。さらに

ール出身者に大学受験資格を認め、認定を受けていないアジア系の朝鮮学校、中華学校、南米のブラジル人学校などを排除する姿勢を見せました。

しかし、各種学校だからダメといいながら「欧米の三つの学校評価教育機関の認定」を受けていればいいという二重基準には多くの批判が寄せられ、文部科学省は方針の凍結、再検討することになりました。同年九月に文科省は省令改正を行い、

一　欧米系の学校評価機関の認定を受けた外国人学校卒業生

二　外国の正規の課程と同等と位置付けられていることが「公的に確認できる」外国人学校卒業生（ブラジル三三校、中華二校、韓国、ドイツ、フランス、インドネシア、カナダ各一校、計四〇校）

三　大学の個別審査によって高等学校卒業生と同等以上の学力があると認められた者（朝鮮学校）

について大学受験資格を付与すると発表しました。

文科省は、朝鮮人学校以外は一と二の措置をとりながら、朝鮮人学校卒業生については受験資格を、三の大学の審査に委ね、最後まで朝鮮学校卒業生としての受験資格を認めない姿勢を貫きました。

また税制上の優遇措置についても同年三月、外国人学校が「特定公益増進法人」に追加されましたが、外交、公用、家族滞在の在留資格を持つ子女と国際バカロレア事務局または先に挙げた欧米の教育評価機関の認定を受けた学校に限定し、ここでも非欧米系を排除しました。これらは欧米系の対日投資を促進し、高度人材を受

委員会は、子どもの教育に差別的な効果をもたらす行為に懸念を表明する。そのような行為には以下のものが含まれる。後略

第三回　子どもの権利委員会の総括所見　二〇一〇年六月十一日

七二　委員会は中国系、北朝鮮系その他の出身の子どもを対象とした学校に対する補助金が不十分であることを懸念する。委員会はまた、このような学校の卒業生が日本の大学の入学試験を受けられないばあいがあることも懸念する。

七三　委員会は、締約国に対し、外国人学校への補助金を増額し、かつ大学入試へのアクセスにおいて差別が行われないことを確保するよう奨励する。締約国は、ユネスコ・教育差別禁止条約の批准を検討するよう奨励する。

け入れるための環境整備を求める経済界の要望に対応したものだったのです。

高校無償化法から朝鮮学校排除

二〇〇九年九月、民主党が政権の座に就きました。かつて議員立法で提案した高校無償化法（正式な名称は「公立高等学校に係る授業料の不徴収及び高等学校等就学支援金の支給に関する法律」）案が内閣提出法案として可決成立し、二〇一〇年四月に専修学校、各種学校をも対象（高等学校の課程に類する課程をおくものとして文科大臣が指定する者に限る）に施行されることになりました。各種学校を含めた画期的な法律でした。外国人学校としては、

イ　外国の学校の課程と同等の課程を有するもの（ブラジル、中国、韓国、フランス、ドイツ、イギリス人学校など計一四校）

ロ　国際教育評価機関の認定を受けたもの（インターナショナルスクール一七校）

ハ　その他

に分けられ、指定されました。

ブラジル人学校は大学入学資格が認められたのは三三校ですが、無償化の対象はそのうちの各種学校として認められた八校だけでした。※

朝鮮学校については検討委員会を設置し、同年十月には同検討委は「外国人学校の指定に関する基準等（検討結果報告）」が公表され、外国人学校の指定に当っては、教育内容については判断基準とせず……客観的、制度的基準により指定しているこ

第三回　国際人権規約・社会権規約委員会の総括所見　二〇一三年五月十七日

二七　委員会は、締約国の高等学校教育授業料無償化プログラムから朝鮮学校が除外されていることを懸念する。これは差別である。（第一三条、一四条）

差別の禁止は、教育のあらゆる側面に全面的かつ即自的に適用され、また国際的に定められたすべての差別禁止事由を包含していることを想起しつつ、委員会は、高等学校教育無償化プログラムが朝鮮学校に通う子どもたちにも適用されることを確保するよう、締約国に対して求める。

〔※〕東京の韓国学校高校部は、イによって、また大阪、京都の韓国学校は学校教育法第

と。……指定については外交上の配慮などにより判断すべきではなく、教育上の観点から客観的に判断すべきものであることが政府の統一見解であり……」と結論したため、朝鮮学校は手続きを進めました。

　しかし、民主党政権は、二〇一〇年十一月二十三日、北朝鮮による韓国・延坪島《ヨンピョンド》砲撃事件や核実験などを理由に突然、無償化手続きを「凍結」し、翌年三月、朝鮮学校の高校三年生は高校授業料無償化から除外されたまま卒業していきました。

　さらに二〇一三年二月、安倍政権下の文科省は朝鮮学校が指定される根拠となる上記（ハ）の規定を削除する省令の改定を行いました。文科省のコメントは「拉致問題に進展がないこと、朝鮮総連と密接な関係にあり教育内容、人事、財政にその影響が及んでいることを踏まえ、現時点での指定には国民の理解を得られない」というものでした。「外交上の配慮などにより判断すべきではなく」とされていたのに、理解できません。同時期にこれまで支給されていた朝鮮学校への補助金も東京、大阪をはじめ不支給とされてきたのも同じ理由です。政治的、外交的理由によって子どもたちの教育を受ける権利を侵害してはならないのです。

　この無償化法案は、もともと、国際人権規約の社会権規約を批准する際、日本は第一三条二項b〔中等教育の無償化〕を留保していましたが、それを解除し、いわば国際基準を満たせる国をめざしていたのです。しかも条文に「すべての者に対して機会が与えられる」とあったので、高校だけではなく、専修学校、外国人学校をも対象とするもので、ここに画期的な意味がありました。政府は本来の立法趣旨

一条校なので当然、無償化の対象になり、コリア国際学園（後述）は二〇一三年文部科学省告示第一七号により「当分の間、指定の効力を有する」とされて、それぞれ対象になっている。未だ各種学校の認可を受けていながら対象外とされているのは全ての朝鮮人学校だけである。

〔参考〕文部科学省のホームページ
http://www.mext.go.jp/a_menu/shotou/mushouka/1307345.htm
高等学校等就学支援金制度対象に指定した外国人学校等の一覧

経済的、社会的及び文化的権利に関する国際規約（A規約）

第十三条〔教育についての権利〕

二項b

　種々の形態の中等教育（科学的及び職業的中等教育を含む）は、すべての適当な方法により、特に、無償教育の漸進的な導入により、一般的に利用可能であり、かつ、すべての者に対して機会が与えられるものとすること。

を再確認すべきです。

現在、在日韓国・朝鮮人の民族学校は朝鮮学校の他に、韓国系の学校として東京韓国学校（各種学校）、京都国際学校、白頭学院、金剛学園（いずれも一条校。後述）、このほか、二〇〇八年四月には「境界をまたぐ越境人」の育成を建学の精神に掲げ、コリア国際学園中等部・高等部（各種学校）が大阪府茨城市に開校しました。韓国語、英語、日本語の三カ国語を重視し国際性と創造性をはぐくむ教育実践を建学の精神としています。在日韓国・朝鮮人による新たなチャレンジといえるでしょう。

日本の学校は学校教育法第一条に規定する一条校（文部科学大臣の定める設備、編制その他に関する設置基準を満たす公立・私立学校）、専修学校（職業若しくは実際生活に必要な能力を育成し、又は教養の向上を図ることを目的とする）、そして各種学校に分類されます。母語による自主的な教育を実施しようとすると各種学校の資格を取るほかありません。しかし、日本の学校教育を参考にカリキュラムを作成し、民族的な自覚を養い日本社会の構成員の一人として生きていく力を育んでいるわけですから、各種学校の枠とは別に、外国人学校としての位置づけと十分な支援を保障するべきだと思います。

国際人権諸条約、最近では人種差別撤廃委員会、子どもの権利委員会、社会権規約委員会などから補助金の支給、高等教育無償化からの朝鮮学校排除に対して差別禁止の是正勧告がなされているのは言うまでもありません。

Q13 小松川事件とはどのようなものですか？

戦後も差別と貧困の中で、就職もままならず、一九五〇年代の若者はどういう心境におかれていたのですか。民族虚無主義とはどういうことですか。

解放後の在日韓国・朝鮮人の歩みは日本で生まれた「二世」の生育史とすっぽり重なっています。それは解放後、最も情熱的に取り組んだテーマが「教育」であったことに表れています。

日本生まれの人口比率を見ても一九三〇年には八％に過ぎなかったのに対して五〇年には約五割、六四年では三分の二を越えたので、同じ在日韓国・朝鮮人といっても質的な変化が生まれたといえます。

朝鮮戦争による特需で戦後の日本は経済的な立ち直りの気配をみせていましたが、一般的にはまだ生活に追われているというのが実情でした。とりわけ在日韓国・朝鮮人には働く機会も与えられないほど、強い民族的偏見、制度的差別を受けていました。

一九五四年には力道山の活躍でプロレスブームが起きましたが、彼は日本の「国民的英雄」ともてはやされながら決して自分から朝鮮人であることを明らかにする

平和条約締結後の在日韓国・朝鮮人の生活状況

朴在一《パクチェイル》著『在日朝鮮人に関する総合調査研究』（新紀元社、一九五七年、七一頁より）

第二章　在日朝鮮人の生活

「すなわち一九五二年現在に至り、在日朝鮮人の職業人口の六割近くが完全失業化した理由は、鉱、工、土建等の産業労働から閉め出されたためであるし、それが一部は商業方面における朝鮮人企業の進出によってそこに吸収されたというものの、その程度が極めて微弱なものであるが

ことはできませんでした。身近にいた人の話では彼は人目を忍んで閉店後の焼肉屋に通い、母国の味を楽しむことがしばしばあったそうです。

力道山の本名は金信洛《キムシンラク》、出生地は北朝鮮の咸境南道《ハムギョンナムド》という所です。六三年に初めて韓国を訪問し、南北の接点である板門店で、極寒の中にもかかわらずオーバーも上着もシャツも脱いで上半身裸の胸を張り「ウォーッ！」と絶叫しました。それはまるで「兄さーん！」と叫んでいるようだったとのことです。

在日韓国・朝鮮人の多くは「朝鮮人部落」と呼ばれるところに肩を寄せ合うように住んでおり、子どもたちもほとんど明日への希望を見いだせないような状態でした。八一年に引退したプロ野球の張本勲選手は、四〇年生まれですが、中学校を卒業するころの思い出を「僕には他の在日朝鮮人と同じように、夢なんかまったくなかった。ダンプカーの運転手になるか、極道になるしかなかった」と語っています。

特に仕事に就けないというのが最大の悩みでした。六一年にもある病院の付属看護学校を最優秀の成績で卒業した少女が「朝鮮人を採用してはならないという法律があるわけではないが……」と、どの病院からも採用を拒否された悲しみを新聞に投稿しています。

神奈川県内でも次のような新聞報道（前頁）がありました。佐々木さんという方が交通事故で亡くなった事件ですが、家族に連絡すると息子は元気に生きているという。死亡者を調べてみると、佐々木さんの大学時代の友人の鄭《チョン》さんであることがわかりました。佐々木さんは「朝鮮人という肩書では会社に勤めることができなか

ためである。

日本における現在の失業状況は一九三〇年当時よりもさらに深刻であるが、朝鮮人の場合は一九三〇年当時と比べてその状況が根底からして違ってきているのである。何故なれば、今日朝鮮人の失業は部分的な又は一時的なそれとして現われているのではなくて、問題は朝鮮人全般の半永久的な失業という形で現れているからである。

朝鮮人は日本人経営者の一切の職場から追放されたのみならず、失業者的な仕事にもありつきえず、零細自主営業か同胞企業への雇用のほかは糊口の道をすっかり見失ってしまっている。自然的情勢の推移によって在日朝鮮人の職業の現状は今日に糊口しえないのみか将来にますます糊口しえない条件下にあり、現在のみならず将来の在日朝鮮人生活の根

ったから親しくしていた私の名前を使ったのでしょう。常に孤独でさびしそうな人でした」といっている。地元の民族団体の役員は、「まじめに日本の学校を卒業して会社に就職しようとする人はどうしても日本人になりすまさねばできない。臨時工として働いても本工になるときに戸籍謄本を持ってこいと言われて朝鮮人であることがバレて首になった例はたくさんある。確かに差別の問題で我々も県や関係方面に運動したがラチが開かない問題だ。すべての問題は自分たちの国に帰るということで解決するという方向に進んでいる。結婚することもできないのだから」と語っています（「朝鮮の身元かくして　生きるため『日本人』に」『神奈川新聞』五九年十一月五日付）。

昭和34年11月5日 （木曜日）

朝鮮の身元かくして
"生きるため"日本人に

事故死してわかる
就職に友人の名前盗用

南米へ夢ふくらませ
移住船横浜出港 花嫁や一家六人ら

友人の日本名で働いていたことを伝える『神奈川新聞』1959年11月5日付

本問題は正にここにあるものというべきであろう。

〔注〕糊口《ここう》をしのぐ＝かろうじて生計を維持する

李珍宇《イジヌ》の半生

五八年八月、東京小松川高校の女子高生が殺された事件があり、李珍宇という十八歳の少年が逮捕されました。これを小松川事件と呼んでいます。事件後、新聞社に俺が犯人だと電話をかけるなど挑発的な言動があったので、新聞などで冷酷非情な犯人像がつくられます。さらに四月にも別の女性を殺していたことが明らかにされ、凶悪犯の印象が深まりました。

少年法によれば十八歳未満であれば死刑にはしないことになっていますが、李珍宇はそのぎりぎりのところで死刑判決を受け、六二年、宮城刑務所において、二十二歳の若さでこの世を去りました。この間、助命嘆願運動が行われ、また支援者との間で手紙のやり取りがあり、処刑後に一部が公開（朴寿南《パクスナム》編『罪と死と愛と』三一書房、一九六三年、及び『李珍宇全書簡集』新人物往来社、一九七九年）されたことから多くの関心を集めました。

李珍宇は一九四〇年生まれですが事件のときには定時制の高校一年生、住んでいた家の環境はあまりにもひどいものでした。父は日雇い労働者、母はほとんど耳が聞こえず、話すこともできなかったそうです。六人兄弟の二番目、兄は失業中で朝鮮人部落の中でも極貧家庭だったそうです。

むろん生育環境の過酷さをもって罪を正当化することはできません。けれど彼は中学校時代にはクラスの委員を務めるなど明るく、「私は父を愛し、母をも愛し

『李珍宇全書簡集』新人物往来社、一九七九年

ました。親孝行といわれたこともあります」（書簡集一九二頁）というけなげさを持っていました。いったい彼に何が起こったのと問いたくなります。彼の犯行は「理由なき犯行」などともいわれましたが、その底には在日韓国・朝鮮人が抱えている苦難が縮図化していたといえます。とりわけ就職という壁に突き当たったことが、彼を直撃したことは否定できません。結局、彼は小さな鉄工所に入り、次に縫工所、さらにプレス工場で働いていました。裁判での陳述によれば日立製作所や第二精工舎への就職が、国籍が障害になって願書すら受理されなかったという事実があります（同書四五頁）。短い期間に転職が多いのも気にかかります。

また彼は「被告人は現在の社会とかそういうものに対して不満とか反感を持っていますか」という裁判官の質問に、「僕が中学校卒業の時に、ある大きな会社へ勤めることになったとき、外国人、僕の場合、韓国人だというんで採用されなかったことがあるんです。その時ちょっとそういう感情を持ちました」（同書四七頁）と述べています。

李珍宇の境遇は当時の在日韓国・朝鮮人には日常的ともいえるほどありふれたものでした。たとえば栃木県の県立高校を優秀な成績で卒業したある男性は、地方銀行に就職が決まったにもかかわらず、朝鮮人であることがわかって採用を取り消されました。彼は悲観して家出をし、東京で朝鮮人であることを隠して事業所に臨時で入りました。運転免許もとって正規採用になるはずでしたが、朝鮮人であるためにどうしても採用されなかったのです。やむなく帰郷して「なぜ朝鮮人なんかに

小松川事件

生まれたのだ」と両親を責め、自暴自棄に陥ったとのことです。このように前途を悲観し親を含めて「朝鮮」を否定する態度が民族虚無主義と呼ばれました。

これから見ても李珍宇の態度は極めて控えめなものです。むしろそれを大きな声で叫ぶことができたなら、犯罪に至ることもなかったのではないかと推察されます。彼は捕まった時「後に残る両親や兄弟が本国に強制送還されることのないように考えてくれ」と言っています。法律的にはそういう心配はなかったのですが、この一言は実に、刃の上を歩いているような李珍宇の心境をくっきりと物語るものでした。

むしろ問われるべきなのは事件後の同胞（民族）組織の対応ではなかったかと想像される面もあります。もちろん助命嘆願のために献身的ともいえる努力をした人がいなかったわけではありません。けれども一般的にこの事件に胸を疼かせながらも同胞全体の問題としてとらえ返すだけの余裕を持っていませんでした。

朴寿南《パクスナム》さんとの往復書簡

さしあたり李珍宇についての基本的なイメージを描くことができるのは朴寿南さんがまとめた『李珍宇全書簡集』によってです。彼女はこの問題へのかかわりで、民族組織から孤立し、離れていきました。朴さんは李珍宇の事件について「私は、あなたの事件を、環境によるものという一面の見方だけをしているのではありません。むしろ、置かれていた環境から脱け出す手立てをあなたは知らなかったの

朴寿南《パクスナム》
一九三六年生まれ。朝鮮総連の活動家だったころ、小松川事件を知り、李珍宇と手紙によって意見を交換した。その一部を『罪と死と愛と』（三一書房、一九六三年）として出版したが、六八年に出版社に絶版を申し入れた。その頃、組織を離れた。七〇年代後半には、在日韓国・朝鮮人の八〇％が日本生まれという時代になり、民族的自覚に悩む世代が多くなるにつれ、「小松川事件」は改めて問い直されるべきと、往復書簡の他、公判記録、解説を加えた朴寿南編『李珍宇全書簡集』（新人物往来社、一九七九年）を出版した。
その他に『アリランの歌・オキナワからの証言』、『ヒロシマ・朝鮮・半日本人』、『もうひとつのヒロシマ・朝鮮人韓国人被爆者』等の著書がある。

です」（同書一一八頁）と問いかけます。李珍宇の心のあり方に欠けるものがあったのではないかということです。欠けるもの、として「民族意識を持つこと」「祖国を知ることの大切さ」が語られています。朴さんは「祖国というものを失ったまま成長するのはとても不幸なことです。それは『朝鮮人』としての自分の顔を見失ったまま育つのと同じことです」（同書一一八頁）と、祖国と自己の一体化を強調しています。

六〇年代の初め頃は世界的に社会主義がまだ輝きを持って受けとめられていた時代でした。しかも、北朝鮮への帰国運動が盛んに行われ、発展した祖国のイメージが喧伝されていました。韓国では六〇年四月、学生たちが闘いによって李承晩《イスンマン》政権が倒され「統一」が近づいたという気運が生まれました。そのような祖国を知り、それを誇りとすることが自己実現の公式であるかのように考えられていたのです。

朴寿南さん（一九三六年生まれ）は「祖国を失ったまま成長し、朝鮮人であることを放棄している若い二世たちは祖国や、私たち自身が直面している様々な問題について考えることをせず、関心を持とうとしません。……日本にある朝鮮人が祖国をどのように考え、日本という状況の中で、どのように生きなければならぬか、という課題に向かわねばなりません」（同書一八九頁）と呼びかけました。

これに対し李珍宇は「祖国」を相対化してとらえようとしました。彼は、祖国愛は〝祖国〟のためにという熱意を含んでいますが、しかし、この場合、道義的なもの、本来の正しい人間性、人間連帯の上に基づかなければならないと思います」と

また、映像作品として、沖縄に強制的に連行された日本軍「慰安婦」を描いた『アリランの歌』や沖縄戦の史実を発掘した『命の果報』等もある。

主張しています。さらにまた「私は祖国が立派だから、あるいはみじめだからということによって私の中にある祖国愛が左右されることを望んでいません。この祖国愛なるものは『私のために』あるばかりではなく、『祖国のために』という意志を含んでいます。それは常識をはずれた狂的なものであってはなりません。それはいつも人間の上に立つものでなくてはなりませんと書いています。

いわば彼なりに「祖国愛」というものを懸命に呑み込もうとしたのだといえます。しかし李珍宇にとってより大切なのは「私」を生かすことのできる社会環境でした。祖国を知り、それに意識を傾斜させるだけでは、個人がなおざりにされることになります。李珍宇は「私が朝鮮人であることによって、私が生きることは同時に『祖国のために』なっているのです。私自身生きているということは、同時に朝鮮人として生きることにもなるんです」と、むしろ個人として正しく生きることの大切さを述べています。そして彼は言葉を学び始めます。「それなのに死を前にして朝鮮語の一歩をやり始めるというのだ。それを活用する望みもほとんどないというのに！　しかし私はこのことに意味を認めている。言葉はその国の息吹なのだ。それは最も民族的な血肉といえないだろうか。それを活用する、しないは大したことではないかもしれない。大事なことはそれによって私の心がその民族的なものを吸収していくことなのだ。そうしてこそ私は初めて自分の祖先を、祖国を、深く理解していくことになるだろう。私はこの残された生を『きちがい』（原文のまま）のように愛している！　最後のそのような時に私は自分を『진우《チンウ》』と認めたのだ。私は

岡真史さん

作家の高史明さんと当時教員であった岡百合子さんの間に生まれる。一九七五年、十二歳で投身自殺。日記に綴られていた何編もの詩が発見され、後に『ぼくは一二歳』として出版された。

〔参考文献〕高史明・岡百合子編『ぼくは一二歳』筑摩書房／角川書店

林賢一さん

一九七九年埼玉県上福岡市で中学一年生の林賢一君が投身自殺を図り死亡した。当初、学校と教育委員会は「いじめの事実」を否定していたが、のちに両親や教員、在日朝鮮人問題に関わる市民団体との事実確認の交渉過程で、小学校時代から陰湿ないじめにあっていたことが判明した。結局、彼がおとなしい性格だったことや、父親が在日韓国・朝鮮人

『鎮宇《ちんう》』として生きるよりも、『진우《チンウ》』として死ぬ自分を誇りに思う」（同書四〇七頁）

これほどの認識力を持った彼がどうして殺人をしたのか、なぜさしたる抵抗も示さず刑に服することになったのかは明らかになっていません。一部には無罪という説もあるのに、です。推測ですが彼は自ら死刑になることで、同胞に向けられるかもしれない非難を一身に引き受けたのではないでしょうか。

あえていえば李珍宇は変則的な自死をしたのではないかと考えられます。改めて見渡すと在日韓国・朝鮮人には「在日韓国・朝鮮人」であるという事実にかかわる自死が少なからずあります。「書簡集」には朴寿南さんの兄も同じ二十二歳で自死したと書かれています。

五九年一月、東京に住む四十六歳の男性が「日本にいて働けない」と走る列車に飛び込んでいます。神経痛と高血圧で寝たきり、三人の子どもを抱えて生活保護を受けるだけでは暮らすことができないと思い余った末のことでした。

七〇年、帰化者としての苦悩をかかえて焼身自殺した早稲田大学生の山村政明（梁政明《ヤンジョンミョン》、Q5参照）、七五年、僕は宇宙人だと言い残して空に舞った岡真史（小学六年生）、七九年、同級生のいじめに耐えきれずマンションの屋上から飛び降りた埼玉県上福岡市の中学生の林賢一《イムヒョンイル》（中学一年生）……。ほんの一角として現れた彼らの死は民族差別の重圧をあまりに強く背負い込んでしまったとする見方もあります。しかし在日韓国・朝鮮人であることを苦にして早逝《そうせい》してしまうというのを、個人の

であること、その職業が清掃業であったこと等に基づく民族差別であることが明らかに。事件発生当初、自宅を訪問した教員は、明るい顔の賢一君の遺影の下で両親から聞いた事実に衝撃を受けた。

彼は小学六年生の時から、「ニンニク臭い」などと言われていた。亡くなった後に、彼の部屋の本棚の後ろに隠されていた卒業時の級友の寄書きには、「林がする事・自殺」、「ニンニク」などの言葉がたくさん書かれていました。この寄書きを親に隠すために本棚の後ろに隠していた。自分が「朝鮮人」であることでいじめられていることを親に話せば朝鮮人である父親が悲しむ。母親に話せば、いじめているのが日本人であるがゆえにまた母親が悲しむ。彼は両親に言うことも出来ず耐えていた。そして中学になると彼は「雑

性質によるものとばかり決めつけることは少なくともできません。
「小松川事件」は『絞首刑』（大島渚監督）というタイトルで映画になったのをはじめ、小説などのモチーフとしても多く取り上げられています。徐京植《ソギョンシク》さんも「怪物の影」（中野敏男ほか編著『継続する植民地主義』所収、青弓社、二〇〇五年）で李珍宇と梁政明さんを取り上げ、この二人の在日韓国・朝鮮人と二人を生み出した日本社会の問題を忘れないように、と指摘しています。
この事件は北朝鮮への帰国運動の高揚した時期と重なります。徐京植さんは、「怪物の影」で、「この怪物（＝李珍宇のこと）に直面した日本人マジョリティの心理は、自らの国家が行った植民地支配の反省、戦後処理の過程で在日朝鮮人に加えられた理不尽な権利はく奪への批判に向かうのではなく、厄介払いの方向へと向かったのであろう。李珍宇は『あの世』へ、多くの在日朝鮮人は国交のない北朝鮮へと、ていよく追放されたものだ。しかも、『正義』や『人道』の名において」と厳しく指摘しています（徐京植　同書二七〇頁）。

巾」さらに、何をいってもどうしても良い、たんなる「壁」と呼ばれていた。

〔参考文献〕金賛汀『ぼく、もう我慢できないよ――ある「いじめられっ子」の自殺』（講談社文庫）

Q14 北朝鮮への帰国運動とはどういうものですか？

北朝鮮への帰国運動で一〇万人近い人が日本を離れていったのはなぜですか。日本人家族も多かったそうですが、帰国した人たちは、その後どうしていますか。

帰国運動

一九五〇年代の在日韓国・朝鮮人は差別と貧困の中で、ほとんど出口を見出しかねていました。小松川事件（Q13）はそれを最も先鋭化したものといえます。不況で「なべ底景気」といわれた一九五八年、北朝鮮への帰国運動が展開されました。川崎の在日韓国・朝鮮人多住地域である池上新田中留耕地《いけがみしんでんなかどめこうち》（現在の川崎区桜本、池上新町あたり）にある朝鮮総連川崎支部中留分会《なかどめぶんかい》が解放十周年記念集会で日本政府あての帰国促進決議と金日成《キムイルソン》首相あての帰国者の受け入れを要望する手紙を採択したのがきっかけといわれています。

ただし北朝鮮に行きたいという意志表明はこれが最初ではなく、五三年七月に朝鮮戦争停戦により戦後復旧に参加するために帰国を希望する人が現れたのを初めとし、五五年七月、朝鮮総連は在日朝鮮人帰国希望者東京大会を開催、希望者は四一〇名と発表しました。五六年四月には約五〇人の在日朝鮮人が日赤本社を訪問、

在日朝鮮人中北鮮〔注意：原文のまま〕帰還希望者の取扱いに関する件

一九五九（昭和三十四）年二月十三日　閣議了解

一　在日朝鮮人の北鮮帰還問題は、基本的人権に基づく居住地選択の自由という国際通念に基いて処理する。

二　帰還希望者の帰還希望意思の確認と、右確認の結果、帰還の意思が真正なりと認められた者の北鮮への帰還の実現に必要な仲介とを赤十字国際委員会に依頼する。

北朝鮮残留日本人を迎えに行く赤十字船に乗って帰国を要求するなどの動きがありました。

実は同じ頃サハリン（樺太）に住む朝鮮人に対して帰国を促す動きがありました。日本の強制連行によってサハリンに住むようになった人々が、北朝鮮とソ連（当時）の友好関係を背景に帰国したのです。戦争からの復興のために北朝鮮が労働力を必要としたことがその理由でした。けれども北朝鮮に帰った人々は生活条件が劣悪であることを理由に多数が再びサハリンに戻りました。

一九五八年に急激な帰国運動が起こったのは唐突とも言えなくもありません。川崎で帰国希望の決議をしてから、北朝鮮は一カ月もたたない九月八日、共和国創建十周年記念慶祝大会で「在日朝鮮人の帰国念願を熱烈に歓迎し、すべての条件を保障する」と金日成首相は述べました。これ以降、総連は全国各地で政府機関や地方自治体に要請活動を開始し、日本側も十一月には超党派で「在日朝鮮人帰国協力会」を立ち上げました。帰国への期待に応えるかのように、北朝鮮と朝鮮総連は「地上の楽園」であるとの宣伝を繰り返しました。

日本政府はこの動きに素早くゴーサインを出しました。日本と北朝鮮とは国交がないので両国の赤十字社を窓口として、あくまでも「人道問題」という建前で五九年八月に「帰還に関する協定」に調印し、十二月十四日、新潟から第一次帰国船が出港しました。

帰国したのは六〇年が最も多くて四万九〇三六人、六一年二万二八〇一人でし

帰還に関する諸般の事項の処理については、日本赤十字社をして赤十字国際委員会と協議せしめる。ただし、日本側において配船は行なわない。

五九年十二月十四日の帰国第一船

たが、翌六二年には三四九七人に急減し、以後減少傾向になりました。六八年から七〇年まで中断され、七一年から再開されましたが七三年には一〇〇〇人以下となり、八三年は〇人、そして八四年の三〇人を最後に帰国事業は終了しました。帰国者の累計は九万三三四〇人です（金英達・高柳俊男編『北朝鮮帰国事業関係資料集』三四一頁、新幹社、一九九五年）。この中には約六〇〇〇人の日本人家族が含まれています。

その背景と理由

これほど多くの人が集中的に帰国したのには様々な理由が考えられます。第一に在日韓国・朝鮮人が日本で生活することに絶望していたことです。特に大学を出ても就職できないというような差別は耐えられないものでした。

ＮＨＫテレビで人気を集めた連続幼児番組「ブーフーウー」は可愛い三匹の子豚とユーモラスな狼の物語でした。この狼役をしたのは権秉純《クオンビョンスン》という在日韓国・朝鮮人です。権さんは一九七一年十一月、北朝鮮に帰国しました。十年前に帰った父が病気だということと、子どもの将来を考えてのことでした。学齢期の子どもを持つ親にすれば、やはり小松川事件は大きな衝撃だったのではないでしょうか。帰国を前にして、「日本とは何だったのか」という質問に権さんは「やっぱり苦痛だった」と即座に答えています。

第二に北朝鮮が五六年以降社会主義諸国からの援助を受けて朝鮮戦争後の復旧

さよなら日本
〝マンセイ〟に送られ
北朝鮮帰還 静かな見送り
〝受け入れ準備は万全〟
北朝鮮、金副団長語る

帰国第一船を伝える『朝日新聞』一九五九年十二月十五日付

をするために労働力が不足したということです。朝鮮戦争では南北合わせて一二六万人という大量の死者が出ました。韓国の人口ピラミッドを見てみると一九五五年の場合、二十五歳～二十九歳の男性が異常に少ないのです。北朝鮮も事情は同じだったに違いありません。また、在日韓国・朝鮮人がその多くの出身地である韓国ではなく、社会主義の北朝鮮に帰国を希望したとなれば、政治宣伝としても成功したことになります。帰国船をソ連が提供したのもそのような理由があるといわれています。

第三に日本としては植民地支配の犠牲者である在日韓国・朝鮮人が一人でも多くいなくなることを望んでいたということがあげられます。北朝鮮への帰国運動が始まる当時の在日韓国・朝鮮人の生活状況をふりかえりましょう。平和条約が発効した五二年以降、当時の在日韓国・朝鮮人は戦前に就労していた工業、鉱業、建設などの産業から締め出され、しかも日本人経営者から就職差別を受けた結果、零細の自主営業か同胞企業への就労の他は生活の糧を得る道をすっかり閉ざされてしまったのです。自営業といっても金融機関は朝鮮人に融資をしてくれません。戦前外地にいた軍人や一般民間人合わせて約六六〇万人が順次日本に引き揚げてきたことも就労を困難にさせました。公共団体からも民間企業からも就職差別を受けることは、結果として健康保険、年金制度からも排除されることを意味します。その結果、困窮した在日韓国・朝鮮人はいよいよ生活が成り立たなくなると生活保護に頼らざるを得ません。

帰国事業による北朝鮮への帰国者数の年次別推移

資料出所；金英達・高柳俊男編『北朝鮮帰国事業関係資料集』341頁より

年	帰国事業による北朝鮮への帰国者数（単位；人）			
	帰国者計	朝鮮人	随伴家族	
			日本人	中国人
1959年	2,942	2,717	225	0
1960年	49,036	45,094	3,937	5
1961年	22,801	21,027	1,773	1
1962年	3,497	3,311	186	0
1963年	2,567	2,402	165	0
1964年	1,822	1,722	99	1
1965年	2,255	2,159	96	0
1966年	1,860	1,807	53	0
1967年	1,831	1,723	108	0
1968年	中断			
1969年				
1970年				
1971年	1,318	1,260	58	0
1972年	1,003	981	22	0
1973年	704			
1974年	479			
1975年	379			
1976年	256			
1977年	180			
1978年	150			
1979年	126			
1980年	40	38	2	0
1981年	38	34	4	0
1982年	26	24	2	0
1983年	0	0	0	0
1984年	30			
累計	93,940			

空欄は正確な資料が入手できていない

1990年	1,075,317	31,615	2.94	1,014,842	31,615	3.1
1991年	1,218,891	29,850	2.45	946,374	29,850	3.2
1992年	1,281,644	28,484	2.22	898,499	28,484	3.2
1993年	1,320,748	28,114	2.13	883,112	28,114	3.2
1994年	1,354,011	28,251	2.09	884,912	28,251	3.2
1995年	1,362,371	28,237	2.07	882,229	28,237	3.2
1996年	1,415,136	28,530	2.02	887,450	28,530	3.2
1997年	1,482,707	28,788	1.94	905,589	28,788	3.2
1998年	1,512,116	29,625	1.96	946,994	29,625	3.1
1999年	1,556,113	30,841	1.98	1,004,472	30,841	3.1
2000年	1,686,444	32,858	1.95	1,072,241	32,858	3.1
2001年	1,778,462	35,138	1.96	1,148,088	35,138	3.1
2002年	1,851,758	38,391	2.07	1,242,723	38,391	3.1
2003年	1,915,030	41,980	2.19	1,344,327	41,980	3.1
2004年	1,973,747	44,960	2.27	1,423,388	44,960	3.2
2005年	2,011,555	46,953	2.33	1,475,838	46,953	3.2
2006年	2,084,919	48,418	2.32	1,513,892	48,418	3.2
2007年	2,152,973	49,839	2.31	1,543,321	49,839	3.2
2008年	2,217,426	51,441	2.32	1,592,260	51,441	3.2
2009年	2,186,121	60,956	2.79	1,763,572	60,956	3.5
2010年	2,134,151	68,965	3.23	1,952,063	68,965	3.5
2011年	2,078,508	73,030	3.51	2,067,244	73,030	3.5

注１）外国人総数は在留外国人統計で59年度までは年度末現在、60年度からは年末現在
注２）被保護外国人の1952年、53年度は年平均、57年度は6月から58年3月までの平均値
注３）生活保護受給者総数には外国人の生活保護受給者数も含まれる
注４）保護率は各年10月1日現在の推定人口に対する生活保護受給者の割合
注５）被保護外国人数とは、世帯主が外国人である生活保護世帯に属する人員数で、世帯主以外の世帯人員が日本国籍を有している場合も含まれる。
資料出所）厚生労働省『2012年版生活保護の動向』（福祉行政報告例、在留外国人統計等）

年次別外国人総数と生活保護受給者数

年次	外国人総数	被保護外国人	保護率%	全被保護者数	被保護外国人	保護率%
1952年	593,955			2,042,550		
1953年	619,890	91,250	14.77	1,922,060	91,250	4.7
1954年	619,963	119,557	19.28	1,881,687	119,557	6.4
1955年	641,482	137,395	21.42	1,929,408	137,395	7.1
1956年	638,050	109,765	17.20	1,775,971	109,765	6.2
1957年	667,036	85,023	12.75	1,623,744	85,023	5.2
1958年	679,071	81,660	12.03	1,627,571	81,660	5.0
1959年	677,821	85,001	12.54	1,669,180	85,001	5.1
1960年	650,762	74,548	11.46	1,627,509	74,548	4.6
1961年	642,566	64,025	9.96	1,643,445	64,025	3.9
1962年	645,633	59,621	9.23	1,674,001	59,621	3.6
1963年	653,932	59,766	9.14	1,744,639	59,766	3.4
1964年	661,783	56,542	9.54	1,674,661	56,542	3.4
1965年	666,588	52,192	7.83	1,598,821	52,192	3.3
1966年	669,953	49,548	7.40	1,570,054	49,548	3.2
1967年	677,849	45,632	6.73	1,520,733	45,632	3.0
1968年	687,650	40,981	5.96	1,449,970	40,981	2.8
1969年	701,048	36,965	5.27	1,398,725	36,965	2.6
1970年	711,172	33,301	4.68	1,344,306	33,301	2.5
1971年	721,834	31,210	4.32	1,325,218	31,210	2.4
1972年	736,040	30,873	4.19	1,349,000	30,873	2.3
1973年	740,977	29,469	3.98	1,345,549	29,469	2.2
1974年	747,736	28,984	3.88	1,312,339	28,984	2.2
1975年	750,716	30,539	4.07	1,349,230	30,539	2.3
1976年	755,939	32,163	4.25	1,358,316	32,163	2.4
1977年	762,008	33,703	4.42	1,393,128	33,703	2.4
1978年	768,001	34,540	4.50	1,428,261	34,540	2.4
1979年	775,338	35,051	4.52	1,430,488	35,051	2.5
1980年	782,910	35,752	4.57	1,426,984	35,752	2.5
1981年	792,902	37,143	4.68	1,439,226	37,143	2.6
1982年	803,247	38,126	4.75	1,457,383	38,126	2.6
1983年	820,122	38,490	4.69	1,468,245	38,490	2.6
1984年	836,092	38,600	4.62	1,469,457	38,600	2.6
1985年	850,612	38,844	4.57	1,431,117	38,844	2.7
1986年	867,237	38,233	4.41	1,348,163	38,233	2.8
1987年	884,059	37,615	4.25	1,266,126	37,615	3.0
1988年	941,005	36,315	3.86	1,176,258	36,315	3.1
1989年	984,455	34,430	3.50	1,099,520	34,430	3.1

平和条約締結によって、「日本国籍を喪失する」とされた在日韓国・朝鮮人は国籍を理由に差別を受ける立場に立たされました。

　厚生労働省『生活保護の動向』によると、五五年の日本人を含む被保護者総数に占める外国人被保護者数の割合は七・一%、外国人登録者全体に占める外国人生活保護受給者の割合は二一・四%となっており、戦後で一番高い数値を示しています（一四八～一四九頁の表）。朴在一《パクチェイル》氏は『在日朝鮮人に関する総合調査研究』で「もし現行生活保護法が日本人に適用されるがごとく、朝鮮人の生活状態にも適用されるならば、在日朝鮮人に対する生活保護は上述してきた通りにその六、七割を占める失業者全部に大なり小なり適用されなければならない。その場合に在日朝鮮人の被保護率は現行の三倍になることになる。従って在日朝鮮人の『要保護生活状態者』の中で実際に生活保護を受けているものはその三分の一にしか過ぎないことになる」（一四八頁、新紀元社、一九五七年）と指摘しています。

　こうした現実から日本政府、日本社会にも「厄介者払い」の意図が存在しました。五九年一月十日の『毎日新聞』社説は「彼ら（在日韓国・朝鮮人をさす）に対する生活保護費の増加、貧困を主因とする犯罪の横行に手を焼いている。帰ってもらえれば、それに越したことはない」と述べています。当事者の日本社会に対する絶望から祖国への脱出願望、北朝鮮にとっては社会主義体制の優越性を誇示し朝鮮戦争後の復興への労働力、技術力の活用、日本政府にとっては「厄介者払い」というイデオロギーの対立を超えた三者の奇妙な利害の一致が見られたといえます。

在日韓国人北送反対全国断食抗争団

声明　一九五九年九月

一　わが同胞の北送はあくまでも打算から割出された政治的なものであって、決して人道によるものではない。

二　わが同胞の北送は共産系朝総連と日本政府とが貧困同胞を一人でも多く日本国内から追放せんと仕

日本赤十字の役割

日本政府の声を代弁して帰国事業を推進したのが日本赤十字社で、井上外事部長は日本赤十字社『在日朝鮮人帰国問題の真相』（九頁、日本赤十字社、一九五六年）の中で次のように述べています。「……即ち、日本政府は、はっきり言えば、厄介な朝鮮人を日本から一掃することに利益を持つ。……日本にいる朝鮮人を全部朝鮮に強制送還できたならば（中立系の人々はそれを恐れている）、日本の人口過剰の点からみて利益があるかどうかは暫く別とし、将来長い眼で見た場合、日本と朝鮮との間に起こり得べき紛争の種子を予め除去したことになり、日本としては理想的なのである。……反って在日朝鮮人の問題さえ片付けば日本側としてはサバサバして、日本と北鮮（原文のママ）との関係は寧ろ問題がなくなってしまうことになる」。

また、「問題は失業のしわ寄せが朝鮮人に集中していることにある。彼らの大半は日本の経済が繁栄しようが——衰微すればなおさらのこと——失業をまぬがれず、恒久的失業者層を形作っている。これは日本を去るより救済の途がない。仮にあったとしても到底急場に間に合うものではなく、問題は緊急処理を要する」（『在日朝鮮人の帰国問題はなぜ人道問題であり緊急処理を要するのか』五頁、日本赤十字社、一九五九年）とも語っています。「在日朝鮮人引揚の問題は、日赤の考えでは何処までも人道問題であり、政治問題ではないが故にこれを援助している」（『在日朝鮮人帰国問題の真相』一七頁）と言いながら、差別、貧困対策に何も取り組まず、結局は追

組んだ巧妙な芝居演出である

三　略

四　略

五　一旦送還された者は、金輪際帰ってきてはならないと案内書に書いてあるが、行った所が地獄であった場合、これらの人たちはどうなるだろうか。「人道」といい、「居住地選択の自由」というならば、あなた方国際赤十字の権威にかけても同胞の再入国の道を開くべきである。日本に帰るのが駄目なら彼らの祖国である韓国にでも帰れるよう、強力な何らかの条約機構を作るべきである

〔解説〕一九五九年九月二十一日から二十六日まで大韓青年団代表五二名によって東京都芝公園で在日同胞の北朝鮮への帰国に反対する断食闘争が行われた。この抗争団の決議文で、レナー赤十字国際委員会代表へあてたものである。

〔参考文献〕林茂澤『在日韓国青年同胞の歴史』二二三頁、新幹社、二〇一一年

放を推進するものだったとしか言えないのです。

帰国運動に反対の意見

帰国運動に対しては反対の声も当然ありました。韓国政府は進行中の日韓会談を中断して抗議し、在日韓国・朝鮮人の中でも帰国だけが「人道ではない」と異議を唱える人もいました。もし本当に在日韓国・朝鮮人に対して人道主義を実行するのであれば、日本で生きていける手立てを整えることこそ切実な課題だというのです。

国に帰るという喜びは、同時に日本を離れることへの辛さを伴うものでした。

作家・故金鶴泳《キムハギョン》さんは、小説「錯迷」(初出『文藝』一九七一年七月号)で、当時の帰国船に乗る娘を見送る家族の情景を次のように描いています。

「……そのとき、甲板の上の明子の表情がさっと変わった。それまで静かに無表情だった明子の顔に、急に動揺の色が走った。まるで自分は今初めて母や家族から一人離れ、見知らぬ土地に行こうとしているのだということを、初めて真に悟ったかのごとく、私にはなじみの深いあの怯えの表情がにわかに明子の顔に浮かんだ。するとと、もはや母のことを『オモニ』と呼ぶようになっていたはずの明子が、突然、以前の明子に立ち返って、こう呼び始めた。

「お母さん!　お母さん!」

明子は上半身を舷の外に乗り出し、蒼ざめた顔で、呻くような声で叫んだ。

「明子！　明子！」

と母も泣きながら叫んだ（中略）

涙をポロポロ流しながら、明子ははらわたに沁みる鋭い声で、何度もそう叫んだ。

船が急ピッチで岸壁を離れていく」

前を向いて帰国する祖国、北朝鮮に夢を膨らませていましたが、船に乗ったとたんに過去を思い起こし、家族、同胞や日本社会とのつながりが断たれること、また、自分が在日韓国・朝鮮人であることを一瞬にして意識したのかもしれません。この先、親子であるにも関わらず、自由往来が実現できず、再会できなくなることを暗示しているようにも読める、心に沁みる文章です。

帰国者の苦労

しかし日本にいても在日韓国・朝鮮人の抱えている問題への打開策が示されるわけではなく、結局は「自分の国に帰ることはいいことだ」という大合唱の前に、寂しさや不安はかき消されてしまいました。帰国さえすれば衣食住に何の心配もないといわれましたが、帰国者から伝わってくる消息ははかばかしいものではありませんでした。実情は耐乏生活の日々だというのです。

帰国者から様々な日用品を送ってほしいという要望が日本に残る家族のもとに届きました。ある人は帰国後、「鉱山に配置され『雨具、運動靴、地下足袋、作業ズボン、軍手、タオルと石鹸、おもちゃなど』が一番困っている」と知らせてきました。多くの手紙を総合すると食料品はもちろんのこと、衣料品、日用家庭用品、学用品、医薬品に至るまで不足しない物はないといっていいほどでした。

北朝鮮の実情が明らかになるにつれ、帰国の足は遠のきました。六〇年以降、オリンピック景気などもあって日本が高度成長期に入り、在日韓国・朝鮮人にも末端の労働部門の仕事が回ってきたことも帰国を思いとどまらせる要因になりました。

帰国した人々には日本へ再入国する道が全くと言えるほど閉ざされているので、暮らしぶりはなかなか公に伝わってきませんでした。祖国との自由往来や日朝国交回復を求める運動が続けられていますが、現在も実現していません。

日本赤十字は、表向きは「赤十字は政治的な行動に関わらない」との理由から祖国との自由往来などに熱心な反応を示さなかったのです。しかし、それは表向きの理由で、赤十字国際委員会幹部との会談で井上外事部長は「日本政府ができるだけ多くの朝鮮人を厄介払いにしたいと考えていて、この行ったり来たりを支持する気はない」からと、その本音を語っています（テッサ・モーリスースズキ『北朝鮮へのエクソダス』三二〇頁、朝日新聞社、二〇〇七年）。

一九九〇年代になってようやく想像以上に厳しい現実がわかってきました。日本からの帰国者は言葉や習慣、文化の違いから戸惑うことも多く、一党独裁の政治体制にも適応できず、物心両面にわたって苦しい生活を送ることになります。帰るときに持参したもの、家族からの贈り物を順番に売って食べ物に換えましたがそれも底をつくとお手上げの状態になりました。生活に不満を言うと反社会的行為とみなされ逮捕されることもあります。中には収容所に連れて行かれて再び家族のもとに戻って来られなかった人もいます。

北朝鮮への帰国運動は帰らなかった人にも、北朝鮮は素晴らしい国だというイメージを植え付ける役割を果たしました。国の名を高めるという意味では大きな効果があったことは確かです。しかしどれほど真実に裏打ちされたものであったのかは首を傾けざるを得ません。

ましてや帰国者を家族に持つ在日韓国・朝鮮人はその帰国した家族の生活を守るために援助を続けないわけにはいかず、まるで人質を取られているような状態に置かれました。

冷静に見れば朝鮮戦争が終わって数年しかたたない北朝鮮が「地上の楽園」であるはずがなかったのです。日本への失望と、祖国への期待が入り混じって幻想を生んだといえます。帰国者は日本及び在日韓国・朝鮮人と深いかかわりを持った人々です。家族として日本海（東海）を渡った日本人も含めて、彼らの人権を守るためにも、彼らがその後どうしているのか、目をそらすことはできません。

Q15 寸又峡事件とはどういうものですか?

一九六〇年代にはどういう状況におかれていたのですか。民族差別の不当性を訴えた寸又峡事件というのがありましたが、どんなことだったのですか。

北朝鮮への帰国運動の波が静まって、在日韓国・朝鮮人は改めて日本での生活に立ち向かうことになりました。

一九六〇年、大規模な反対デモの中で日米安保条約が改定されて以後、日本は高度経済成長をめざす政策をとりました。その余波として在日韓国・朝鮮人も、次第に「失業状態」からは脱していくようになりました。差別は相変わらずですが骨身を惜しまず働くことで補いながら、徐々に生活基盤を築いていったのです。

一方、韓国では同じ六〇年四月十九日に学生たちが立ち上がって李承晩《イスンマン》独裁政権を倒し、八月十五日の解放記念日には、北の金日成首相は南北連邦制を提起し、朝鮮戦争の惨事を越えて、統一を議論する気運が高まりました。韓国側でも六一年五月、「南北学生会談歓迎、統一促進決起集会」が開催され「行こう北へ！　来たれ南へ！　会おう板門店《パンムンジョム》で！」などのスローガンが叫ばれました。それは在日韓国・朝鮮人にとって統一に参与し、統一すれば帰国できるという願望を未来に託すことにより、「在日」している姿を位置付けることにもつながっていきます。

解放の前後に生まれた多くの二世にとって、少年時代は朝鮮人であることに心を締め付けられ、それを人に知られないようにと神経を使うような毎日でした。親たちの民族衣装、ペチャンコで先のとがった靴、朝鮮語なまりの日本語など、民族を表すようなすべてが疎《うと》ましく、生きる喜びどころか自己嫌悪に陥ったのです。ある人はそれを「暗い冬の日」と形容しています。

六〇年代になって、北朝鮮への帰国運動の熱気も冷めやらぬ中「祖国自由往来運動」が繰り広げられ、更には日韓条約に反対する運動が高揚するにつれ、若者は祖国に目を向けるようになりました。朝鮮人であることをなにも否定する必要はないという、価値観の転換が行われたのです。いかにして朝鮮人の内実を獲得するかが新しいテーマになりました。しかし、定住していくためにどうやって生活権を獲得するのかという展望についてはほとんど語られることはありませんでした。民族運動は「祖国の統一」や「帰国・建国」といった勇ましいスローガンが掲げられました。この頃の学生、青年の運動は目標が明確で、意気軒昂であったといえます。運動にかかわることで、同じ民族の仲間を得て、初めて心置きなく話し合えるという解放感を持つことも多くありました。

一九六五年に日韓条約が締結され、六六年一月、協定永住申請（許可を受けると同時に外国人登録の国籍欄は韓国に変更される）が始まると、北朝鮮を支持する朝鮮総連と韓国を支持する韓国民団が正面から対立するようになったのです。いわばそれ

一万五〇〇〇人が参加した法的地位「要求貫徹中央民衆大会」（六五年六月十五日、東京・日比谷音楽堂）

は韓国籍をとることの是非をめぐって南北の代理戦争のような感じさえ見受けられました。

いいかえれば六〇年代はあまりに政治的な関心が強く、在日の実態（胴体）と意識（頭）とが分裂していました。現実には就職、進学、住宅、結婚その他の差別に悩んでいるのに、北か南かという対立に明け暮れていたのです。在日韓国・朝鮮人の集住地域などでは「あそこの家は民団《みんだん》サラム（サラムは人の意味）、この家は総連《チョンニョン》サラム」などという言葉が使われていました。

金嬉老《キムヒロ》の半生

そうした現実の中で起きたのが寸又峡《すまたきょう》事件といえます。それは一九六八年二月、静岡で暴力団員二名を射殺した金嬉老《キムヒロ》が寸又峡温泉に立てこもって、これまで受けてきた警察官による数々の暴言など民族差別の不当性を訴えた事件でした。金は手形を担保に借金をし、中古自動車で代物弁済したにもかかわらず、その手形が暴力団の手に渡って追いつめられ、取り立てに来た二人をライフル銃で撃ちました。彼は償いとして自死する覚悟で遺書も書いていたのです。しかしその半年前から「てめえら朝鮮人は日本に来てろくなことをしない」などと差別的な暴言を投げつけられたことに決着をつけるため、寸又峡に行き警察に電話をかけました。

ライフル銃とダイナマイトを持っていたことから、新聞では「恐怖のライフル魔」と書き立て、旅館経営者を含む一三人が人質に取られたとして非難の的になり

金嬉老《キムヒロ》の生い立ち

一九二八年十一月二十日、静岡県清水市で出生。父は釜山出身の権命《クォンミョン》述《スル》、母は同じく釜山出身の朴得淑《パクドクスク》である。戸籍では本名「権嬉老」で、父の通名をとって近藤安広と呼ばれていた。父は土方、沖仲士などの仕事に従事して、金嬉老が三歳の時、荷役作業中に事故死。

五歳の時に母は金鐘錫《キムジョンソク》と再婚。義父の通名により金嬉老も「清水安広」と呼ばれた。金嬉老は義父と不仲になって実父の弟（叔父）に一時期預けられるがそこも逃げ出して母と暮らす。小学三年生の時、梅干しだけで穴だらけの弁当箱をひっくり返されてケンカとなり、担任の教員に暴力を受けて以来通学をやめる。

十二歳頃から東京の八百屋などに奉公するが長続きせず実家に帰り豚の飼育を手伝う。十三、十四歳の頃

ました。籠城から五日目、金は新聞記者に変装した一〇人の警官に取り押さえられました。しかし意外なことに「人質」たちとはきわめて打ち解けた様子であったことが、のちに明らかにされています。その中の一人は「金嬉老は『子どもの時から、朝鮮人であるためにいじめ抜かれた。一体朝鮮人のどこが劣っているのだ』といっていたが一理あると思った。金は悪い奴には違いないが妙な同情心がわいた。凶悪犯という感じがしなかった」と語っています。

この事件の悲惨さは殺人という異常事態、そして自らの死を覚悟する中でしか民族差別を告発できなかったという点です。その結果、マスコミは恐怖感ばかり煽り立て、最も本質的なメッセージをないがしろにしたのです。在日韓国・朝鮮人の中からは金嬉老の心情を理解しつつも、彼のとった方法が日本人から反発を買うことを恐れる空気の方が強くありました。

金嬉老は一九二八年生まれの二世です。つまり少年時代を戦前の日本で過ごした数少ないケースということになります。父は朝鮮人であるがゆえに危険の伴う仕事に就かざるを得ず、彼が五歳のとき事故死しています。母一人が必死に子どもを育てる極端な貧しさの中で、小学校に上がる前から彼は言葉に尽くせぬ差別を受けました。彼は「私は子どもの頃、野原に菰《こも》をかぶって寝たこともありました。お腹がすいて食べるものもなくて、畑のサツマイモを生で食い、茄子を生で食い、かぼちゃを生で食ったことがありました。実際の話なんです。そういういろんな経験の中で、夜になればみんな親に手を引かれて家路をたどるのに私は帰る家もなくて放浪生活

再び家出して下関で船乗りになるが、持っていた時計が盗品とみなされ少年院に送られ、十七歳の時に敗戦を迎えた。義父が通名を金岡に変えるにしたがって金嬉老も通名を「金岡安弘」に変えた。

をして歩いて、亡くなった父を慕ってみたり、随分と苦しい精神状態に追いやられたこともありました。しかし私は、ただ母の愛情に支えられ、母親の子どもを思う心にひかされて、自分なりに一生懸命生き抜いてきたつもりです」と語っています。

小学校三年生のとき、母が作ってくれた弁当（それは麦飯と梅干だけのみすぼらしいものだった）を級友が蔑んでひっくり返したことから大喧嘩となります。しかし担任の先生は一方的に金を殴りつけ、彼は「学校というものは僕たち朝鮮人の行くところじゃない、もう学校なんか死んでもいやだ」（金嬉老公判対策委員会編『金嬉老の法廷陳述』一五頁、三一書房、一九七〇年より）と放浪じみた生活をするようになりました。

十二歳のとき八百屋に奉公に出されたのを皮切りに働くのですが、どこへいっても侮辱に耐えきれず、仕事は長続きしませんでした。行き場を失って刑務所に入るような暮らしになりますが、彼はそこで発奮して勉強し、自動車整備技師の国家試験に合格するほどの知識と技術を身につけます。それでも待っていたのは就職差別でした。ようやく飲食店を経営して落ち着くかに見えましたが、十年間生活を共にした妻が「あんた朝鮮人だったのね」といって去ってからは孤独になり、自暴自棄な気持ちになっていきます。

再び立ち直ろうとする矢先に近くで喧嘩があり、通りかかったその場で刑事が民族差別に満ちた暴言を吐いているのを聞きました。我慢ができず電話で抗議したところ、逆に「朝鮮人はそれぐらいのこと言われて当たり前」と突き放されます。

チョッパリとは

韓国語でチョッパルとは牛や豚のように蹄《ひづめ》が二股になったものを指す（猪足）。植民地時代、日本人が下駄や草履を履いていたことから、日本人を揶揄する意味でつかわれた。戦後日本の在日朝鮮人社会では、片親が日本人である人や、日本国籍を取得した同胞に対して「中途半端な在日韓国・朝鮮人」というニュアンスで、半分、チョッパリであるとして彼／彼女らに向けられていた言葉。韓国・朝鮮人もまた、「血統」や「国籍」に囚われていたことを示している。また、韓国社会では在日韓国・朝鮮人に対して、「韓国語のできない日本人化された同胞」という意味彼は「ようし、お前がそういうことをいうのなら俺は必ず大きな社会問題にしてみせる」という怒りを表します。しかし一方では「どうせ俺はもう生きる希望を失った人間だ」、「もう生きるのも嫌だ」と感じるような精神的打撃を受けました。こうした錯綜した気持ちの中で事件が起こるわけです。

ことの顚末は咎《とが》めを受けないわけにはいきません。またその後の行動にも首を傾げるしかない出来事もありました。見方を変えれば彼は民族差別を糾弾する「説法者」ではなく、世俗にまみれた「生活者」でした。

金嬉老の姿は小松川事件の李珍宇と重ね合わせて考えないわけにはいきません。朝鮮人としての苦労はいやというほどさせられるのに、決して朝鮮人としては生きることのできない現実がそこにあります。在日韓国・朝鮮人の一世は、二世のいわば朝鮮人でもなければ日本人でもない、そうした姿を「パンチョッパリ（半日本人）」といって嘆きました。むろんそのようにしか育つことができなかった日本の現実への恨みもあり、豊かな民族性を与えられないことへの自責の念もあったに違いありません。けれども「パンチョッパリ」（半日本人）という言葉で否定される当事者には絶望が残されるだけでした。

金嬉老は法廷で「私は今も日本を第一の故郷としていますし、日本語以外には何もしゃべれません。自分の国の歴史も詳しく知りません。自分の国の年寄りに対しての礼儀作法、応対の仕方も知りません。いうまでもなく、私は日本人ではないのです。日本人ではないのに日本人より流暢に日本語を話すことができると私は思っ

で使われたことがあるが、これも在日韓国・朝鮮人の戦後史に対する無理解から生じたものである。

〔参考〕
・小林勝「蹄の割れたもの」『チョッパリ』小林勝小説集所収、三省堂、一九七〇年
・李恢成「半チョッパリ」一九七一年

ております」「でも私は、頭を下げて日本に置いてくださいと、そこまではできません。なぜなら私には立派な祖国があるということを初めて誇りを持って言えるからであります。私はそれに対して『日本よ、私に祖国の言葉を返してくれ！　日本よ！　私に母国語の生活感情を返してくれ！』日本国中へ、私は叫んでやりたいのであります」（同書一六二～一六三頁）と述べています。

金嬉老の思いはまた一九七〇年に自死した山村政明にも連なります。山村は「ぼくは半日本人ともいうべき非条理な自己の存在を納得することはできない」「ぼくは中途半端な半日本人として生きるより朝鮮人として生きることを強く願った」（山村政明遺稿集『いのち燃えつきるとも』二四頁、大和書房、一九七一年）という言葉を残しているからです。

しかしながら、パンチョッパリであることを乗り越えて、朝鮮人らしくなれば問題が全て解決するとも言い切れません。むしろその事実を素直に受け止めることができれば、もっと肩の荷は軽くなったかも知れないのです。自己変革によって視界が開けることもあるのも確かですが、同時に社会が変わるのでなければ同じような問題は繰り返し生まれてきます。

公判対策委員会の発足——日本人の市民運動

日本人の研究者や市民運動家なども、金嬉老公判対策委員会という支援活動を立ち上げ、その設立にあたり以下のような文章を発表しました。

「思いもかけなかったその行為によって鋭い衝撃を私たちに投げつけた金嬉老は、いま獄中にあって自身の〈犯罪〉に対する裁判審理を待ち受けている。そしてその裁判が仮に権力側の恣意的なペースで開かれるとすれば、金嬉老の〈犯罪〉は単純にいわゆる刑事事件の範囲のみ審理され、その上で判決が下されることになろう。……私たちが無作為の結果としての同意によって事態を静観するか、あるいは金嬉老に対する裁判をただ見過ごすとすれば、私たちは逆に、誰がどのような資格と責任において金嬉老を裁きうるのかという問いに答える義務がある。……私たち委員会の発足は同時に、問題の個別性と具体性を飛び越えて、ある場合には偽善にもなりかねない一般的、観念的同情論に還元してしまいがちな私たちの傾向への反省にも一つの理由をおいている。私たちは観念的な自己満足に陥ることなく、金嬉老をあくまで具体的人間として見つめ貫くことによって私たちの思想を深めていきたい。このような態度と行為以外に、この〈事件〉の根源にある日本人と在日朝鮮人の全体的な問題への展望と解決の糸口を発見する方法はないからである。以上の意味から私たち委員会は金嬉老〈裁判〉に積極的に関わることによって法廷を探求と認識の場にしていくことによって、この〈裁判〉それ自体を、原理的に否認し、金嬉老〈裁判〉を、日本の中の朝鮮、朝鮮の中の日本を明日に向かうものへつくりかえていくことの第一歩とすること、そういう努力の一つとすることを自らの課題としている。そしてこの課題をどこまでも追求することが、告発者としての金嬉老を真に弁護する道であることを、私たち委員会は確信している」というものでした〈金嬉

老公判対策委員会編『金嬉老の法廷陳述』二七〇頁)。

在日韓国・朝鮮人問題への思想的、実践的な取り組みの嚆矢《こうし》といえるものであり、次のQ16で触れる日立就職差別裁判の支援活動に大きな影響を与えました。

しかし、金嬉老は七五年十一月、最高裁で無期懲役が確定し服役しました。彼は「しかし私は、朝鮮人であるがゆえに民族差別を受けて、大なり小なり迫害を受けたからと言って、日本国民全体を恨んでいるわけではありません。ただいつまでもそういうことでもって、日本人と朝鮮人の間がしこりのようなもので、うわべだけの付き合いでいくのだったら、必ずいつまでたってもお互いの和解はないと思うのです」と訴えかけています。この言葉は今日においてなお、新鮮な響きがあります。

「寸又峡事件」はビートたけしの主演でテレビドラマ化され、韓国でも「金の戦争」という映画がつくられました。金嬉老は一九九九年九月仮出所し、日本へ再入国をしないことを条件に韓国に出国しました。そして、つい四年前「体も弱くなった、死ぬ前に静岡にある母親の墓参りがしたい」と、日本への入国を求める法務大臣宛ての嘆願書を書く準備を始めたころ、滞在地の釜山《プサン》でその生涯を閉じました(八十一歳)。「金嬉老事件は日韓の過去の歴史の問題を呼び覚まさせた。過ちを犯した元受刑者はヒーローではないが、ただの犯罪者でもない。在日四世、五世の時代になったが彼の記憶は風化しても、彼が突き付けた日韓の過去の問題は風化しない。韓国併合一〇〇年の年に亡くなったのは、ある意味でシンボリックだ」と在日二世の政治学者・姜尚中《カンサンジュン》氏は述べています(『朝日新聞』二〇一〇年三月二十六日付)。

Q16 日立就職差別裁判とはどういうものですか？

就職試験に合格したのに採用されなかったのはどうしてですか。画期的な裁判といわれますが、その後どういう影響がありましたか。

一九六五年、日韓条約で国交が正常化したことに伴って、在日韓国・朝鮮人と母国との距離が一挙に縮まりました。特に韓国へ留学したり、夏休みを利用して韓国で短期研修が受けられるようになったことは、自分の国に直接触れる絶好の機会となりました。民族的な内実を埋めようと多くの若者が生まれて初めて祖国の土を踏んだのです。

夏季研修に参加したある学生はその感想を「上陸後、特別列車でソウルに向かって出発した。目に映る何物も我らの感情を盛り上げないものはなく、乗っている列車の内部構造を、車窓から見える民家を、その裸電球を。釜山のネオンを、踏切で待つ同胞を、非常な関心を持って見つめていた。それらの全てのものが我々を刺激し、ある興奮状態へ追いやった」と綴りました。

けれども交流が盛んになるにつれ初期の感動は平静を取り戻していきます。逆に在日韓国・朝鮮人と祖国との間には越えがたい溝があることを実感するようにな

付 就職差別について報道する記事。『朝日新聞』一九七一年一月十三日

りました。韓国の人々が期待するのは言葉も習慣も熟知した、自分たちと寸分違わぬ韓国人でした。しかし日本で生まれ育ったものにはその期待を充たすことができません。それがあるならわざわざ韓国に行く必要もなかったかもしれないのです。

ある学生は「祖国の土を踏み／言い知れぬ違和感を抱く／厳しき人々の誇りが／ウリマル（我々の言葉＝母国語）の話せぬ屈辱に／汗ばませる」という詩を書いています。本国の多くの韓国人は、在日韓国・朝鮮人の戦前戦後の日本社会での生活についてよく知らなかったのです。また、この頃は韓国も発展途上国としてお互いに同胞として、相手の置かれた状況をありのままに受けとめる余裕がまだなかったともいえます。

こうした経験を通して在日韓国・朝鮮人は、本国にいる韓国人とは違う歴史と文化、生活史を持っている、本国の韓国人と同じようになることはできないという感覚が静かに広がっていきました。日本において外国人であることは確かであるが、本国の「国民」と同じかと言えばそうではないというものです。同じことは北朝鮮を支持する立場の人についても言えます。国や組織のあり方に疑問を持ち、距離感を持ってみるようになった人が徐々にふえました。

協定永住の申請や、外国人登録の国籍欄を韓国から朝鮮に再び書き換える運動（国籍書き換え運動と呼ばれた）などを通して民族団体が激しく対立したことも、在日韓国・朝鮮人に当惑を招きました。「在日朝鮮人」と呼ぶべきか「在日韓国人」と呼ぶべきかという混乱の中で、むしろ南北を同時的に見る必要に迫られました。「在日韓国・朝鮮人」という便宜的な表現はこうした葛藤の中から生まれたものです。

　自分の足元を見つめるべきだという思いから、国を知り国につながることだけが在日韓国・朝鮮人の生き方ではないのではないか、もっと「在日」という事実に即した問題に取り組むべきだという意識があちこちに芽生えてきたのです。いわばコペルニクス的転換ともいえるものでした。その背景には日本生まれの「在日世代」が社会に進出しはじめたということが挙げられます。日本もまた六四年に東京オリンピックを開催し、七〇年には大阪・万国博覧会を開催し、高度成長を謳歌していました。戦後の民主主義教育は「差別は許されない」、「努力すれば必ず報いられる」と教えてきました。在日韓国・朝鮮人が日本社会に対して「期待」と「幻想」をいだくようになったとしても何の不思議もありませんでした。

　いうまでもなく七〇年代の日本にも差別はありました。東京大学を卒業した人でも、面接のたびに「あなたは外国人ですか?」と聞かれ、結果は不合格という状態でした。福岡県の公立高校を出て大阪の機械工場へ就職が決まった青年も、初出社の日に解雇されました。戸籍謄本から朝鮮人とわかったためでした。

日立製作所の就職差別を提訴

　七〇年十二月、愛知県西尾市に住む朴鐘碩《パクチョンソク》さんは有数の大企業である日立製作所に対して国籍を理由とする民族差別に基づく解雇の不当性を訴える訴訟を起こしました。これは在日韓国・朝鮮人が起こした、史上初めての民族差別に基づく就職

朴君を囲む会編『民族差別　日立就職差別糾弾』亜紀書房、一九七四年

差別の取り消しを求める裁判でした。

朴さんは五一年に生まれ、日本の高校を卒業しましたが、韓国籍であるため希望の会社には就職できず、プレス工として勤務していました。しかし、日立製作所ソフトウェア戸塚工場の募集広告を見て、何としてもここで働きたいと思い、受験しました。その時の気持ちを彼は裁判所に提出した上申書の中で「勇気を出せ！日本の最高の社会は、日本の最高の技術は、君に手を差し伸べている。君の才能をここで生かそうと思わないのか、と私に呼びかけてくれているような気がしました」（朴君を囲む会編『民族差別　日立就職差別糾弾』二五一頁、亜紀書房、一九七四年）。

ちなみに七四年の在留外国人統計の「在日韓国・朝鮮人の就業状況」では、第一位が「その他技能工・生産工程従事者」が三万四九〇九人、「その他販売従事者」二万三〇九九人、「事務従事者」二万七六九人になっています（樋口雄一著『日本の韓国・朝鮮人』一九一頁、同成社、二〇〇二年）。「事務従事者」数の変化を見ると、訴訟前の六九年では一万四五三〇人、八四年には三万六七八四人、九四年には五万一八三九人と職種別では第一位を占めています。明らかに在日韓国・朝鮮人の就業状況及び意識が変化しつつあることがわかります。ただし、あくまでも職種、就業先の変化であって、本名で就労しているか、正規採用の社員であるかどうかなどの問題は隠れています。

筆記試験に続き、なごやかに面接試験を経て朴さんに採用通知が届きました。そこには提出書類として卒業証明書、入寮するための転出証明書のほか、戸籍謄本

在日韓国・朝鮮人の職業

職業分類	1974年	1994年
事務従事者	20,769	51,839
技能工・生産工程従事者	34,909	36,005
販売従事者	23,099	35,814
管理的職業従事者	4,797	17,768
サービス業従事者	3,025	11,985
単純労働者	16,921	－
自動車運転手	12,861	－
建設従事者	10,815	－

※この数字は外国人登録原票の職業、勤務先から集計したものと思われるが、筆者の経験からも「職業、勤務先」はプライバシーの最たるものであり、正確に登録されていないので実数ではなく、ある程度の傾向を示すものと理解できる。
※職業分類が1974年と1994年では異なるので、1994年の単純労働者、自動車運転手、建設従事者数は不明。
1974年および1994年は『在留外国人統計』1974年版、1994年度版による。

があります。朴さんは電話で「自分は在日韓国人だから戸籍謄本をすぐに取れない」と告げたところ、人事担当者は即座に「採用通知は保留してほしい。明日連絡する」と回答。翌日、連絡がないので、朴さんから電話をすると、「当社は、一般外国人は雇わない、社内規定にも書いてある、迷惑を受けたのは当社だ、本当のこと（氏名欄に通称名記載したことなど）を書いたらこんなことにならなかった」と採用を取り消す旨を告げられました。その後、日本人の学生と姉と一緒にもう一度日立に掛け合ったところ、担当者は「個人としては同情的だといい、もし日立の責任を追及する気なら、運動を起こすなり、裁判を提起したほうがいいだろうといいました。それは具体的に日立と闘う方法を私に教えてくれたようなものでした」（同書二五七頁、上申書）。こうして彼は、提訴を決意したのです。

問題になったのは受験のために提出した履歴書に氏名「新井鐘司」という通名と、本籍地欄に「愛知県」と書いたことでした。兄や姉が差別された経験をよく知っている彼は、書類だけで落とされてはたまらないとの気持ちから、本当の名前も国籍も書くことはできませんでした。採用にあたって必要なのは能力と適性であって、名前や国籍ではない、という心理も強く働いています。上申書では受験した当時の気持ちを次のように語っています。「……朝鮮人であるために差別され、思うようにのびられないということは知っていましたが、しかし、日本の国家や社会の理解ある偉い人たちは、決して能力のある者を見捨てるはずがないという気持ちが私のどこかに巣くっていました。憧れのような、信頼感のような、期待感のようなものが、私の心から消えたことはありませんでした」（同書二五一頁、上申書）と。

しかし会社はこのことを彼が嘘をつく性格であると歪めて採用を取り消したのでした。これはまったく形式的な理由による言い訳と言わざるをえません。もし彼が韓国という国籍を書いていたならば果たして試験に合格する見込みはあったのか、それ以上に試験を受けることすらできたかどうか、疑われるからです。

それまでに朴さんは「新井鐘司」としてしか生きてこられなかった事実があり、また受験に際して国籍を偽らざるを得ないような社会状況があったのです。四年間の裁判を経て七四年六月、勝訴の判決を勝ち取りました。小松川事件の李珍宇（Q13参照）が中学校を卒業のときに日立に門前払いされてから、ようやく二十年が過ぎてのことです。判決文では「戦後も現在に至るまで、在日朝鮮人は就職に関して日本人と差別され、大企業にはほとんど就職することができず、多くは零細企業や個人経営者の下に働き、その職種も肉体労働や店員が主で、一般的に労働条件も劣悪の場所で働くことを余儀なくされている」と就職差別の実態を批判し、「民族差別による原告の精神的苦痛に対しては同情に余りあるものと言わなければならない」（同書二七九頁、判決）と慰謝料の支払いも命じています。

裁判の過程で多くの日本人や同胞の支援がありました。しかし一方では在日韓国・朝鮮人の中から批判の声が上がったことは、彼を動揺させるに十分でした。「日本帝国主義の同化政策に過ぎない戦後日本の同化教育にすっぽりつかって骨の髄まで日本化して、まるで民族的自覚を持たない人間が何を偉そうに民族差別など

日立就職差別裁判　判決文

三　解雇無効

4　……原告と被告会社との電話による交渉の経緯、すなわち、原告が在日朝鮮人であることを告げるや直ちに被告は採用を留保してほしい旨述べたこと、その後会社側から連絡する旨約束しておきながら被告は同月十七日原告から問い合わせがあるまで回答せず、右回答の内容も一般外国人は雇わない旨告げて、原告の採用の取消する旨話していること、さらに右採用取消をするについても、できうればこれを救済して採用の取消を避けるよう配慮した形跡が見受けられない、及び同日被告会社は、原告に対し採用しないことにした旨告知した後に、原告の高校時代の担任教師に連絡を取って

と言っているのだ。日立という日本の財閥の搾取の道具になろうとした浅はかな人間が、どうして民族の苦しみを語ることができるのだ」(同書二五八頁、上申書)というようなものでした。在日朝鮮人の文化人の間では、朴鐘碩《パクチョンソク》氏が自己を偽り(日本名を記載して受験)、日本企業に入ろうとしたのは「同化」を推し進めることになり「民族運動」にそぐわないという批判がありました(たとえば作家李恢成《リフェソン》氏の発言(『エコノミスト』一九七一年五月号)。

しかし彼は裁判という闘いの中で言葉(=朝鮮語)を学び、民族の心を取り返していきました。そのことを通して「祖国の言葉を覚え始めるにつれ、父や母が、苦しい生活の中で泣き喚いた言葉にどんなに深い悲しみと民族の怒りの訴えがこもっていたのかを知るようになりました」(同書二六〇頁、上申書)と語っています。さらに「かつて、父や母をつまらない人間だと思い、むしろ憎んだ私でしたが、いまになって、その父と母がどんなに苦しみと差別に耐え、せいいっぱいの愛情で私たち九人姉弟を育ててくれたかがはっきりわかりはじめました。それを思うと私は涙なしにはいられません。私はこの老いた両親のためにも、不正と徹底的にたたかう強い人間になることを誓わないではいられません」と続けています。

まさにこの時、朝鮮人と生きるということは「親」を自分の中にとらえ返し、復権させる営みだったのです。数々の差別を体験して朝鮮人であることを否定的にしか考えられなくなった二世にとって「朝鮮」そのものといえる「親」を再発見できたということは、新たな「解放」であったともいえます。

原告が在日朝鮮人であることを確かめ、被告会社の入社を断念するよう説得方依頼している等の事情を併せ考えると、被告が原告に対し採用取消の名の下に解雇をし、あるいはその後格別の事情もないのに本訴において懲戒解雇をした真の決定的理由は、原告が在日朝鮮人であること、すなわち原告の「国籍」にあったものと推認せざるをえない。

5　そうであるとすれば、被告の原告に対する前期留保解約権による解雇及び懲戒解雇の意思表示がいずれも許されないことは前述のとおりであるし、そのうえ、労働基準法第三条に抵触し、公序に反するから、民法九十条によりその効力を生じるに由ないものというべきである。

七〇年代は在日「二世」という言葉がようやく市民権を持つようになった時期です。日本生まれの二世は五〇年には五〇％でしたが、六九年には七二・四％を占めるようになりました（森田芳夫『数字が語る在日韓国・朝鮮人の歴史』一八三頁、明石書店、一九九六年）。在日韓国・朝鮮人社会が世代交代の時期を迎えたのは明らかでした。けれども「在日」を強調することは祖国への関心をそらす結果を招くとの批判も多くありました。「祖国を知らない世代」に対してそれでよいのかと憂慮する論評も現れています。金賛汀《キムチャンジョン》さん（三七年生まれ）は、民族意識を正常に取り戻していくために「祖国の人民と共通の歴史認識を持ち、民族としての共同意識を下から支えていける母国語で思考し、話せるようになり、朝鮮の社会風俗、習慣を自らの行動の中に組み入れる」ことが必要だと力説しました。

金さんはそのような努力と意識改革で自らの「解放」をつかんできた世代ということもできます。けれども七〇年代の在日韓国・朝鮮人は、日本が高度経済成長した豊かさを共に享受する権利があると考えたのです。事務職の比率が急増するという職業観の変化はその一例です。朴鐘碩さんにしてもプレス工という仕事がなかったわけではありません。しかし自分がより納得できる仕事に就きたいという意欲が日立製作所へのチャレンジにつながったのでした。

いわば在日韓国・朝鮮人という存在が質的または構造的に変化したことを示しています。在日すなわち日本で生活しているものとして、日本人と同じ位置からスタートしたいというのは切実かつ自然な願いでした。

五　慰謝料

……また、原告本人尋問の結果によると、原告はこれまで日本人の名前をもち日本人らしく装い、有能に真面目に働いておれば、被告に採用されたのち在日朝鮮人であることが判明しても解雇されることはない程度に甘い予測をしていたところ、被告の原告に対する本件解雇によって、在日朝鮮人に対する民族的偏見が予想以上に厳しいことを今更のように思い知らされ、そして、在日朝鮮人に対する就職差別、これに伴う経済的貧困、在日朝鮮人の生活苦を原因とする日本人の蔑視感覚は、在日朝鮮人の多数の者から真面目に生活する希望を奪い去り、時には人格の破壊まで導いている現状にあって、在日朝鮮人が人間性朴さんの裁判をきっかけにして、徐々にではありますが、大企業への門戸が開かれました。裁判中の七三年には阪神六市町で在日韓国・朝鮮人の地方公務員（一般事務職）が誕生し、七七年には金敬得《キムキョンドク》さんが在日韓国人弁護士の第一号に、七八年には電電公社が採用時の国籍条項を撤廃しました。神奈川、大阪、兵庫などではさらに行政上の国籍差別撤廃を求める運動が広がりました。

日立闘争支援に関わった各地の市民団体は一九七四年に「民族差別と闘う連絡協議会（略称、民闘連）」を結成しました。①地域に根ざす、②日本人と在日韓国・朝鮮人が共に闘う、③年に一度の交流の場をつくる、つまり地域実践、共闘、交流の三原則を掲げ、会費、会則のない運動体としてその後の各地の民族差別撤廃運動の中心を担いました。

国籍差別は違法ではない……労政時報

しかし、民間企業については、労働省の認可団体、財団法人「労働行政研究所」の週刊誌『労政時報』（七五年二月十四日付第二二五六号）の相談室というページにおいて、Q&A形式で「外国人であることを理由に採用拒否することは違法か」という質問を掲げ、回答として「外国人であるがゆえに雇い入れを拒否することを違法とする立法がないことは前記のとおりですが、さらにそのようなことをしてはならないとする公序良俗があるとする根拠もないというべきでしょう。以上、いずれの点からしても、ご質問の点は、違法性はないと思われます。」と解説していました。

を回復するためには、朝鮮人の名前をもち、朝鮮人らしく振舞い、朝鮮の歴史を尊び、朝鮮民族としての誇りをもって生きていくほかに道がないことを悟った旨その心境を表明していることが認められるから民族差別による原告の精神的苦痛に対しては、同情に余りあるものといわなければならない。……。

労働基準法
第三条「使用者は、労働者の国籍、信条または社会的身分を理由として、賃金、労働時間その他の労働条件について、差別的取り扱いをしてはならない。」

公序良俗
民法第九〇条「公の秩序または風俗に反する事項を目的とするような

回答担当者は現役の労働省の役員七名の氏名、肩書が掲載されています。まるで労働省のお墨付きを受けているかのような印象を与えていました。日立裁判を支援した人々は抗議運動を展開し、労働行政研究所は、七六年二月六日号の『労政時報』で「本誌差別記事に関するお詫びと訂正——第二二五六号相談室『外国人の採用拒否は違法か』について——」と題する記事を掲載し、「本誌のこの記事がまさに在日韓国・朝鮮人に対する就職差別を容認・助長する重大な過失を犯していることを痛感するとともに、さらに、当研究所編集部が従来、在日韓国・朝鮮人に対する差別問題に対し、無知無関心であったこと、そのことがそもそも差別の温床であり、差別そのものであることを率直に認め、茲に深く反省するものであります」という全面的な謝罪を行いました。

日立裁判では、日立の行為が労働基準法第三条に抵触する国籍を理由とする不当な解雇とされたことから、『労政時報』の記事は、このような批判を避けるために、採用の前段階でチェックを厳しくして対応し、そうすれば法違反にならないとその論拠を示そうとしたものでした。『労政時報』の記事は、日立側が控訴しなかったこともあり、企業側の在日韓国・朝鮮人を採用したくないという意向を取り入れて作られたQ&Aであり、民間企業の就職差別の根の深さを改めて示したものでした。

韓国民主化との連帯

日立闘争は、韓国の民主化運動のなかでも取り上げられました。七四年一月四

法律行為は、無効とする。」

〔注〕差別的処遇を禁止する法令がない場合、この条文を根拠に訴訟を起こすことがあった。

かつて、女性の定年年齢を五十五歳として男性の六十歳より低く定めた就業規則について争われたことがあったが、最高裁判決は、「……少なくとも六十歳前後までは男女の通常の職種であれば企業経営上要求される職務遂行能力に欠けるところはなく、女子のみを一律に従業員として不適格とみて企業外へ排除するまでの理由はないとの事情の下では、性別のみによる不合理な差別を定めたものとして、本条（民法第九〇条）により無効である。」と判示した。（最高裁判決一九八一年三月二十四日、日産自動車事件）

日、韓国のキリスト教学生連盟が、自由・民主主義体制の確立を基本に、軍事独裁政権と侵略的な日本帝国主義とその勢力との癒着を批判し、日本にも韓国に対する政治的・経済的・軍事的隷属化、公害輸出、独裁政権支持の即時中止を求め、「日立で起こった就職差別など、日本国内での韓国人同胞に対する差別待遇を即時中止せよ」と「反日救国闘争」宣言に書き記しました（『毎日新聞』七四年一月五日付）。四月にはキリスト教会のネットワークを通じて韓国キリスト教長老会女信徒会ほかアメリカやカナダなどで日立製品不買運動を展開することが決議され、六月の判決を韓国の新聞社は「告発精神の偉大な勝利」「民族全体の貴重な教訓」（韓国日報）と報道しました。

　これまでは本国の民主化運動や統一をめざす取り組みを日本で支援する、あるいは本国に行って参加するという関わり方が強かったのですが、日立闘争は、日本での在日韓国・朝鮮人の人権獲得の闘いが本国の民主化運動に参加する人たちの共感を呼んだことが新鮮な感動を呼び起こしました。本国が本場で主流、在日韓国・朝鮮人や日本人は応援団のような関係と理解されがちだったのですが、日本の地で本国の人たちと互いに共感しあえる、励ましあえる運動を作り出すことによって、具体的な連帯が可能であることを示唆《しさ》したといえます。その後の日韓にまたがる市民運動の交流の萌芽《ほうが》の一つとなりました。

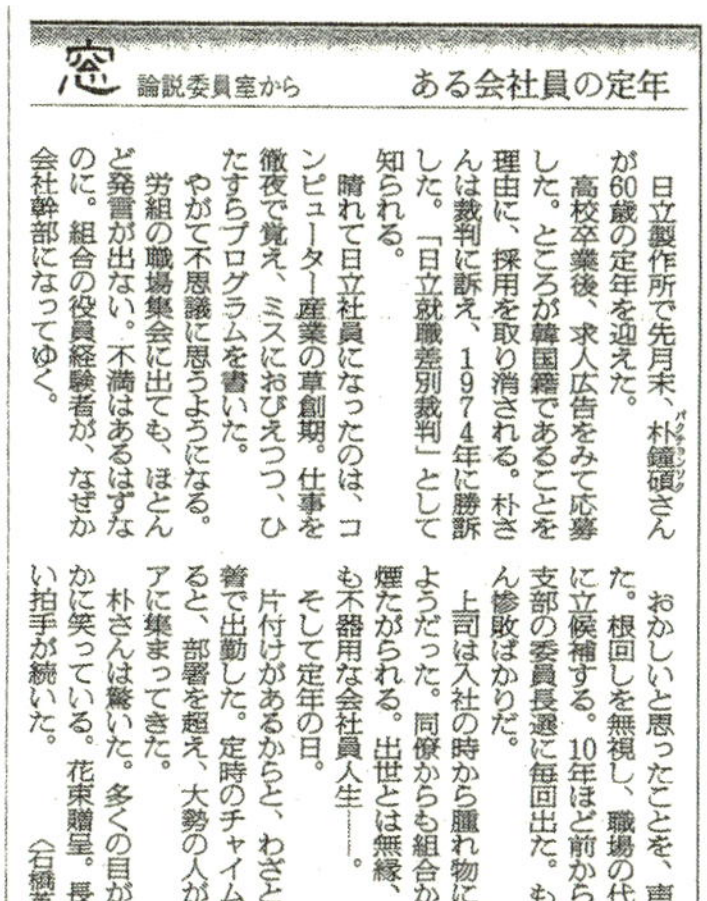

窓　論説委員室から　ある会社員の定年

日立製作所で先月末、朴鐘碩《パクチョンソク》さんが60歳の定年を迎えた。

高校卒業後、求人広告をみて応募した。ところが韓国籍であることを理由に、採用を取り消される。朴さんは裁判に訴え、1974年に勝訴した。「日立就職差別裁判」として知られる。

晴れて日立社員になったのは、コンピューター産業の草創期。仕事を徹夜で覚え、ミスにおびえつつ、ひたすらプログラムを書いた。

やがて不思議に思うようになる。労組の職場集会に出ても、ほとんど発言が出ない。不満はあるはずなのに。組合の役員経験者が、なぜか会社幹部になってゆく。

おかしいと思ったことを、声にした。根回しを無視し、職場の代議員に立候補する。10年ほど前からは、支部の委員長選に毎回出た。もちろん惨敗ばかりだ。

上司は入社の時から腫れ物に触るようだった。同僚からも組合からも煙たがられる。出世とは無縁、何とも不器用な会社員人生――。

そして定年の日。

片付けがあるからと、わざと作業着で出勤した。定時のチャイムが鳴ると、部署を超え、大勢の人がフロアに集まってきた。

朴さんは驚いた。多くの目が柔らかに笑っている。花束贈呈。長い長い拍手が続いた。

〈石橋英昭〉

定年退職した朴さんの記事
『朝日新聞』2011年12月28日付

昭和49年（1974年）1月5日（土曜日）　14版　（2）

「反日救国闘争」を宣言

韓国キリスト教学生連盟

大統領警告に対決

宗教界対策、安定のカギに

改憲署名30万超す

韓国民主化闘争で、取り上げられた在日同胞への民族差別。『毎日新聞』1974年1月5日付

Q17 「本名をなのる」とはどういうことですか？

在日韓国・朝鮮人にはどうして二つの名前があるのですか。本名を名のる努力もされていると聞きますが、こだわりなく受け入れられているのでしょうか。

七つの名前を持つ金嬉老

寸又峡事件（Q15参照）の金嬉老はいくつもの名前を持っていたことが明らかにされています。「金嬉老《キムヒロ》、権嬉老《クォンヒロ》、近藤安弘、金岡安弘、清水安弘」というのがそれです。権というのが実父の姓、金は義父の姓です。実父は権藤という通名を持っていましたが、金嬉老が幼い時に事故で亡くなったため、叔父（父の弟）がそれでは日本的でないといって近藤に変えました。金岡と清水は義父が使っていた通名です。これに朝鮮語の読み方を加えると七つの名前を持っていたことになります。韓国にある戸籍では「嬉老」ではなく「禧老」が正しいとのことです。

彼は子どもの頃、権禧老《ゴンキロウ》をもじって「ゴンキ」といってよくいじめられたそうです。高等裁判所の判決では「朝鮮人として恵まれない環境の下に、転々と居所を変えながら成育し、在日朝鮮人としての悩みを味わってきたことは、被告人が種々の名前をもって呼ばれてきたことからも伺いうるところ」と述べています。彼ほどではなくても、在日韓国・朝鮮人は自分の名前について、いろいろと頭を悩ませてきました。

在日韓国・朝鮮人が本名のほかに通名を持っている背景には「創氏改名」（Q8参照）および解放後の生活状況があります。本名では学校でいじめられる、就職や商売に差し支えるなど、本名使用を妨げる有形無形の圧力があったのです。在日韓国・朝鮮人が創氏改名による「日本名」を引きずって、本名で生きられないということが、いまだに「解放」されていない証明であるといわれています。また、一方で本名を名乗らないのは民族的な誇りに欠けるからだ、という指摘もあります。

日立就職差別裁判（Q16）を起こした朴鐘碩《パクチョンソク》さんは、採用試験の際、持参した履歴書、身上書に本名ではなく通名を書いたことが「嘘つき」であるとか被告・日立側から非難されました。同時に同胞の中からも「本名を名乗れない者が民族差別を問えるのか」という批判も浴びました。しかし彼は裁判闘争の過程で本名を名乗る生き方を選択し、入社後から定年退職まで本名で通し、差別や人権侵害を許さない生き方を貫きました。

七二年七月四日、韓国と北朝鮮は突如として「南北共同声明」を発表しました。それは統一のための三大原則を明らかにしたものでした。「①自主的統一、②平和的統一、③思想と理念、制度の差異を超越した民族の大団結」がその内容です。けれども期待された南北対話は不調に終わりました。結果的に見れば南北互いの政権を強化するために、民族の悲願である「統一」を利用したというほかありません。

神戸市の外国籍児童生徒の本名使用状況（神戸市教育委員会調べ）

年度	1996年			2006年			2007年		
区分	児童生徒数	本名数	本名率	児童生徒数	本名数	本名率	児童生徒数	本名数	本名率
韓国・朝鮮	2,082	323	15.5%	950	215	22.6&	890	229	25.7%
ベトナム	145	133	91.7%	183	112	61.2%	178	116	65.2%

兵庫在日韓国・朝鮮人教育を考える会／兵庫県在日外国人教育研究協議会編
『多文化・多民族共生教育の原点』5頁、明石書店、2008年

けれども在日韓国・朝鮮人はこのニュースを聞いてすぐにでも統一が実現するのではないかと希望を募らせました。その中で「母国の言葉を知ろう、本名を名乗ろう」という気運が広がりました。日本の学校に通っている子どもが民族的自覚を持って生きていけるようにという教育活動も活発になりました。

公立学校における本名を名乗る運動

大阪においては七一年に、市立中学校長会が非行に走る在日韓国・朝鮮人生徒について、その厳しい差別の現実や歴史的背景にふれず、結果としての「荒れている」姿だけを非難するという差別文書「在日外国人子弟の実態と問題点」を配布していたことが明らかになり、抗議行動の結果、その反省の中から七一年七月に「日本の学校に在籍する朝鮮人児童生徒の教育を考える会」が発足し、教育委員会も「大阪市外国人教育研究協議会」を立ち上げました。そして、この反省として「本名を呼び、名乗る」運動が大きな目標とされました。

実際に本名を名乗ることを通して子どもの表情が明るくなった、生き生きとするようになったという話はいくつもあります。ふだん何の屈託もなく付き合っている中で、いざという時に「実は私は朝鮮人です」と言わねばならないのは煩わしく、心苦しいことでした。自分がどのようなものであるかを、どういう理由であれ「隠さないでいたい」というのは誰もが望むところです。在日韓国・朝鮮人にとって本名を名乗るというのはそういう端緒をつくるものでした。

ただそれはスローガンとして非常に明快であり、具体的な行動としても目に見えるものだけに表面的に流れやすいという心配がありました。まるで創氏改名の逆を実行するかのような数字（人数）で表されることが、プロセス抜きの結果重視となり個人の生活実情を飛び越えてしまうこともないわけではありませんでした。本名を名乗る、名乗らせることが自己目的化し、ためらう生徒にとってはかえって負担となり、自尊感情、自己肯定感を伴うことができない場合もありました。

本名で生きられる社会に

とりわけ学校では本名を名乗ることができても社会に出るときには再び通名に戻るという現象も少なからず見られました。「採用はするが通名で働いてほしい、営業用の名刺は通名のものを使うこと」などを求める企業がたくさんありました。ここでも在日韓国・朝鮮人が変わると同時に、社会が変わるのでなければ、しばしば行き詰まるというジレンマを伴っていたのです。八三年に神奈川県が実施した神奈川県在住外国人実態調査（神奈川県在住外国人実態調査委員会『日本の中の韓国・朝鮮、中国人』八五年、明石書店）によれば在日韓国・朝鮮人で通名を持っている人は九一％でした。ただし全く本名を使わないというのではなく使い分けに濃淡があります。通名だけを使っているという人は三七％でした。ただ実際には八割が通名で仕事をしており、国籍によって不採用になることが多い上、本名を名乗ることによって国籍が知られたら失職するか否かに直結する場合があると指摘しています。

本名を名乗ることは在日韓国・朝鮮人として生きる第一歩といえます。しかし同時に様々な曲折を経てたどり着く終着駅という場合もあります。つまりどうすれば一人の人間として軽やかな心になるかという契機には個々人によって振幅があると認めないわけにはいきません。

本名を名乗らないから民族的な自覚や誇りがないとは言い切れないものがあります。プロ野球で活躍した張本勲はことさら「張勲《チャンフン》」とは名乗っていません。夏の甲子園で優勝投手になり、近鉄に入団した金村義明選手もためらいなく在日韓国・朝鮮人であることを表明していますが、「金」と名乗っている気配は見られません（金村義明『在日魂』五頁、まえがき、講談社、二〇〇〇年）。

ロックバンドの「キャロル」で有名になったジョニー大倉はバンドを解散する頃、「生まれたときから僕は二つの名前を持っていました。朴雲煥《パクウンファン》と大倉洋一という名だ。朴は故郷の土を踏んだこともない在日韓国・朝鮮人だ。子どもの頃は何かあればすぐ『お前なんか、朝鮮人じゃないか』といじめられた。母のエプロンにすがってはよく泣いたものだ。教師の中にさえ、そういって悪いことは全部僕のせいのようにしたヤツがいた。ぼくはたまらなかった。どうすればいいのかわからなかった。朝鮮人に生まれてきたことが、情けなく思えた。なぜ、日本人に生まれてこなかったのかと、ことあるごとに後悔がわいた」と語っています。しかし彼はまた「雲は動き、僕の生命は／カミナリと共に、変容していく／出発だ／朴雲煥《パクウンファン》の、雲を煥える／人間としての出発なのだ」とも語っています。キャロル解散から四カ月後の七五年八月、彼は在日韓国・朝鮮人をテーマにした映画『異邦人の河』（李学仁《イハギン》監督）に主演したとき朴雲煥《パクウンファン》という本名を名乗ったことで話題になりました。しかしこのあとすぐ嫌がらせの暴力にあっています。「人気が出る、出ないというところでえらく損している。仕事がどうしようもなくやりにくくなった」とも語っています。

本名を名乗ることの正当性を誰も否定することはできません。八〇年代後半には、日本に帰化した人も「民族名をとりもどす会」を結成し（Q5参照）、朝鮮人としての自己を再確認するため裁判を通して本名を回復する運動があったほどです。

九三年に在日韓国人青年会が実施したアンケートでは「本名で生きる方が自分らしく生きることができる」という意見に二割が賛成、五割が否定的な回答でした。また「本名であれ通名であれ、自分になじんだ名前で生きることが自然な生き方だ」という意見に対しては賛成が七割と高率で、反対は一割にも満たないという結果でした。その背景には①日本的な通名といっても、既に祖父の代から三代にわたって受け継がれていること、②本名の持つ歴史的、文化的ニュアンスを理解しにくくなっていること、③具体的な被差別体験が希薄になり、それへの抵抗として本名を名乗らねばならないという切実さが乏しくなっていることなどが考えられます。

しかし右のアンケートでも「民族にこだわる必要はない」という答えはまだ少数派（四割）であり、民族としての誇りを持って生きるためには本名を大事なものとして受けとめています。

芸能人やプロスポーツ界においても在日韓国・朝鮮人であることを明らかにす

る人も徐々にでてきましたが、だいたい八〇年代以降になってからです。料理研究家の高賢哲《こうけんてつ》さん、マラソン解説者の金哲彦《きんてつひこ》さん、映画監督の崔洋一《さいよういち》さんなどはテレビでもよく見かけます。日本社会も多民族化が進み、当事者の在日韓国・朝鮮人も人気、実力が伴ってはじめてカミングアウトできるようになりました。

サッカー選手の李忠成《りただなり》さん（Q５参照）は二〇〇八年に韓国籍から帰化により日本国籍を取得し、同年の北京オリンピックの代表メンバーとして、また二〇一一年にはアジアカップの優勝に貢献しました。彼は日本国籍取得の時に「り・ただなり」という本名（民族名）を残したことについて、「もし、日本名にしたら今まで自分が生きてきた軌跡がなくなってしまうんじゃないか、李を残すことで、今まで自分が生きてきた人生を残したいと思った。日本国籍を取った人の中では、そういう李とか金とか名乗る人が少ないので、自分が李として、迷っている人がいたら励ましになるのではと思っています」と語っています。試合で「り・ただなり」ではなく、帰化以前の名前「リ・チュンソン」と呼び続けるサポーターがいることについては「はい、うれしいですね、ただ単に」と顔をほころばせながら語ったそうです（尹チョジャ「在日韓国・朝鮮人コリアンの誰もが民族名で生活できるための一考察」『研究紀要　在日外国人教育№３』所収、全国在日外国人教育研究所、二〇一一年）

国籍にかかわらず、「民族名を名乗る」ことは今なお在日韓国・朝鮮人にとって解放への一つの鍵になっているのです。

大阪市による韓国・朝鮮籍者に対する氏名に関するアンケート
民族名の使用状況について

いつも民族名	7.90%
民族名が多い	7.50%
日本名が多い	25.00%
ほとんど日本名	56.20%
回答なし	3.40%
	100.00%

資料出所；「大阪市外国籍住民の生活意識についての調査」「大阪市における外国籍住民との共生社会実現のための意識調査」大阪市外国籍住民施策有識者会議（郵送法により2001年10月から12月に実施したもの）
引用；榎井縁編『外国人問題理解のための資料集２　外国人に関する統計と資料』大阪大学未来戦略機構第５部門　未来共生イノベーター博士課程プログラム

Q18 母国とのつながりはどのように具体化していますか？

七〇年代にはアイデンティティのあり方をめぐって「祖国志向派」と「在日志向派」に意見が分かれたと聞きます。それはどうしてですか。

一九七〇年代は在日韓国・朝鮮人が日本に定着して生きていくことを確認していった時期とも言えます。しかし反面、〝再入国〟という手続きで韓国との往来が活発になり、北朝鮮への訪問も開始され、つながりが深まったのも事実です。墓参をはじめ、親族訪問、観光、経済的な交流だけではなく母国で学ぶ機会も増えました。

在日韓国人が初めて韓国への母国留学が実現できたのは一九六二年三月です。この時一一名が国費修学生としてソウル大学で学ぶ機会を得ました。日韓条約締結後は大学生を対象に夏季学校や、また母国語修学のための予備課程も設置されて言葉などの基礎学習を経て大学や大学院に進学するコースもつくられました。高校予備課程及び高校生としての留学も認められています。留学生の中にはそのまま韓国で就職し、定住するケースも少なくありません。一九八〇年代には年間一〇〇名以上が修学生となり、二〇一二年には累計で四六〇〇人を超えました。異なる環境・風土で学ぶというのは大変なことですが、直に民族の文化に触れることができるという点で、他に代えがたい貴重な体験といえます。

在日韓国・朝鮮人のスポーツ選手が韓国の国体に出場し、オリンピックの代表に選ばれるようにもなりました。プロレスリングで活躍した長州力（本名、郭光雄《カァククァンウン》）さんもその一人で、一九七二年ミュンヘンオリンピックのレスリングライトヘビー級の韓国代表選手でした。

一九七〇年代の韓国は軍事政権に反対して〝民主化〟を要求する運動が広がっていました。日本のマスコミも「独裁政権」に反対する批判的な記事を多く載せていました。こうした中、在日韓国・朝鮮人の中からも韓国内の運動に呼応して支援しようとする運動が生まれました。民団が朴大統領支持なので「反朴派」と呼ばれる在日韓国人のグループが各地で活動していました。何よりも祖国が重要な歴史的状況にあり、その流れを推進することが切実な課題であると考えられたのです。

これに対し、韓国の民主化を言うのであれば、同じように北朝鮮の民主化も主張すべきではないかという意見もないではありません。けれども反朴派の人々は「我々は韓国人だから、まず韓国の民主回復を問題にする」といって、北朝鮮の権力世襲の動きなどにはあまり触れませんでした。

同時に祖国の民主化こそが重要なテーマであって、在日韓国・朝鮮人が直面している〝差別〟は末節的な事柄と決めつけることさえありました。その結果、在日韓国・朝鮮人二世の中に「祖国志向派」と「在日志向派」があるといったような表現も出てきました。祖国への憧憬を政治的エネルギーに転換させるのか、それとも

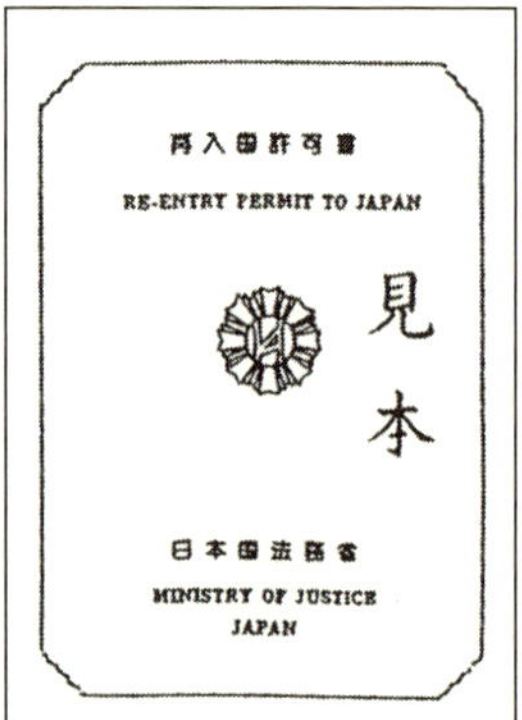

再入国許可証。四七頁・二一一頁も参照。

本国の政治情勢に関心を持ちつつも、在日という現実を直視するのかという違いとされました。

韓国への留学をスパイ容疑に

一九七一年四月、ソウル大学に留学していた徐勝《ソスン》、徐俊植《ソジュンシク》兄弟がスパイ容疑で逮捕され、在日韓国・朝鮮人にも大きな衝撃を与えました。さらに一九七五年十一月にも在日韓国人一三名が逮捕されました。北朝鮮に渡って指令を受け、韓国内でそれを実行に移そうとしたからだとされています。韓国当局の発表以外には詳しいことがわかりにくいのですが、徐勝氏自身も北朝鮮へ行ったことは認めているようで、全てを韓国政府の「捏造」とは言えないかもしれませんが、多くの留学生が無実の罪で逮捕されたことは事実です。七〇年代は南北統一の主導権をめぐって韓国と北朝鮮が国力を競っており、政治的にも非常に緊張した時期でした。

祖国への往来という面では、在日朝鮮人が北朝鮮に行って再び帰国するということが頻繁に行われるようになったのも、七〇年代のことでした。国交がまだないので、北朝鮮の旅券ではなく、日本政府が渡航許可書と再入国許可書を発行することにより便宜的な措置をとったものでした。その結果、日本にいる家族が北朝鮮に帰国した家族との再会を果たすことができ、北朝鮮での暮らしぶりも直接知るようにもなりました（ただし、北朝鮮に帰国した家族が日本に往来できたのではありません）。その後は朝鮮学校の修学旅行が行われるほど往来が活発化していきました。

国家保安法等違反事件・徐勝《ソスン》氏最終陳述　一九七二年十一月

日本にいる僑胞は韓国人としての意識をもってはいても、それはどこまでも基礎的なものにすぎず、差別されるが故に自らが韓国人であることを感じ、意識する。逆にいうならば、積極的意味での真の民族意識を自覚し得ないでいるのです。

積極的民族意識というのは、自国の文化、歴史、伝統、言語その他すべての事柄を深く理解し、認識し、それらを愛し誇りとすることであり、そして実際に豊かな統一された、世界に誇るに足る祖国をもつことであり、さらには全民族的一体感を確固とし、紐帯を強めることであります。このような三つの条件を内容として、積極的民族主義が成立するものと私は考えます。

現実には、わが国は日帝植民地統

北朝鮮へ留学

北朝鮮に留学したのは一九九一年に関西大学の講師をしていた李英和《イヨンファ》さんが第一号です。彼はピョンヤンにある社会科学院で北朝鮮経済について研究する計画でしたが、自分が研究機関に通うのではなく、ホテルでのみ個人講義を受けるなどの監視体制に耐えきれず、予定を早めて日本に帰国しました（李英和《イヨンファ》『平壌秘密集会の夜』一九九四年、クレスト社）。

また七〇年代半ば以降、目立ったこととしては、従来北朝鮮を支持していた人々が、墓参などの名目で韓国を訪問するようになったことが挙げられます。在日韓国民団の事業として総連系の人々を対象に、政治的信条を問わず、墓参や親族との再会の機会を提供することとしました。韓国政府も経済成長の結果を広報する意味で積極的に協力しました。七五年には一三一〇人でしたが翌年は七七四一人に増加し、二〇〇五年までには五万人を超える総連系同胞が韓国を訪問しました。経済発展の状態などを実際に見て認識を新たにし、国籍を韓国に変更する人も生まれました。韓国政府はそれを期待していたことも事実です。

それまでは韓国であれ北朝鮮であれ、出版や報道に基づく知識で評価・判断することがほとんどであったのに対して、七〇年代以降は現地に行って祖国を知り、文字通り祖国に近づく機会がぐんと増えました。祖国との往来が増えるにつれ「帰国」ということが話題に上らなくなったのは、皮肉な現象といえなくもありません。

治を経て解放後には民族分断という悲劇的事態を迎えたのであり、このようななかで、僑胞社会にあっては祖国にたいする確固たるイメージ、確固たる理想をもつことは困難でした。この問題は深刻な問題であると考える。在日僑胞社会のかかる民族史というものは、まさに韓民族の悲劇的民族史の遺児であるとみることができるのではないか、と考えるものです。

私は在日僑胞二世としてこのような社会に生まれ、金嬉老事件あるいは李珍宇事件を体験しました。このような問題を解決しなければならない、如何にしても在日六十万僑胞の未来を幸福なものにしなければならない、何とかしてそのために寄与せねばならない、と考え、このような意図から積極的民族主義を自分の考えるように歴史的で誇るに足る民族ただ一九八二年に発足した韓国プロ野球に、在日韓国・朝鮮人の選手が参加するようになったのは興味深いことです。初期には日本プロ野球で活躍していた選手がほとんどでしたが、最近では学校を出ると同時に韓国へわたるケースも見られるようになりました。たとえば大阪出身の韓明浩《ハンミョンホ》さん（三世）は九二年高校卒業と同時に三星ライオンズに入団しています。彼は「韓国プロ野球界には外国人の選手（の入団）は認められていない。プロに入れたのも私が韓国籍だったからだ。この幸運を最大限に生かしたい」と抱負を語っています。

元巨人軍の新浦寿夫投手は八四年に韓国プロ野球に入り、八五年には二五勝を挙げチームの優勝に大きく貢献しました。彼はその体験を「日韓のプロ野球に横たわる『海峡』に小石の一個ぐらいは投げて来たのではないか。小石は双方からたくさん投げた方がいい。そのうち『海峡』は石で埋まって距離感のない交流が始まる」と述べています。在日韓国・朝鮮人と母国とは「一体」ではなくても「非常に近い」関係にあることでプラスの要素として生かす可能性は、さらに広がりつつあります。現在では朝鮮学校出身者も語学力の向上や、南半分の祖国をも見たいと留学する学生も増えています。

ほとんどの在日韓国・朝鮮人は現在もその国籍を保持しています。それは「外国人」であることからくる不便さやマイナス面よりも、民族としての誇りを守ることを重視している結果です。自分が住んでいる日本と、母国とを同時的にとらえることのできる在日韓国・朝鮮人は今後いっそう架橋的な役割を求められています。

主義として定立する必要がありました。このように考え、このことのためにありとあらゆることを試み、そのためにも先程も述べたごとく、韓国へ留学して来たし、以北（北朝鮮）に行って来た事実もあったのであります。（後略）

Q19 「国籍条項撤廃」とはどういうことですか？

日本人と変わりなく生活しているのに、どうして国籍によって法律の適用から除外されたりしたのですか。それを是正するために、どういうことがありましたか。

解放後も日本国籍を保持しているとされた在日韓国・朝鮮人は、サンフランシスコ平和条約発効前の一九五二年四月十九日付法務省民事局長通達によって日本国籍を喪失し、五二年四月二十八日をもって外国人として処遇されることになりました。その結果、法律で定められた「日本国民」には含まれないこととされました。四七年の外国人登録令では「外国人とみなす」とされましたが、五二年四月二十八日施行の外国人登録法では文字通り外国人としてその対象とされました。そのため義務教育の対象にならず、公立学校に通うことは恩恵的措置によるものとされたため、小中学校への入学に際して「入学申請書」や「誓約書」などを書かされたりしました。

それは例えば「下記の者は○○市立○○中学校に入学を希望します。入学許可の上は日本国の法律を遵守することはもちろん、校則を守り学校当局にご迷惑をかけません。万一学校長において、迷惑をかけ他の生徒の勉学の妨げになる行為があったと認められた場合、退学の申しつけがあれば何時でも異議なく退学させ、いささかの異議も申し立てないことを誓約いたします」というようなものでした。このような文書に署名・捺印しなければならないことがどれほど屈辱的なものであったか、はかり知れません。

また新憲法の重要な柱は基本的人権の尊重ですが、外国人には無関係のこととされました。より切実だったのは「すべての国民は、健康で文化的な最低限度の生活を営む権利を有する」という憲法第二五条でした。この「国民」に含まれないことが、様々な社会福祉制度から在日韓国・朝鮮人を排除する根拠になりました。

法律の適用を受けるのは「国民」すなわち「日本国籍を有するもの」と定められたからです。これを「国籍条項」と呼んでいます。法律の条文で「日本国籍を有する者」などの外国籍を排除する規定があるものを「国籍条項」といい、法律上の明文規定がないが、行政先例などで運用上外国籍を排除している場合は「国籍要件」と区別して表記しています。国籍条項がなくとも、国籍要件で様々な制度から在日韓国・朝鮮人は排除されました。Q25で述べる公務

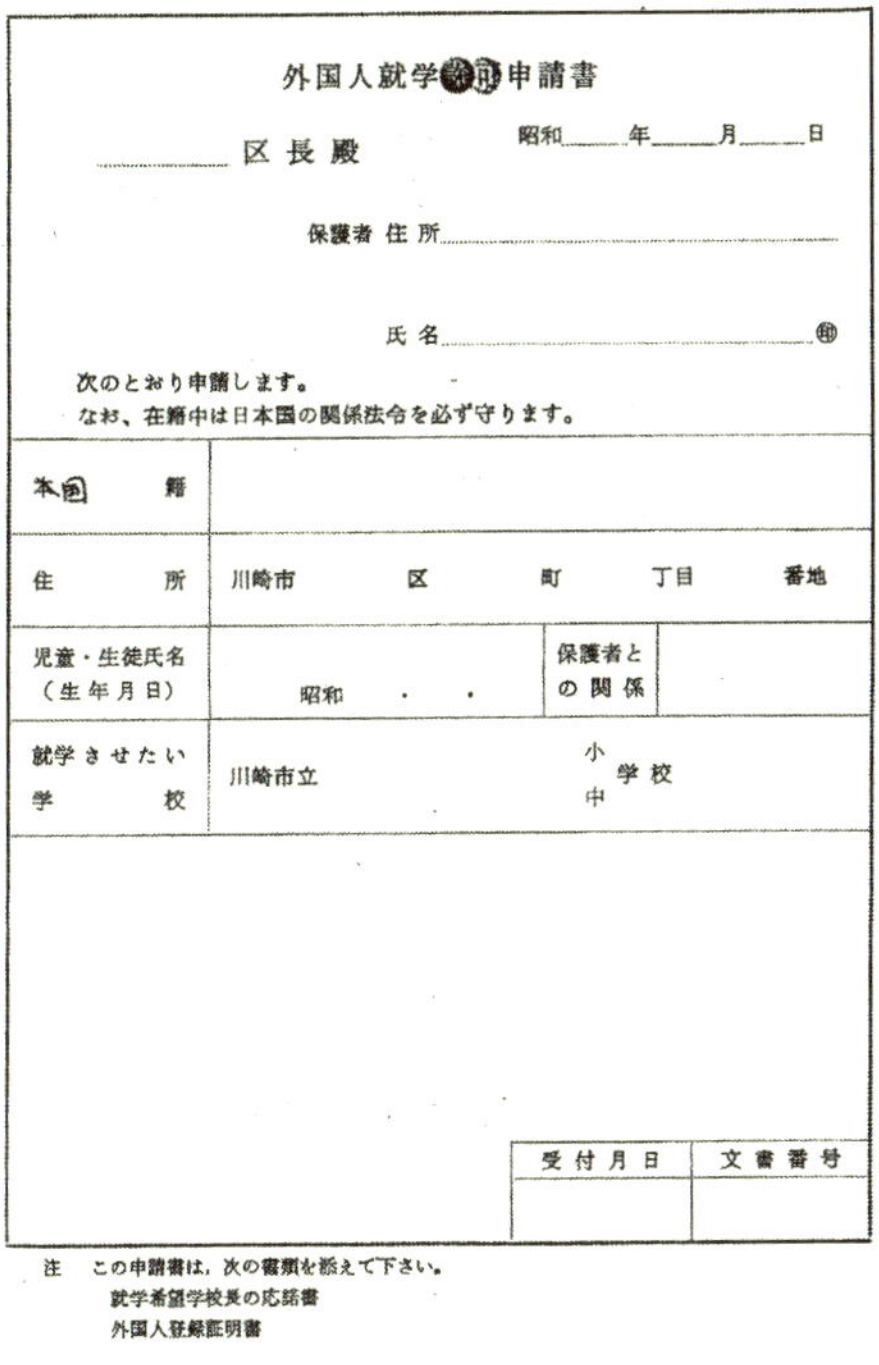

外国人就学[redacted]申請書

＿＿＿＿区長殿　　昭和＿＿年＿＿月＿＿日

保護者 住所＿＿＿＿

氏名＿＿＿＿㊞

次のとおり申請します。
なお、在籍中は日本国の関係法令を必ず守ります。

本国籍			
住所	川崎市　区　町　丁目　番地		
児童・生徒氏名（生年月日）	昭和　・　・	保護者との関係	
就学させたい学校	川崎市立　小 中 学校		

受付月日	文書番号

注　この申請書は，次の書類を添えて下さい。
就学希望学校長の応諾書
外国人登録証明書

川崎市の外国人の就学許可申請書（誓約書）の原本

川崎市在住の韓国・朝鮮人から抗議を受けて、書式を改正する以前まで使われていた。書類の名称は「外国人就学許可申請書」となっているが、この時点では「許可」の文字が黒く消されており、申請者（保護者）の氏名、住所の下段に「次の通り申請します。なお、在籍中は日本国の関係法令を必ず守ります。」という一文が印刷されている。

〔出典〕社会福祉法人青丘社ふれあい館在日コリアン生活文化資料館

員、教員採用がその典型的な事例です。

この国籍差別の壁に穴をあけるきっかけとなったのは六五年に締結された日韓条約です。このとき締結された法的地位協定（Q2参照）に基づき、協定永住資格を許可された人には「教育、生活保護及び国民健康保険に関して妥当な考慮を払う」（第四条）ことが明記されました。これによって入学時の誓約書がなくなり、生活保護も従来の「日本人に準用」が条約によって公認されることになりました。病院で満足な治療を受けることさえままならなかった在日韓国・朝鮮人にとって国民健康保険への加入は当時としては画期的なことだったのです。

また、協定永住許可を持つ人だけに一部の権利が認められるというのは在日韓国・朝鮮人の歴史から見れば不平等な結果を招くものとなっていました。この点を改善するために、国民健康保険加入問題については、朝鮮総連や革新政党、労働団体などの申し入れを受けて、当時の革新自治体の多くが市内在住の外国人登録をしているすべての外国籍住民に国民健康保険加入を認めました。居住原理に基づいて実施したもので、その後のニューカマーと呼ばれる多数の外国籍移住者に道を開くものとなりました。

住民としての権利意識

国籍による差別に直接的な疑問が投げかけられたのは七〇年代に入って、日立就職差別裁判を闘う中からでした。判決前の川崎で開かれた集会で「差別している

外国人と納税義務

▼所得税法

第二条　この法律において、次の各号に掲げる用語の意義は、当該各号に定めるところによる。

一　二　省略

三　居住者　国内に住所を有し、又は現在まで引き続いて一年以上居所を有する個人をいう。

▼地方税法

第二十四条　道府県民税は、第一号に掲げる者に対しては均等割額及び所得割額の合算額によつて〔中略〕課する。

一　道府県内に住所を有する個人

第三百四十三条　固定資産税は、固定資産の所有者（質権又は百年より永い存続期間の定めのある地上権の目的である土地については、その質権者又は地上権者とする。以下固定資産税について同様とす

のは大企業だけではない、役所だってしている。同じように税金を払っているのになぜ市営住宅に入れないのか！　児童手当をもらえないのか！」という声が上がりました。これらの要求は既存の民族団体ではなく、在日二世青年を中心とする市民運動グループから行政当局への公開質問状という形で、直接提起されたというのも大きな特徴でした。これによって在日韓国・朝鮮人は、居住地域と密接なかかわりを持つ「住民」として自らを再認識するようになったのです。外国人だからとあきらめるのではなく、同じ住民、納税者なのになぜ？　と、問いかけたのです。

たとえば、川崎に続いて同様の質問を受けた尼崎市長は「国籍にかかわらず住所を有するものは住民であり、地方公共団体の役務を等しく受ける権利がある。在日韓国・朝鮮人には日本に住むに至った歴史的背景を勘案し、市の役務の提供にあたっては特に配慮する必要がある」と表明しました。

七〇年代の初め頃は各種の市民運動が活発で、また「革新自治体」に勢いがあったことも追い風となりました。とはいえ当時の行政が差別を改める流れは消極的かつ部分的なものでした。ある行政幹部はのちに「朝鮮人は生意気なことを言うなあと感じた」と振りかえっているほどでした。尼崎市の場合も、外国人の該当世帯に児童手当の支給を認めたものの、日本人の受給額と格差を設け、新たな差別ではないかと猛烈な抗議を受けました。また、法改正ではなく自治体独自の対応であったため、自治体ごとに異なった対応がされ自治体格差も生じました。

国籍条項撤廃の運動は各地に、各分野に広がっていきました。七三年、日本育

る。）に課する。

▼相続税

第一条の三　次の各号のいずれかに掲げる者は、この法律により、相続税を納める義務がある。

一　相続又は遺贈（贈与をした者の死亡により効力を生ずる贈与を含む。以下同じ。）により財産を取得した個人で当該財産を取得した時においてこの法律の施行地に住所を有するもの

二　相続又は遺贈により財産を取得した次に掲げる者であつて、当該財産を取得した時においてこの法律の施行地に住所を有しないもの

イ　日本国籍を有する個人（中略）

ロ　日本国籍を有しない個人（当該相続又は遺贈に係る被相続人が当該相続又は遺贈に係る相続開始の時においてこの法律の施

英会の奨学金制度に国籍条項があることを指摘し、運動の結果、七五年から「本籍を外国に有する者は資格がない」という項目を削除させました。

七六年、金敬得《キンキョンドク》さんが司法試験に合格し司法修習生になろうとすると、そこに国籍条項がありました。金さんはこれを不服として、日本弁護士連合会や自由人権協会などの支援を得て、問題提起をし、社会的な関心を集めました。七七年三月、最高裁は「日本国籍がないことを理由として司法修習生不採用とはしない。直ちに採用手続きに入る」との決定を下したので、金さんは韓国籍のまま司法修習生としての採用を勝ち取りました。

同年、告示された一九七八年度の司法修習生採用選考要項には、国籍に関する欠格条項に、「（最高裁判所が相当と認めた者を除く。）」という文言が付加され、事実上、採用の道は開かれましたが、国籍条項は依然、残されました。

七八年には川崎信用金庫のパーソナルローンに国籍条項があることが明らかになり、抗議を受けて撤回しました。同年、大手の信販会社ジャックスが外国人であることを理由に販売を拒否する事件が起こり抗議の末、これも是正されました。八一年には第一生命が生命保険加入について、永住資格を有するにも関わらず国籍を理由に加入を拒否する事件が起こり、これも抗議を受けて国籍条項を撤廃しました。

国籍条項は地方公務員や教員になること、国公立大学への教員任用、国民体育大会への参加、さらに郵便外務職員、公立病院の看護師採用など、次々に撤廃されていきました。その過程で「差別は先入観や感情によって生まれるのではなく、制

行地に住所を有していた場合に限る。）

〔解説〕代表的な税法はいずれも国籍に関係なく、住所または居所を有する人を課税の対象とする。

「外国人にも弁護士の道」最高裁が外国人司法修習生の採用を認めたと報じる『朝日新聞』一九七七年三月二十四日付

外国人にも弁護士の道

韓国籍金さん、修習生に

最高裁認める

地税法改正は原案否決

衆院本会議へ

度によってつくられる」ということが明らかになりました。企業などが国籍条項を設けている理由に「外国人は帰国するもの」という意識があったと答えています。それによって金銭的なトラブルが起こる恐れがあるというのです。けれども七〇年代は協定永住やその後の特例永住などにより実態として在日韓国・朝鮮人はすでに日本に根を下ろして生活しており、定住外国人という新しい概念が生まれていたのです。日本に墓地を購入する在日韓国・朝鮮人もこのころから増えたそうです。

国籍条項撤廃の運動は、対日本社会との関係での「外国人」、「朝鮮民族」あるいは「本国の海外公民・在外国民」であるなどという国民意識に基づく自己認識のほかに、住民自治の主権者である「住民」という意識から出発し、この意識をさらに醸成したのです。

ただ、公共機関における国籍条項撤廃の運動はかなり前進しましたが、その後も私人間における民族差別、たとえば、就職差別、入居差別、ゴルフ会員権、民間企業の奨学金など様々な問題が起き、その都度抗議を受けて謝罪し改善されるという事件が後を絶ちません。

まだまだ続く国籍差別

このほか、公権力行使を理由に在日韓国・朝鮮人弁護士に制限を加えられる事件が続いています。二〇〇三年に兵庫県の弁護士会は家庭裁判所の家事調停委員推薦依頼を受け、韓国籍の会員弁護士を推薦しました。ところが家庭裁判所は「調停

人権擁護委員法　昭和二十四年五月三十一日法律第一三九号

（この法律の目的）

第一条　この法律は、国民に保障されている基本的人権を擁護し、自由人権思想の普及高揚を図るため、全国に人権擁護委員を置き、これに適用すべき各般の基準を定め、もって人権の擁護に遺漏なきを期することを目的とする。

第二、三、四、五条省略

第六条　人権擁護委員は、法務大臣が委嘱する。

3　市町村長は、法務大臣に対し、当該市町村の議会の議員の選挙権を有する住民で、人格識見高く、広く社会の実情に通じ、人権擁護について理解のある社会事業家、教育者、報道新聞の業務に携わる者等及び弁護士会その他婦人、労働者、青年等の団

委員は公権力行使または国家意思の形成への参画にたずさわる公務員に該当する」という理由で最高裁へ上申しない、と伝えてきました。

調停制度とは、市民の間の民事・家事紛争を、当事者の話し合いと合意に基づき、裁判手続きに入る前に解決することを言います。そのために調停委員が専門的な法律知識と社会生活上の豊富な経験を生かして当事者の合意形成を支援します。その調停委員規則には資格要件として①弁護士資格を有する者、②民事もしくは家事の紛争の解決に必要な専門的知識経験を有する者などとし、国籍要件はありません。調停委員会による呼び出し、命令、措置には過料（罰金）の制裁など公権力の行使に該当する部分もありますが、これは調停制度による紛争解決の効果を高めるための付随的な処分であり、一調停委員が恣意的に行えるようなものではありません。

二〇一〇年、国連の人種差別撤廃委員会は国籍を理由に調停委員として調停処理に参加できない事実に懸念を表明しました。

二〇〇六年には司法委員について東京都弁護士会が外国籍弁護士を推薦しましたが、拒否されました。司法委員も純然たる裁判官の補助機能しかなく、なにをもって公権力行使というのか不明です。

弁護士になるためには司法修習生にならねばならず、ここに国籍条項があり、金敬得さんの闘いにより「最高裁が相当と認めた者を除く」とカッコ書きが加えられて、外国人修習生が採用されたことはすでに説明しましたが、二〇一〇年にはこ

体であつて直接間接に人権の擁護を目的とし、又はこれを支持する団体の構成員の中から、その市町村の議会の意見を聞いて、人権擁護委員の候補者を推薦しなければならない。

民生委員法（昭和二十三年七月二十九日法律第一九八号）

第一条　民生委員は、社会奉仕の精神をもつて、常に住民の立場に立つて相談に応じ、及び必要な援助を行い、もつて社会福祉の増進に努めるものとする。

第二、三、四、五条　省略

第六条　民生委員推薦会が、民生委員を推薦するに当つては、当該市町村の議会（特別区の議会を含む。以下同じ。）の議員の選挙権を有する者のうち、人格識見高く、広く社会の実情に通じ、且つ、社会

の国籍条項そのものが撤廃され、一歩改善を見ました。しかし、実にこれだけのために三十三年の年月を必要としました。

このほか、日本学術会議会員についても日本平和学会が外国籍の研究者を推薦したところ、学術会議から二〇〇五年一月十一日付「事務連絡」により「内閣総理大臣の所轄機関として設置され、科学に関する重要事項について政府の諮問に関する答申や勧告などを行う機関であるから会員になるには公の意思形成に参画するので日本国籍を必要とする」との回答がなされました。ここでも法律による制限ではなく法理（政府解釈）によるものでした。日本における学術研究活動の多くが外国人の研究者の参加によって推進されている現状からみると異常と言わざるを得ません（参考文献　田中宏「日本における『公職』と外国人――日本学術会議の会員資格における国籍要件をてがかりに――」龍谷大学経済学論集、二〇〇八年）。

家事調停委員は依頼者の法律上の権利を守ることが本来業務であり、学術調査研究もその研究成果の中身が問われるだけであり、執筆者の国籍が問われるわけではありません。

また、人権擁護委員や民生委員・児童委員は公職選挙法において選挙権を有する者とされていますので、結果的に日本人のみに制限されていますが、地域に多文化・多国籍の住民が居住している現在、異文化理解に通じた外国籍の人権擁護委員や民生委員・児童委員がむしろ必要なのではないでしょうか。

ちなみに、罪を犯した人の更生を支援する保護司には国籍条項はなく、一九六

福祉の増進に熱意のある者であって児童福祉法（昭和二十二年法律第一六四号）の児童委員としても、適当である者について、これを行わなければならない。

一年二月に京都市で姜成信《カンソンギル》さんが保護司の資格を認められています（金容大《キムヨンデ》「保護司姜成信《カンソンギル》氏の戦後」『道』一九七五年十一月号所収）。

国籍によって制限する場合はその正当な理由を最低限明示するべきです。でなければその職務の本来の任務を遂行する能力と適性を国籍にかかわりなく評価すればいいのです。安易に国籍で区別することや、日本国民優先を当然とするのは「日本＝単一民族国家」意識がまだまだ色濃く残っているからではないでしょうか。

29 社会 S 13版 2010年（平成22年）2月4日 木曜日 朝日新聞

外国籍調停委員選任
東京と兵庫でも拒否
反発強める弁護士会

●拒まれた弁護士会
2006年度 仙台
08年度 仙台、東京、大阪、兵庫県
10年度 仙台、大阪、第二東京、兵庫県
（日本弁護士連合会まとめ）

外国籍調停委員選任拒否を報じる『朝日新聞』二〇一〇年二月四日付。

Q20 「一九八二年体制」とはどういうものですか？

一九八二年の「出入国管理及び難民認定法」の施行と社会保障関係の適用対象の国籍条項の撤廃は、「第二の解放」ともいわれますが、どういうことなのですか。

日立裁判勝利のあと各地で自治体行政の国籍条項・国籍要件の撤廃を求める運動が展開されましたが、その頃、日本政府の外国人処遇政策に大きな影響を与える事件が海外から押し寄せました。

一九七五年四月、南ベトナムのサイゴンが陥落し南北ベトナムが統一され、多数の難民が流出しました。船で脱出した「ボートピープル」と呼ばれる一部の人々は黒潮に流れに乗って五月、日本に初めて漂着したのです。当初は民間の施設で滞在を認めるだけでした。七五年といえば主要先進国首脳会議（サミット）が発足し、以降毎年開かれるサミットに日本はアジアの代表として最初に参加しました。経済、政治の先進国入りを果たした日本には、それ相当の先進国としての役割、責任が求められ、当然難民の受け入れも要請されたと推察できます。

そして七八年に、閣議了解として日本に一時滞在するベトナム難民の定住許可を認めるようになりました。こうして、日本政府は先送りしていた国際人権に関す

日本政府の難民受け入れの経緯

一九七五年五月、米国船に救助された最初のボートピープルが日本に上陸、一時滞在（水難上陸）が認められる。ベトナムからのボートピープルも当初は不法入国者、密航者同然に処遇され、国連難民高等弁務官事務所（UNHCR）による生活費等の負担と外国による受入れの保障がなければ上陸を許可されなかった。

日本政府の見解は、難民とは『外国の難民キャンプで助けを求めている者への援助の問題』として定式化され、日本に保護を求めてきた人へ

る諸条約への加入を進めざるを得なくなりました。

難民条約、国際人権規約の批准

解放後の在日韓国・朝鮮人の歩みにおいて八二年は大きな区切りといえる年でした。そのわけは第一に、難民条約を批准したことにより出入国管理令に、難民認定手続きに関する規定が盛り込まれ「出入国管理及び難民認定法」に改められたことです。憲法第九八条第二項では「日本国が締結した条約及び確立された国際法規は、これを誠実に遵守することを必要とする」とされ、条約の趣旨に適合していない国内法は改正しなければなりません。

そしてこのとき、解放前から日本に住んでいる在日韓国・朝鮮人のうち協定永住の許可を受けていない人について、申請すれば特例として「一般永住」（特例永住ともいう）の資格を付与することになりました。七四年では一七一二人しかいなかった一般永住者が申請締切りの八六年には二六万五〇九九人に増加しています。誰もがこの制度を積極的に受け入れた結果であり、六〇年代に「建国・帰国」を目標にして、日本に永住することを表明するだけで非難が渦巻いた時代とは全く様変わりしました。また出入国管理令第二四条で定められていた退去強制の事由の一部が削除され、ハンセン病患者、精神障害者、公共負担者（生活保護受給者）であることを理由に外国人が国外追放されることはなくなりました。

「社会的弱者を国外追放するというおぞましい制度にやっと終止符がうたれた」

の処遇あるいは自国領域への難民受入れといった視点は未成熟であった。

一九七八年四月、ベトナム難民の定住に関して次のような閣議了解がなされた。「定住を希望し善良なる社会人として生活を営むと認められる者であって、一定の条件に該当する者に定住目的の在留を認める」。

一九七八年五月、フランスの『ル・モンド』紙は、「在日朝鮮、在日中国人への差別が日本の難民受け入れ消極策の背景にある」と指摘した。

難民の地位に関する条約

国連：一九五一年七月二十八日採択　一九五四年四月二十二日発効

日本国：一九八一年六月五日国会承認　八二年一月一日発効

第二三条〔公的扶助〕

（田中宏『在日外国人　第三版』一七一頁、岩波書店、二〇一三年）のです。

第二に、一九七九年に国際人権規約を批准し、これを受けて住宅金融公庫法、公営住宅法、日本住宅公団法、地方住宅供給公社法の四つの公共住宅関係の「国籍要件」が撤廃されました。在日韓国・朝鮮人ら永住者にとっては公営住宅に入居できる道が開かれ、しかも住宅金融公庫から住宅ローンも受けられるようになりました。

ところが、上記の四つの法改正の際に、大蔵省、建設省（ともに当時）は改正の理由について、「諸般の情勢に鑑み……」と漠然とした表現にとどめました。国際人権規約批准に伴う措置であり、国籍による差別は不当であることを明確にしなかったので、今でも民間の賃貸住宅契約で入居差別を根絶することができていない遠因になっているといえるのではないでしょうか。

第三点として、日本政府は八一年に難民条約を批准し、難民条約関係国内法整備法を制定し、八二年から発効しました。難民と認定された人々には受け入れ国は労働法制及び社会保障について「自国民と同一待遇」を保障しなければなりません（難民条約第二四条）。その結果、国民年金法と児童手当法、児童扶養手当法、特別児童扶養手当法の国籍条項が撤廃されました。この法改正により新たに対象となる外国人数は、国民年金が約二九万人、児童扶養手当が約三〇〇〇人、特別児童扶養手当が約七〇〇人、児童手当が約一万四八〇〇人でした。逆に見ればこれらの人々は当然受けるべき権利を奪われていたことを示しています（『法律時報』日本評論社、

締約国は、合法的にその領域内に滞在する難民に対し、公的扶助及び公的援助に関し、自国民に与える待遇と同一の待遇を与える。

第二四条〔労働法制及び社会保障〕

1　締約国は、合法的にその領域内に滞在する難民に対し、次の事項に関し、自国民に与える待遇と同一の待遇を与える。

(a)　報酬（家族手当がその一部をなすときは、これを含む）、労働時間、時間外労働、有給休暇、家内労働についての制限、雇用についての最低年齢、見習い及び訓練、女子及び年少者の労働並びに団体交渉の利益の享受に係る事項であって、法令の規律を受けるもの又は行政機関の管理の下にあるもの

(b)　社会保障（業務災害、職業病、

一九八五年四月号)。

社会保障を受ける権利は「日本国籍を有する者」から「日本に居住する者」に大きく広がりました。政府は難民以外の他の外国人(在日韓国・朝鮮人)の法的地位に大きな影響を及ぼすとの理由で、難民に社会保障について内国民待遇を付与することに慎重であったといわれています。ある日突然、日本に上陸した難民に「自国民と同等の待遇」を保障し、一方で植民地支配と定住の歴史性のある在日韓国・朝鮮人を今までどおり国籍条項で排除することは、どう考えても合理的な説明がつかないからです。結局、国籍条項撤廃によって難民にも定住する在日韓国・朝鮮人にも社会保障を受ける権利を認めざるを得なくなったのです。

しかし、形式的に国籍条項を撤廃しただけで、国籍条項があったため受けた不利益を回復する措置(経過措置)をとりませんでした。したがって、老齢年金受給のための二十五年の納付要件を充たせない在日韓国・朝鮮人(当時三十五歳以上)には恩恵のない法改正に終わりました。一九八六年の時点ですでに六十歳を超えていた高齢者には日本人のような老齢福祉年金が支給されず、一九八二年一月の時点で二十歳を超えていた在日韓国・朝鮮人の障がい者は現在も障害基礎年金を受けることができません。

その後、地方自治体によっては「外国人高齢者福祉手当」などの名目で月額二万円前後を支給するところもありますが、何も支給していない自治体もあり、自治体ごとの格差が生じています。

母性、疾病、廃疾、老齢、死亡、失業、家族的責任その他国内法令により社会保障制度の対象とされている給付事由に関する法規)。ただし、次の措置をとることを妨げるものではない。

(以下省略)

在日外国人無年金障がい者及び在日外国人無年金高齢者からの人権救済申立事件

厚生労働大臣・内閣総理大臣・衆議院議長・参議院議長殿

日本弁護士連合会会長　宇都宮健児

勧告書

当連合会は、A外二二名申立てに係る人権救済申立事件につき、貴省(貴院)に対し、下記のとおり勧告する。

記

第一　勧告の趣旨

在日韓国・朝鮮人の意識の変化

八二年の難民条約発効は国際人権規約の批准が与えた衝撃でしたが、七〇年代の権利獲得闘争がたどりついた折り返し点ということもできます。八二年体制と対比できるのが五二年の平和条約体制です。それはサンフランシスコ条約発効後、在日韓国・朝鮮人の日本国籍喪失を確認し、歴史性と定住を捨象した「いずれ帰国するかもしれない」外国人像として規定しました。これに対して八二年体制は「在日」を前提とする新しい外国人像を浮かび上がらせたのでした。日本に定住して日本人と変わることのないライフスタイルを送っている、まるで外国人なのかどうかわからないくらいの状態です。日本人がしていることは自分もしたい、また、日本人がしないことは自分もしたくないというのが八〇年代の新しい在日韓国・朝鮮人でした。もっとも特徴的な現象は母国語が話せないということです。もちろんそれは目新しい事実ではありませんでしたが、受け止め方として「本来ならできなくてはいけない」という意識から「できなくても仕方がない」、さらには「できなくて当たり前」という感覚さえ見られるようになりました。

八〇年代は日本でもちょうど「新人類」という言葉が流行しましたが、同じ現象が在日韓国・朝鮮人の間にも起こったのです。年齢でいえば一九六〇年以前に生まれた層とそれ以後との違いといえます。高度経済成長以後に生まれた人々の感覚に違和感を覚えた既存世代は少なくありません。彼らは「在日」という境遇を不本意

当連合会は一九九六年二月二十七日に、内閣総理大臣及び厚生労働大臣に対し、次の趣旨の要望を行った。すなわち、一九八六年四月一日の時点で六十歳を超えていた在日朝鮮人高齢者を老齢福祉年金の支給対象とせず、また、一九八二年一月一日の時点で二十歳を超えていた在日朝鮮人障がい者を障害基礎年金の支給対象としていない国民年金法の関連規定は、これらの者を日本国民と合理的な理由なく差別して扱うものであり、憲法一四条一項、国際人権（自由権）規約二六条、国際人権（社会権）規約二条二項等に違反するおそれがある、というものである。

しかし、それ以後も、中国残留邦人における無年金問題において救済措置が実施され、また、学生無年金障がい者問題において救済措置が実施される一方、在日外国人無年金障

な巡りあわせとしてではなく、ごく自然な環境として認識し始めたのです。

せんじ詰めれば、日本に来たくて来たのではない、あるいは住みたくて住んでいるのではないという不満を内包した心理から、ここで暮らしたい、ここで生活したいとの声が本音として出てくるようになったといえます。国家や歴史を背負って生きているのではない、ありのままの姿の一つの属性として在日韓国・朝鮮人であるに過ぎないというのです。

たとえば六一年生まれの姜信子《カンシンジャ》さんは自分のことを日本読みで「きょう　のぶこ」と表現し、「『私は韓国人だ。文句あっか』と、挑戦的になるのでもなく、『すいません。韓国人です』と、卑屈になることもない。問われれば自然に、私は韓国人だと答える。それだけのこと。私が感覚的に捉えうる『民族』とは、私の祖先が朝鮮半島にいたという事実。それだけで十分なのである。これが私の立場である。」（姜信子『普通の韓国人』朝日文庫一七五頁、朝日新聞社、一九九〇年）と書いています。

こうした発想は旧世代には当惑せざるを得ないものがありました。歴史も祖国も知らずに韓国人であるといえる根拠は何か、想像もつかなかったからです。けれどもこの頃から在日韓国・朝鮮人の構造が確実に変化していました。それは日本生まれが七四年の段階で七六%を占めるようになった（森田芳夫『数字が語る在日韓国・朝鮮人の歴史』一八三頁、一九九六年、明石書店）ということです。その結果、人のつながりが地縁（同郷）や血縁（一〇親等までは親戚）や組織といった横の広がりから、

がい者・高齢者に対しては、何らの救済措置も講じられていない状態にある。さらに特定障害者に対する特別障害給付金の支給に関する法律の附則及びその審議過程における附帯決議においては、今後この問題に検討を加えることとされながらも、現在に至るまで、具体的な検討が開始されていることはうかがえない。

このような状況に加えて、在日外国人無年金障がい者・高齢者の高齢化や、長引く不況などによる社会経済環境の悪化を受け、これらの者の多くが困窮した生活を行うことを余儀なくされている状況に鑑みれば、憲法一四条一項違反並びに国際人権（自由権）規約二六条、国際人権（社会権）規約二条二項等違反の状態は、現時点においてさらに著しくなっているものと言わざるを得ない。近時の国際人権（自由権）規約委員会の

祖父母―父母―自分という家族の縦の関係に基礎をおくようになりました。しかも家族の中に日本人がいることはもはや珍しいことではありません。婚姻届の統計を見ると、韓国・朝鮮人の婚姻届の内、双方が韓国籍または朝鮮籍の届出が一九八二年には三七・四％（人数割合ではなく件数の割合）と四割を切り、韓国・朝鮮籍夫と日本籍妻の婚姻届は二三・六％、日本籍夫と韓国・朝鮮籍妻の割合は三七・九％を占め（残りは他の外国籍者との婚姻）、この年から日本人男性と韓国・朝鮮籍女性の結婚が一位を占めることになり、現在もその傾向は続いています（森田芳夫　同書一七九頁。Q1参照）。

　そこでは歴史を語るにしても、在日韓国・朝鮮人の「民族の歴史」ではなく、「我が家の歴史」の方が重要なものとなりました。いいかえれば民族という大きな概念で語ることが等身大の自分を表すのにふさわしくないと感じ始めたのかもしれません。日本人とつきあうときに「私の民族」よりは「私自身」を語るようになったということです。

　その背景には在日韓国・朝鮮人が社会経済的に一定の力を持つようになったこと、また差別が減少しだしたことが考えられます。もちろん差別が無くなったわけではありませんが、かつてのように理由もなく罵られる、暴力を振るわれるというようなことに比べれば、かなりの変化と言わざるを得ません。加えて法的な差別が撤廃されたことは「第二の解放」を迎えたといってよいほどです。

　先ほどの姜信子さんは自分のことを「普通の韓国人」と表現しましたが、同じこ

総括所見においても、この問題に対する懸念が示されるとともに、国に対し、救済措置を取るよう勧告がされているところである。

　そこで、当連合会は、国において、在日外国人無年金障がい者・高齢者が差別なく年金の支給を受けられるようにするため、難民の地位に関する条約等への加入に伴う出入国管理令その他関係法律の整備に関する法律（昭和五十六年法律第八六号）附則五項、国民年金法等の一部を改正する法律（昭和六十年法律第三四号）附則三一条、三二条一項等を改正するなどの救済措置を速やかに講じるよう勧告するものである。

第二　勧告の理由

　別紙「調査報告書」記載のとおり。

以上

〔注〕調査報告書　省略

二〇一〇年四月七日

ろ「普通のおばさんになりたい」といって芸能界を引退した都はるみさんがいました。これは単純に考えると歌手という華やかな職業ではなく、市井の人として暮らしたいと受け止めるのが常識的かもしれません。しかし彼女の父親が在日韓国・朝鮮人であるというフィルターを通してみると、彼女自身が在日韓国・朝鮮人であることを隠すのではなく、逆に肩をいからすのでもなく、それをごく普通のこととしていえる「おばさん」になりたいということではなかったかと思われるのです。そのことは引退の翌年、生まれて初めて韓国を訪問し、実現はしなかったものの、そこへ父を誘ったことからも伺えます。

彼女は二十年という歌手生活の中で、日本人である母親が話題になることはあっても、父は皆無といっていいほど表面には現れることはありませんでした。週刊誌などに名前が出るときも仮名に近い形でしか紹介されませんでした。それでいて在日韓国・朝鮮人であるが故の苦い思いは経験しています。新人賞を受賞したとき、「北の宿から」でレコード大賞を受賞したときです。週刊誌などが出自について、様々に書き立てたのです。その精神的負担はかなりのものであったといわれています。

けれども引退後、徐々に父親の実像が明らかにされていきます。引退から間もなく京都で亡くなったときには、十分に在日韓国・朝鮮人であると推測できる名前で葬儀が営まれ、さらにのちに発行された彼女の伝記には韓国の本籍地まで紹介されました。誰でも自分自身を隠さねばならないのは苦しいことです。しかし日本社

外国人高齢者福祉手当支給を求める要望書を川崎市に提出する「トラジの会」（一九九五年）

会特に芸能界ではそれを押し付ける空気がまだ多くあります。そんな中で彼女は本当の意味の「普通のおばさん」になったのです。ただしそのためには彼女はいったん引退しなければならなかったということを忘れるわけには生きません。人気稼業として現役のままでは恐らくできなかったと想像されるからです。つまり八二年体制といえども全く後顧の憂いがないという状態には至っていないということです。差別は減少したといってもなくなったわけではありません。

共に生きる社会へ

そのどちらかを主要な流れととらえるかという所で、将来像が異なることになります。八二年体制を大きな分岐点として、在日韓国・朝鮮人にはかなりの状況変化があったとみるべきです。「在日」することを自認した、そして法律上の差別が是正されたというのは画期的なことです。それは日本社会の一員となって共に暮らすことを意味しています。ここから「共生」という言葉が生まれました。

差別はよく「他人の足を踏むこと」にたとえられます。踏んだ方は何も感じないが、踏まれた方は痛みを忘れないというものです。しかし、仮に足を踏まれたとしても、その靴を避けた後まで、いつまでも痛いといい続けるのは感心しません。新たな関係を生み出すためには踏んだ方が誠意をもって謝罪し、それをある程度納得できるならば、踏まれた方から「ドンマイ」というしかないのです。

差別は許されないことです。しかしそれにこだわり続けることは追及する側の精神を細らせる結果を招くことがあります。九〇年代に入って差別をなくすことを掲げて運動している中から、とある差別事件に対して「これはおいしい」という言葉を聞くことがありました。何とも耳を疑うしかありません。差別との闘いが「もぐら叩き」ゲームのように、いつしか「もぐら（＝差別事件）をたたく」ことに単純化され、もぐら（＝差別事件）が出てくるのを待つようになっていたのです。

しかし世の中には在日韓国・朝鮮人に対してだけ差別があるわけではなく、在日韓国・朝鮮人も差別する側に回らない保証はありません。植民地時代や戦後間もない差別の厳しかった時代にさえも、日本人との素晴らしい出会いをたくさんしています。共生のためには自己責任と他者責任の違いをはっきり区別することが求められます。その上で共通の目標を見つけ、実現に向けて協力していくプロセスが何より大切です。

Q21 指紋押捺拒否運動とはどういうものですか？

外国人登録で指紋を押すのは嫌だといいますが、どうして一九八〇年代になって大きく取りあげられたのですか。運動の結果、指紋押捺はなくなったのですか。

一九八〇年代の在日韓国・朝鮮人は「指紋押捺問題《しもんおうなつ》」に明け暮れたといってもよいほどでした。

外国人登録をするときに指紋を押さなければならないということが、いかに屈辱的か、という不満が一気に噴出したためです。

一般的にいっても指紋を採られるということは犯罪捜査につながるものとされています。理由もなく指紋を採るというのは人権侵害だということは常識といっても過言ではありません。

かつて日本人も指紋を登録してはどうかという提案が、一九四九年七月〜八月、下山事件、三鷹事件、松川事件など捜査難航の事件が続出した頃、国会で議論されたことがありますが、結局実施には至りませんでした。またある中学校で盗難事件が起こった時に生徒全員から指紋を採ったことが行き過ぎだと問題になったこともありました。

指紋押捺の義務化

にもかかわらず外国人は十四歳（八二年十月からは十六歳）になると必ず、新規登録、引替交付（汚損した場合など）、再交付（紛失など）、登録切替（確認申請）の際には、登録原票（市区町村で保管）、登録証明書（本人が常時携帯）、指紋原紙（法務省保管）に指紋を押さなくてはならなかったのです。新規登録、引替交付、登録切替のときは左手人差し指の回転指紋だけですが、再交付の場合は一〇本の指の回転指紋を採られました（七一年まで）。しかも三年ごと（同じく八二年十月からは五年ごとに）の登録切替のたびに、本人確認のためとして、押さなければならないので不快感は募る一方でした。不押捺は一年以下の懲役または禁錮または三万円以下の罰金（当時）で、拒否した場合には自治体は外国人登録法違反事件として警察に告発することを求められていました。

法に定められたことには従うほかはないと受けとめているところへ、八〇年九月、東京に住む韓宗碩《ハンジョンソク》さんが登録切替の際に指紋の押捺を拒否したのです。なんといっても法に定められたことに反対の意思表示をするのですから、勇気のいることでした。しかし韓さんは「この屈辱を子どもにまで味あわせたくない」として立ち上がったのです。

実は外国人登録法の指紋押捺を拒否したのは韓さんが初めてというわけではありません。もともと外国人登録法は五二年四月から施行され、指紋押捺は三年遅れ

李相鎬　意見陳述書　一九八五年十月八日

「……今や、私の妻も、兄も拒否をしました。そして私のアボジ・オモニ（父・母）も、当初は『そんな

の五五年四月から始まりました。三年遅れということに反対の強さと対策を練った法務省の意向がうかがえます。指紋押捺拒否は五五年〇件、五六年一九五件、五七年二五四件を数えました（田中宏『在日外国人　第三版』八九頁、岩波書店、二〇一三年）が、全国的な運動としては広がりませんでした。

拒否の波紋

しかし八〇年代になって再浮上してきたのは日本での定住を主観的にも客観的にも認知した「一九八二年体制」という大きな時代の変化があったからです。

彼の行為ははじめのうち「たった一人の反乱」と呼ばれておりましたが、次第に共鳴の輪が広がり、一年も経たないうちに大きな社会問題となりました。とりわけ九州に住む崔善恵《チェソンヘ》さんや神奈川の辛仁夏《シンイナ》さんという当時中学生の少女らが「日本人の友だちは指紋を押しません。なのにどうして私が押さなくてはならないのですか。いつまで押すのですか」といって拒否したことは少なからぬ衝撃を与えました。拒否者の中には高校生など若い人が多く、それに対して先輩の立場から精神的重圧を分かち持つという気持ちで拒否に踏み切る一世や二世も少なくありませんでした。孫が逮捕されるかもしれないのを、黙ってみていられない、と祖父母も拒否をした家族もいます。この運動が大きなうねりとなるにつれて、逮捕や裁判に発展するケースも増えました。

外国人登録法は何度も一部法改正をされてきましたが、その経過を見ておきま

ことをやって何になる」と言っていたのが、我が子らの闘いを見ていく中で『息子らがここまで闘うちょるのに、親が一緒にやらんとどうするんね』と九州弁で言って拒否したのでした。私はかつて親を恨んだ自分にたまらぬほど恥ずかしい思いがこみ上げてきました。そして本当に勇気づけられました。初めて一世である親と二世である自分とが強く連帯の絆で結ばれたような気がしました。と同時に、同じような絆を三世である我が子とどのように作っていこうか、そして、日本人とどう創っていこうか、そんなことも考えました。世代をこえ、民族をこえたこの闘いに、日本政府はどう対処していくつもりなのでしょうか。……』

横浜地方裁判所刑事一部　法廷にて　陳述者　李相鎬

しょう。八〇年の韓宗碩《ハンジョンソク》さんの指紋押捺拒否の影響で、管理強化と懐柔の両面を見ることができます。

・八二年十月改正施行：確認申請を三年から五年に、常時携帯義務を十四歳から十六歳に引き上げ

・八八年六月改正施行：指紋押捺は一回限り、手帳型の登録証明書を運転免許証型のカード型形式に変更、指紋再押捺命令権新設

・九三年一月改正施行：永住外国人を指紋押捺制度から対象外とする。家族登録制度導入（日本に居住する父母、配偶者、同居の親族及び同居者を登録）

八四年九月には韓国籍・朝鮮籍を問わず、「指紋押捺拒否予定者会議」が結成され、「市民的不服従」の闘いを鮮明に打ち出しました。民族団体のうち総連は組織防衛の観点から拒否運動はせず、自治体議会への指紋押捺制度廃止の陳情、請願運動を中心にし、民団は青年会、婦人会の活動によって八五年五月「指紋押捺留保」の方針を採択しましたが、その後、本国政府の意向をもあって「留保」を終結させました。

こうした組織の決定にもかかわらず、八五年の大量切替（最初の登録が一斉であったため、切替時期も三年ごとの秋に集中）には拒否、留保含めて一万人を超える人が不押捺を実行しました。呉徳洙《オドクス》監督の手によってドキュメンタリー映画「指紋押捺拒否」（八四年作）、「指紋押捺拒否2」（八七年作）がつくられ、全国各地で上映会が開催されました。この運動は日本人にも広く共感を呼びました。指紋による同一人性

の確認など自治体職員にできるわけがなく、指紋を採る行為は、自治体職員にとっても人権侵害に当たる苦痛な業務であることが認識されており、自治労（全日本自治団体労働組合）も拒否者との共闘を進めました。自治体も指紋押捺拒否者について、例えば川崎市長は八五年三月「法も規則も人間愛を超えるものではない」として告発しないことを議会で明言しました。

法務省の対応と指紋押捺制度の全廃

法務省側は八二年に、指紋拒否者に対する刑事罰のほか再入国許可を付与しないという制裁措置（再入国許可を受けて出国しないとこれまでの永住資格を失う）を打ち出しました。この結果、川崎で拒否をしたエドワード神父（ポーランド出身でフランス国籍）は父親の葬儀に立ち会うことができませんでしたし、NHKの「青年の主張」で入賞した在日朝鮮人青年も受賞の祝いのカナダ旅行にも行けなくなりました。八五年五月八日、川崎市在住の李相鎬《イサンホ》さんは指紋押捺を拒否しましたが、上記の市長発言のとおり川崎市から告発されていないにもかかわらず所轄の警察によって逮捕されました。

その二日後の大阪府警の富田外事課長は「新聞その他の情報に依れば、かなり世論に左右されて各行政機関が弱気になっています。日本の法治体制に対して外国人になめられている。これは私個人の考えですがそういう気がしてならない。そういう体制がいやであれば自分の国へお帰りになればいいわけですね。また日本で生ま

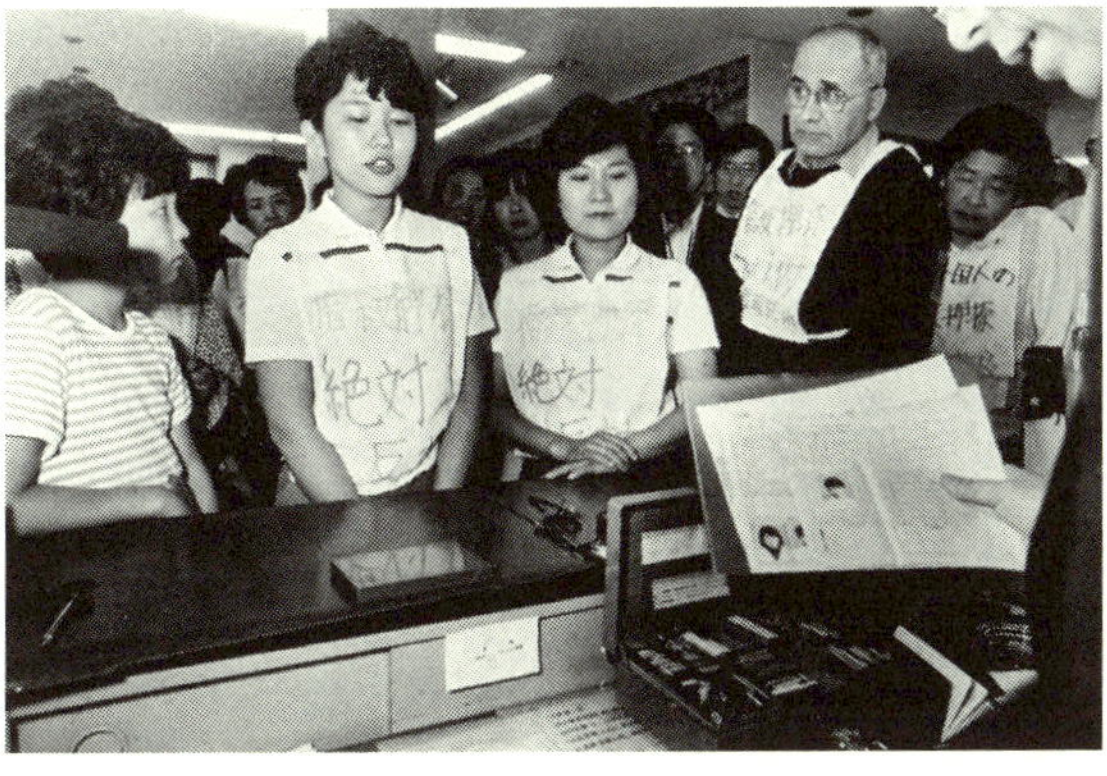

指紋押捺を拒否して父の葬儀に参加できなかったフランス人エドワード神父が指紋拒否者を支援。『神奈川新聞』一九八五年頃。

社会福祉法人青丘社ふれあい館在日コリアン生活文化資料館 http://www.halmoni-haraboji.net/ 提供

れ、日本人と同じように育っているという方は帰化すればいいんです。そういう方法があるわけですからね。……」と全国ネットで放映されたテレビニュースで語り、人権を基準にその法の適否を語るのではなく、「同化か追放か」という従来の日本社会の草の根の排外主義を露骨に言い表しました。

八五年の大量切替を目前に法務省も、黒インクによる指紋押捺を無色透明な液薬にし、回転指紋を平面指紋にするなど指紋押捺に対する不快感を減らす小手先の改善を試みる一方、指紋押捺拒否者への外国人登録証明書の交付の保留や外国人登録済証明書（外国人の居住証明にあたる）に「指紋不押捺」と記載するなどの五・一七通達を出して抑えにかかりました。

しかし、前述のとおり一万人を超える拒否者がでて、八七年には法改正が行われ指紋は一回限りに、外国人登録証明書はカード化することとしました。指紋押捺一回限りというのは、本人確認のためという建前をかなぐり捨てて「全ての外国人の指紋を収集しておきたい」という治安管理の目的を余すところなく表現することになりました。

八九年、昭和天皇の死が伝えられ、政府はこれを機に「恩赦」を行い、指紋押捺拒否者及び不携帯で裁判闘争を続けていた三四人の人たちは「免訴」となり、違憲性を争う手段を奪われてしまいました。

しかし、指紋押捺拒否闘争はその後も持続され、九二年には特別永住者と一般永住者の指紋押捺義務を廃止し、九九年には再び法改正がされて、二〇〇〇年四月

韓宗碩《ハンジョンソク》氏の無罪宣言

本日の最高裁のいわゆる「判決」なるものは、私の「憲法判断による無罪請求」の上告に対し、「憲法の番人」たる使命よりも、政府の「免訴申立て」を臆面のなく受入れ、政府の権威を借りて「免訴判決」を私に宣することによって、自らの「判断」を放棄したことにほかならない。

即ち、①政府は「たった一人の反乱」を起こし、「指紋拒否」した私を告訴はしたものの有罪にできないまま「外登法」の改正・施行によってその実、敗北したにもかかわらず、その隠ぺいを図り「天皇死去」の歴史的事件を「渡りに船」とすがりつき、自らの敗退を何とか糊塗した。

②したがって、本日の「免訴判決」とは、政府が私を「有罪」にすることができなかったばかりでなく、最高裁もまた自らの「法的判断」を

ついに指紋押捺制度は全廃されました。

復活した指紋押捺制度

ところが、二〇〇七年「テロ対策」を理由に、入管法が改定され、入国審査時（新規入国も再入国時も）に特別永住者を除く全ての外国人から再び指紋と顔写真を採取するようになりました。

指紋は一人ひとり違っており、しかも終生不変なので個人の識別には絶対的な効力があるとされています。同一人性を確認するのに最も威力を発揮するというのです。しかし外国人登録において指紋をもってそれを確保しなければならないほどの必要性はどこにあるのでしょうか。密航者の取り締まりのためという意見がありました。確かに紛失した他人名義の登録証の写真を張り替えて偽造をした事実もありましたが、指紋押捺制度でどれほどの効果があったのかは不明です。戦後の食糧事情の悪さから米穀通帳（配給の受取り確認用通帳）を入手するための「幽霊人口」を抑えるためという意見もありましたが、日本人の飯場や工場もまた「架空の登録」をして多めの配給を受けていたのは事実ですから、外国人だけから指紋を採る理由にはなりません。

指紋問題が提起したのは、在日韓国・朝鮮人は日本人と変わりなく生活している社会の一員だということです。いいかえれば八二年体制をより実質的なものにしたいということでした。七〇年代までの二世は日本人と異なる自分を再発見する

もってすれば本来私を無罪とすべきところを恥ずべくもなく「面子」上これを回避し、さらばとて「有罪」にすべき根拠も失い、二年余の間、自己の判断を回避してすがりついたのである。

③これを正確に解釈すれば、私は遂に政府の勇気無き意欲よりも、また最高裁の逃避的意思よりも、なお別次元の日本国政府・最高裁を包括し絶対多数の日本国民意思による特例的、変形的な「無罪」を成就したことを意味する。

④ここにおいて、私は「外国人登録法違反事件」即ち「指紋押捺拒否」を敢行したことで「外登法」の「改正」とともに遂にこのような大いなる「無罪」を勝ち取ったことをここに宣言する。

想えば私は、八〇年九月一〇日、日本国憲法の精神と条項、日本国民

「朝鮮人宣言」によって、アイデンティティを獲得していきました。けれども八〇年代にはそれを越えて同じ人間であることを宣言したのです。指紋を拒否する理由を見ても、三十代と十代ではかなりの開きがありました。三十代の人々は自分が在日韓国・朝鮮人としての差別体験を終わらせたいという切実な気持ちが込められていました。しかし、十代の人たちはたんに「押したくないから」と、あっけらかんとして答えるのでした。

たとえば六九年生まれの朴敏寛《パクミングァン》さんは「みんな怒ったような口調で拒否を語り、苦しんだとかなんとか熱血してたけど、僕が拒否したときはあれほど楽しいことはなかったよ。楽しくなきゃ嘘だよ。押したくないから窓口で『どうしようかな』と言ったら、向こうから『押さないんですか?』と言ってきたから『ええ、拒否します』ってそれが始まりです」と語っています。

彼はまた「在日韓国・朝鮮人として生きていくことで辛いことなんて今はない。でも、自分でそうやって認められない同胞が多い。『韓国人であるより、僕は同じ人間だから』という逃げ、あれも困るわけ。偏見もなくすために『臭いものに蓋をする』のではなく、トコトン直視し、つきあっていかなくちゃいけない」と言います。

こうした変化を「サラム（人間）宣言」と呼ぶことができます。人間としての普遍性を前提にするとはいっても顔のない人間がいるわけではありません。とりわけ民族としてのルーツを無視しては存在しえないという意味で、独自性を明示するた

自らの意思で批准した「国際人権規約」の条項を、自分ひとりで適用実践し、人間の尊厳を踏みにじる外登法の「指紋」の生涯押捺制度を拒否し、終にこれを打破した。

そして今日、またも自ら、私を有罪にできなかった日本国の別の真の総体を体して、自己自身の「無罪」宣言をここに改めて宣言する。

そうだ！韓宗碩は無罪である！！

一九八九年七月一四日

最高裁にて　宣言者　韓宗碩

〔解説〕上記の本文のとおり、政府は昭和天皇死去に伴う「恩赦」による「免訴」とし、指紋押捺制度の違憲性を争う訴訟に終止符を打った。司法の判断を出させることはできなかったが、指紋押捺拒否者は「無罪」となった。

めに民族の言葉で人間を表す「サラム」と呼ぶのがふさわしい時代なのです。

指紋押捺に反対するというのは法律を破ることに目的があるのではなく、制度の改正を求める行為に他なりません。問題は外国人からだけ、指紋をいつまで取り続けるのかという点にあります。人権を尊重し生活実態に合わせて法を改正していくのでなければ社会の進歩は望めません。当時の在日韓国・朝鮮人には、指紋を押さないという直接的な表現以外にこの不合理性を訴える方法がなかったということを見逃してはならないのです。

指紋押捺拒否の運動はまた、「日本人へのラブコール」とも言われました。川崎で指紋押捺を拒否した李相鎬《イサンホ》さんは「若い世代の拒否者のある者たちは、自らの拒否を、同世代の日本人の若者に向けたラブコールだといっています。それは、この日本という大地の上で、過去の歴史を忘れるのではなく、しかも、だんまりを決め込むのでもなく、互いに認め合い、そして共に泣き、笑い、悲しみや喜びや怒りを分かち合い、互いの垣根を取り去っていこうとする愛情を込めた呼びかけと言えるのではないでしょうか」（李相鎬「意見陳述書」八五年横浜地裁）と法廷で語りました。日本の国益を害する「外（害）国人」という伝統的な外国人認識を改め、共に地域社会

在日外国人の指紋押なつ拒否

川崎市「告発せず」

人権守り法改正にらむ

『朝日新聞』1985年2月24日付

韓宗碩さん追悼の集い2008年11月2日のパンフレット

に生きる住民としてとらえなおすことを日本人に呼びかけたことが、この運動が共感を呼んだ理由の一つです。

指紋押捺拒否は、日本社会を抗議、糾弾の対象に据えるだけではなく、人権が尊重される社会を共につくろうという日本人へのラブコールだったのです。日本人はどれだけ答えられたのでしょうか。

Q22 帰化をしないのはどうしてですか？

最近、帰化をする人が増えているそうですが、反対意見が多いのはなぜですか。帰化によっては在日韓国・朝鮮人が抱えるさまざまな問題は解決するのですか。

帰化という選択

在日韓国・朝鮮人の中から日本国籍へと帰化する人が増えています。一九五二年のサンフランシスコ平和条約締結によって日本国籍を喪失するとされて以来、二〇一三年末までに累計で三五万一〇五人の在日韓国・朝鮮人が帰化を許可されました（Q1統計参照）。一年間で最大の帰化許可者数を出したのは二〇〇三年の一万一七七八人です。二〇〇二年の小泉首相の北朝鮮訪問以来の「拉致事件」、核不拡散条約脱退宣言を端緒とする「核疑惑」が大きな影響を及ぼしていることが想像できます。その後減少傾向にあり二〇一三年は一九七八年以降最低の四三三一人となりました。

九四年に韓国大使館が実施した「在日韓国人の生活意識調査」によれば、六一％が「日本国籍を取得するつもりはない」と回答していますが、三世では四五％が帰化を願望していることがわかりました。また、現在の帰化制度が改善されれば帰化したいという意見も多くみられました。

帰化を希望する理由は「子どものため」「結婚のため」「生活上の便宜を考えて」など、やむを得ない事情があるとしています。つまり帰化を希望するのは差別と何らかの関係があるといえます。もちろん中には韓国旅券の発給や、外国旅行の際の手続きの煩雑さといった実務的な不便を解消するためという声もあります。

東京に住む三十代のある男性は「七年前に帰化申請して一年余りで許可が下りた。なぜ帰化したのか明快に答えられるほど単純ではない。敢えて一言でいうなら妥協か。自分の親の立場からしてみれば、子どもたちが就職差別にさらされる中、日本に永住するのなら、という気持ちがあったと思う。その頃の自分には民族性と呼べるものもなく、帰化することに対しても真剣に考える材料がなかった。大学卒業後就職活動をしたが全て不採用になったことも理由になっている。しかし帰化しても血は変わらない。自分は自分だ。帰化後感動したのは選挙で一票を投じたとき、外国人登録を所持しなくてもいいというぐらい」と語っています。

帰化の申請にあたっては「動機書」を書かねばなりませんが、法務省によると最近の傾向としては若い世代の帰化が多く、参政権がないとか、公務員採用にも制限があることなどを理由に挙げられているとのことです。日本人との結婚が増えている中で、結婚後に夫婦の国籍を統一するという目的で帰化に踏み切ることも多いようです。日本人との結婚の場合は帰化の要件が緩和されているという事情もあります。

プロ野球・巨人軍の元エースだった新浦寿夫さんは日本人女性と結婚していま す（八五年以前）。彼は自叙伝で、「私の日本人への帰化は、長男が生まれたときに、彼の国籍をどうしようか考えたことを発端に決めた（著者注＝一九八五年以前なので子どもは父親の国籍を継承する）。子どもは最初から日本籍に入れるつもりでいた。自分が味わった不合理な扱いを息子に味あわせたくなかった」（『ぼくと野球と糖尿病』六八頁、文藝春秋、一九九四年）と書いています。

また「この国で生まれ育った私の中に、父の国に帰る気持ちはない。日本で暮らす限り、私もまた日本人になるべきだ。そう考えて、私自身も帰化した。私は『金日融《キムイルユン》』の名を捨て日本人『新浦壽夫』となることを決めた。そう考えて、私自身も帰化した。『なぜ日本に帰化したのですか？』と聞かれることがある。私はこう答える。『父親としての子どもに対する愛情です……』、『子どもにはこだわりのない一人の人間として自由に自分の人生を切り開いてほしい』」とも語っています（同書六九頁）。

この思いは恐らく定住するすべての在日外国人に共通する願いです。ただそのための道筋として帰化を選ぶか、または国籍を保持するかは個人の持っている考え方や生育環境、体験によって差が出るといえます。どちらが正しいとは一概に言えませんが、帰化しないということが「自分に素直に生きる」ことだと考える人が多いのは事実です。

帰化をするためには手続きの煩雑さもさることながら、心理的な葛藤を乗り越えなくてはなりません。特に一世の生きてきた足跡と心情を思えばそう簡単に決断できるものではないのです。また在日韓国・朝鮮人に対する差別が残っていると感じるときに、帰化によってそれを回避するのではなく、差別そのものの解消に立ち向かうべきだとする考え方が強くあります。

ホームランで世界一を記録し、第一回の国民栄誉賞を受賞した元巨人の王貞治さんは著書で「現在私は、帰化しようと思っていない。もし私が日本に帰化するといえば、反対するものは一人もいないだろう。いや父は寂しく思うかもしれない。だから、私は帰化しないのだ、と言えるのかもしれない」と語っています。そして「私の父の場合は、若いとき祖国を離れてしまったから、それだけ自分の生まれてきた国に対する想いが深いのだと思うが、父にとって祖国への想いがそのまま生きていく上での心の支えになっている。父が、父の祖国、中国を愛していることだけは、私にははっきりわかる。だからこそ私は、父を悲しませてまで日本に帰化しようとは思わないのである」(王貞治『回想』一三九〜一四一頁、勁文社、一九八一年)と記しています。

親の気持ちを思いめぐらすという意味では張本勲選手も同じでした。彼は高校を出てプロ野球に入団するとき、一チームの外国人枠三人の制限を越えて四人目になるため、球団社長に帰化を勧められました。「実家に相談すると、おふくろはものすごく怒りました。『とんでもない。母国を売るくらいなら野球をやめなさい』と。その話を球団社長にすると、社長は協約の改定を連盟に進言してくれたよう

外国人司法試験合格者の第一号

一九五五年十一月、京都大学大学院生の中国人・石玉珍《せきぎょくちん》(三十歳)さんは司法試験に外人〔注:原文のまま〕第一号として合格した。最高裁裁判官会議で、「国家公務員に外人

です。そういうこともきっかけになったのでしょうか、『一九四五年以前に日本で生まれた者は日本人とみなす』という趣旨のみなし規定（五九年から）により、プロ野球人生をスタートさせることになった」（張本勲『もう一つの人生　被爆者として、人として』新日本出版社、二〇一〇年）そうです。選手時代にも帰化を考える場面に遭遇しましたが、悩んだ末、意を決して母に相談を持ちかけたとき、母が悲しそうに沈黙を続けるのを見て断念したとのことです。

帰化者の苦悩

日本が好きで日本人になりたいと純粋に考える人がいたとしてもおかしくありません。しかし誰しも自分の生い立ちや家族との絆を考えるとそれほど単純に判断できないのが帰化という問題です。それを選択するにあたって自由な意思というよりは、むしろ何らかのプレッシャーが働いている場合が多いのが実情です。

相撲の世界では高見山（現、東関親方）が八〇年に帰化をし、その後小錦、武蔵丸、横綱・曙も帰化しました。その理由は七六年に相撲協会が「年寄は日本国籍を有する者でなければならない」という決定をしたことによります。外国籍には年寄（＝親方）になる権利はないと宣言したのです。高見山はその時のことを、「アメリカの市民権を放棄することは、僕の一生で一番つらい決心だったよ。……あんまりだと思わないか。まるで僕への『つらあて』だよ。納得がいかないんで、ある親方に問いただしたんだ。そうしたらどう答えたと思う？『ガイジンが親方になれば、マ

を就けることが禁じられているにもかかわらず、外人修習生が認められるかどうか、またその法的裏付けもなく司法試験を五年間受けさせていた手落ちをめぐって問題になった」との記録（『昭和史全記録　一九二六〜一九八九』毎日新聞社、一九八九年）がある。

石玉珍《せきぎょくちん》さんはその後どうしたのか不明であるが、一九五七年度司法修習生採用選考公告」（一九五六年十月十日付官報）の「欠格事由」に初めて「日本国籍を有しない者」が登場し、以降、外国籍の司法試験合格者には日本国籍を取得させ、司法研修所の司法修習生として入所を認めたものと思われる。

〔資料出所〕田中宏論文「日本における『公職』と外国人――日本学術会議の会員資格における国籍要件を手掛かりに」、『龍谷大学経済学論集（民際学特集）』四七巻五号、二〇〇八年三月

フィアとかそういう類のものが相撲界に入り込んできかねない』だとさ。ナンセンスだと思わないかい」（ロバート・ホワイティング『ガイジン力士物語』一二四頁、筑摩書房、一九八九年』。

引退した力士には年寄株を買って相撲界に残るか、あるいは廃業して違う世界で働くかどちらかの選択しかありません。彼は親方になって後進の指導に当たりたかったのに、日本国籍でなければ親方になれなかったのです。タレントにならないか、プロレスラーにならないかとの誘いもありましたが、彼は相撲界に残ることを決意しました。帰化申請をしたのは七九年で、資料として出生証明、卒業証明、日本での所得証明、外国人登録済証明書など積み上げると数センチにもなる種類を集めねばなりませんでした。そして翌年官報に帰化が告示されました。記者会見の時「カンポー、カンポーっていうもんだから……日本人になると漢方薬もらえるの？」といつものようにジョークを飛ばしましたが「本当は泣きたい気持ちだった」と振り返っています。彼は「書類の上では日本人になったが、やはり故郷はハワイのマウイ島だ。マウイはいつも心の中にある」と、自分を納得させたとのことです。

プロサッカーのラモス瑠偉《るい》選手は八六年秋、日本リーグの外国人選手の登録枠が一チーム四人、出場枠は三人であることから、全員出場によってチーム力を強化する手段として、帰化を持ちかけられました。その時の感想を「これだけ長く日本にいるし、奥さんも日本人なんだから、帰化すればいろいろ得だろうって勧められた。生活もしやすくなるし、全日本だって入れるよって。俺は全日本のことなんか考えていなかったけどね。それに帰化すればチームの外国人枠が一人空くよっていわれて。そんなことは知ったこっちゃないって思ったけどね」（鈴木洋史『天国と地獄――ラモス瑠偉のサッカー戦記』一七四頁、文春文庫、一九九八年）と語っています。

彼にとって帰化することは母国であるブラジルでプロになりたいという少年時代の夢を捨てることでした。所属クラブの都合に合わせて国籍を変えるということはあまりにも重大な選択だったのです。けれども日本人の妻とずっと日本で暮らすために帰化を申請し、八九年「日本人・ラモス瑠偉」が誕生しました。

申請の時には抜き打ちで小学生四年生程度の漢字を読むテストがあり、結婚に至るまでの細やかな経緯、両親の賛成の有無、夫婦関係、親戚との付き合いは円満化かどうか、経済状態、家具や貴金属の価格、購入資金、バイク事故の状況、プライバシーの隅々まで調べられたといいます。帰化後の彼が全日本代表にも選ばれたことはよく知られています。

野球の世界でも似たような例があります。八七年、中日ドラゴンズの郭源治《かくげんじ》選手が帰化を申請したことです。サッカーと同じように外国人枠をクリアしたいという球団側の都合によるものでしたが、故郷では「台湾人の感情を逆なでするものだ」という批判が噴出しました。以前にロッテの李宗源《りそうげん》選手が三宅宗源という名前で帰化したときには、台湾にある家の窓ガラスが全て投石で割られる出来事もあったとのことです。「台湾の人は親日的」とよくいわれますが、それは日本側の期待と願望の入り混じった思い込みのようです。台湾は五十年間、日本の植民地支配を受けた歴史があり、複雑な感情は消えてはいないのです。

在日韓国・朝鮮人の選手にも帰化した人はたくさんいます。張本勲さんはそれについて「帰化せざるを得ない、その人の立場もあるのだから、帰化したからと言ってすぐに〝裏切り者〟というのははっきり言って次元が低いと思います。今僕が帰化しないのはその必要がないからです。必要なときは帰化するかもしれない。自分の子どもには、僕が子どもだった時のような思いをさせたくない」と述べています。帰化するかしないか、どちらを選ぶにしても在日韓国・朝鮮人の気持ちの底には相通じる所があります。日本の国籍を取得した結果として教師や公務員になったり、自分の人生が開けた人は多くいます。中には国会議員になった人もいます。そのことをだれも否定することはできません。

在日韓国・朝鮮人ではじめて弁護士になった金敬得《キムキョンドク》さんは、七六年に司法試験に合格したのち、司法修習生になる上で国籍条項に直面したとき「……今、司法試験に合格し、最高裁判所から国籍変更を迫られるというこの時点において、軽々しく帰化申請を行うことは私にはできないのであります。それは私が弁護士たらんとした立脚点そのものを失うこと意味するからであります。帰化した上で朝鮮人差別の解消に努力すればいいし、朝鮮人のために弁護活動をなせばよいではないか、といってみたところで、帰化した私が、いかなる形で、朝鮮人差別の解消にかかわっていけるでしょうか。また朝鮮人であることを恨み、いたいけない心を痛めている同胞の子どもに対して、『朝鮮人であることを恥じずに、強く生きるんだよ』と諭してみても、それが帰化した人間の言葉であってみれば、いったい如何なる効果があるでしょうか」と訴えました（金敬得「最高裁あて請願書」『弁護士・金敬得追悼集』三一六頁、新幹社、二〇〇七年）。

前述の調査では帰化後の暮らしに対する評価として「何も変わらない」が三五％で最も多く、「暮らしやすくなった」は二八％、「同胞社会との交流がなくなった」との回答も二四％に達しています。

帰化には陰に陽に様々な圧力があり、それによって果たして人間として「解放」を得られるのかというところに問題があります。帰化しなければ生活に支障が出るということよりも、帰化しなくてものびのび暮らせるということが自然な願望といえます。

Q23 戦後補償とはどういうことですか?

戦後七十年もたって、戦争責任の問題が話題になるのはなぜですか。在日韓国・朝鮮人の戦争犠牲者に対して、日本政府は何の補償もしなかったのですか。

一九九五年八月、村山首相は「……わが国は、遠くない過去の一時期、国策を誤り、戦争への道を歩んで国民を存亡の危機に陥れ、植民地支配と侵略によって、多くの国々、とりわけアジア諸国の人々に対して多大の損害と苦痛を与えました。私は、未来に過ち無からしめんとするが故に、疑うべくもないこの歴史の事実を謙虚に受け止め、ここにあらためて痛切な反省の意を表し、心からのお詫びの気持ちを表明いたします。また、この歴史がもたらした内外すべての犠牲者に深い哀悼の念を捧げます。……」という戦後五十周年の節目に談話を発表しました。

在日韓国・朝鮮人という存在が日本の植民地支配に始まるということは、改めて言うまでもありません。しかし日本は在日韓国・朝鮮人に対して積極的に植民地支配の反省の意思表明をしたことは全くと言っていいほどありません。それどころか戦後の歴史を見ても法律の対象から国籍条項、国籍要件によって適用除外するなど差別的な政策をとり続けてきました。

社会保障制度についても一九八二年の難民条約批准によって改善されたとはいえ、それは在日韓国・朝鮮人の歴史や生活を考慮してというよりは、難民条約に伴う法律の整備を図るという外圧に基づくものでした。つまり抜本的対策というより、手直しといったほうがふさわしいものだったため、社会にはまだ民族差別を生み出す素地が根強く残されています。

在日韓国・朝鮮人はもはや日本に定着し永住することが確実になっていますが、そのためにも自分の歴史をなかったことにすることはできません。日本の歴史にとって在日韓国・朝鮮人とは何であったのかを正確に位置づけ、民族性を損なうことなく生活できる環境を整えることがこれからの課題といえます。

植民地支配を反省する契機

日本がそうしたことに着手する契機はこれまでにも何度かありました。第一にはいうまでもなく四五年八月の解放の時です。当時は日本自体が敗戦の混乱で、それどころではなかったといわれるかもしれません。しかし、四六年十二月の選挙権停止の措置や外国人とみなすという規定による外国人登録令の適用、民族学校の閉鎖など様々な政策が実行に移されたのを見ても、在日韓国・朝鮮人が視野に入っていなかったわけではなく、否定的に見ていたというにすぎないのです。

特に一九四九年に吉田首相からマッカーサーGHQ総司令官に宛てた手紙には「現在および将来の日本の食糧事情から見て、余分な人口の維持は不可能であります。米国の好意により、日本は大量の食糧を輸入しており、その一部を在日朝鮮人を養うために使用しております。このような輸入は、将来の世代に負担を課すことになります。朝鮮人のために負っているこの対米負債のこの部分を、将来の世代に負わせることは不公平であると思われます。……原則として、全ての朝鮮人を日本政府の費用で本国に送還すべきである」（田中宏『在日外国人　第三版』七二頁、岩波書店、二〇一三年）と書かれており、露骨に、在日韓国・朝鮮人を「厄介払い」しようとしました。

次に五二年四月、日本国との平和条約（サンフランシスコ講和条約ともいう）の発効に際して、機械的に外国人として切り捨てようとしたことです。日本の独立は在日韓国・朝鮮人を外国人として国籍による排除の始まりになりました。このときには国籍を選択する余地を残すこともあり得たにもかかわらずです。事実、選挙権をめぐる国会の議論の中で、当時の堀切内務大臣は「日本国籍を選択しうるということになるのがこれまでの国際先例のようであります」（同書六八頁）と答弁していますが、日本国との平和条約によって日本が独立したときには、朝鮮戦争のさなかであったためか、十分な議論をすることもできませんでした。

さらに一九六五年の日韓条約の締結が挙げられます。このとき韓国併合に関して日本側は有効性をもっていたが一九四八年の韓国独立をもって失効した（外務省『日韓諸条約について』三頁、一九六五年）とし、韓国側は一九一〇年の調印自体が強制によるものだから、当初から無効であったと見解が対立したのを、「もはや」無効であるという、具体的な年月日を記載せず、双方に都合の良い解釈ができる言葉を挿入することで決着したことが今日にまで尾を引いています。日本ではその後何度も閣僚が韓国併合を正当化する発言をして、韓国側の反発を招きました。六五年十一月の衆議院日韓条約特別委員会で当時の佐藤総理は「韓国併合条約は、対等の立場で、また自由意志でこの条約が締結された、かように思っております」と述べましたが、この認識は今も根強いものがあります（Q6を参照）。

謝罪と補償

冒頭に紹介した村山談話に反抗するように、九五年十一月、当時の江藤隆美・総務庁長官が「植民地時代に日本は韓国にいいこともした」と発言し、日韓関係を揺るがすと、改めて村山首相は韓国併合条約に

在日韓国・朝鮮人の主な戦後補償裁判原告のプロフィール

氏名	生年	請求の原因	提訴年月	最終判決	2000年平和条約国籍離脱者弔慰金等支給法
石成基《ソクソンギ》	1921年	韓国で軍属徴用、南洋の島で攻撃を受け負傷、右腕切断	92年8月東京地裁	地裁棄却、高裁棄却、2001年最高裁棄却	見舞金400万円受給
陳石一《チンソギル》	1919年	渡日後、船員として乗船中の船ごと海軍に徴用、航行中攻撃を受け右足切断		地裁判決を前に1994年死亡	遺族が弔慰金260万円受給
鄭商根《チョンサングン》	1921年	韓国で海軍軍属に徴用。南洋で負傷。右腕肘から切断、鼓膜が破れ混合性難聴。地裁判決後死亡、遺族が受継ぐ	91年1月大阪地裁	地裁却下、高裁棄却、2001年最高裁棄却	遺族は日本在住に限定されたため受給不可
姜富中《カンプチュン》	1920年	渡日後、海軍に徴用。ラバウル島で攻撃を受け負傷。右手4指切断、右目負傷しほぼ失明。	93年3月大津地裁	地裁却下、高裁棄却、2001年最高裁棄却	見舞金400万円受給
李昌錫《イチャンソク》	1925年	関東軍に配属されソ連軍の捕虜として抑留。88年平和祈念事業特別基本法制定により慰労金を請求するが却下	92年11月京都地裁	地裁却下、高裁棄却、2002年最高裁棄却	戦傷病者ではないので受給不可、2001年原告死亡
李鶴来《イハンネ》ほかBC級戦犯者国家補償等請求訴訟		平和条約後、日本人戦犯の恩給は復活し戦傷病者戦没者遺族等援護法の対象。朝鮮人BC級戦犯は対象外	91年11月東京地裁	地裁棄却、高裁棄却、1999年最高裁棄却	戦死者、戦傷病者でない限り受給不可

ついて「力の差を背景とする不平等な関係の中で締結された。民族の自決と尊厳を認めない帝国主義時代の条約である」との見解を示す手紙を韓国の金泳三大統領に送りました。

八四年に全斗煥《チョンドゥファン》大統領、九〇年には盧泰愚《ノテウ》大統領が来日した際、日本の首相は両国間の歴史を反省する言葉を述べました。九三年には細川首相が訪韓して「侵略行為や植民地支配などが多くの人々に耐え難い苦しみと悲しみをもたらしたことに改めて深い反省とお詫びの気持ちを申し述べる」と表明しました。ここで歴代の首相の発言で、初めて「植民地支配」という言葉が使われたことに注目する必要があります。それまでは「苦痛と損害を与えた」などのようにそれが何によってもたらされたのかを明確にしていませんでした。しかし、細川首相も謝罪の言葉だけで終わり、植民地政策や戦争に動員された人々など直接的な被害者には、それに対する具体的な補償が伴わないことへの不満が募っていました。

在日韓国・朝鮮人の軍人軍属の中にも戦争で亡くなったり、手足を失うような大怪我をした人は少なくありません。旧植民地出身者で徴兵徴用された人は右記の表のとおりです。これらの人々は戦後何ら顧みられることなく、苦しい生活を送らざるを得ませんでした。一九一九年生まれで十五歳のとき来日し、船員として南洋諸島で輸送業務に従事していた陳石一《チンソギル》さんは四五年四月、米軍の攻撃を受けて右足を切断しました。

陳さんは「戦前、戦中、私らを鮮人、半島人って呼んで、一度だって日本人にしたことがなかったんですよ。それなのに戦争を始めて人が足りなくなったら、お前らは帝国臣民じゃいうて、名前も変えさせられ、戦争へ引っ張っていかれて、やりたい放題ですよ。それで戦争が終わったら第三国人じゃいうて保障せん。しかと（無視）したままですよ。私らはなんなのでしょうね。税金ぴた一文まけてもらっていませんよ。日本人と同じだけ働いたら同じだけ補償してくださいと言っているだけなんです」と語っていました。九四年、陳さんは願いを叶えられないまま亡くなりました。

旧植民地出身の軍人軍属への戦後補償

日本の敗戦後、占領軍GHQは「軍国主義者が他の犠牲においてきわめて特権的な取扱いを受けるがごとき制度は廃止されなければならない」と軍人恩給は廃止され、軍事扶助法、戦時災害保護法も廃止されました。これによる生活困窮者は生活保護法の対象となり、社会保障一般の制度で対応することになりました。

しかし、平和条約締結、すなわち独立回復後、日本政府は戦傷病者戦没者遺族等援護法を制定し、恩給法も復活させました。遺族援護法は五二年四月一日にさかのぼって適用されることになり、この時点（四月一日）ではまだ日本国籍を保持するとされる在日韓国・朝鮮人は適用対象になりますが、付則第二項で「戸籍法の適用を受けない者は適用されない」としたので結局、在日韓国・朝鮮人は現在も適用を受けていません。

一九五二年、在日韓国・朝鮮人の戦傷病者は「元日本軍在日韓国人傷痍軍人会」

旧植民地出身者軍人・軍属数

区分		徴兵徴用	復員	死亡者数	死亡率
朝鮮人	軍人	116,294人	110,116人	6,178人	5.3%
	軍属	126,047人	110,043人	16,004人	12.7%
	小計	242,341人	220,159人	22,182人	9.2%
台湾人	軍人	80,433人	78,287人	2,146人	2.7%
	軍属	126,750人	98,590人	28,160人	22.2%
	小計	207,183人	176,877人	30,306人	14.6%
合計		449,524人	397,036人	52,488人	11.6%

注：徴兵徴用された者の中には記載漏れがあり、実数はさらに多いと思われる（厚生省発表）。
資料出所：内海愛子『戦後補償から考える日本とアジア』山川出版社、2002年

を組織し、政府への抗議・要請行動を続けました。六二年、政府は「日本に帰化した朝鮮出身者等に対し遺族援護法を適用することについて」という通知をだし、「帰化」を条件に適用を開始しました。

ところが日韓条約締結後の六六年には、日韓条約署名の日（六五年六月二十二日）以降に日本国籍を取得した者は対象から除外するとしました。六二年の通知後も帰化を望まなかった者は再び援護の対象から排除されたのです。日韓請求権協定第二条第一項では「……両締約国及びその国民の間の請求権に関する問題が、（中略）完全かつ最終的に解決された」と確認されましたが、次の二項では「この条の規定は、次のもの（中略）に影響を及ぼすものではない。

(a) 一方の締約国の国民（韓国籍）で、一九四七年八月十五日からこの協定の署名の日までの間に他方の締約国（日本）に居住したことがあるものの財産、権利及び利益」とあります。

つまり韓国籍で日本に定住していた在日韓国人に影響を及ぼすものではないことになります。韓国政府は日本政府から受け取った無償三億ドルの一部を使って韓国に住む（在日韓国人を除く）韓国人戦争犠牲者に補償を実施しました。このように在日韓国・朝鮮人は日本政府からも韓国政府からも戦後補償の対象外とされました。

七四年、インドネシアのモロタイ島で中村輝夫という日本名を持つ台湾人元日本兵・李光輝《りこうき》が発見され、それをきっかけに台湾在住の元日本兵、遺族が戦後補償を求める裁判を七七年八月に起こしました。裁判は最高裁まで争われましたが敗訴

実現した旧植民地出身者に対する戦後補償（年次別）

法律名	制定年月	主な対象者
台湾住民である戦没者の遺族等に対する弔慰金等に関する法律 特定弔慰金等の支給の実施に関する法律	1987年9月 1988年5月	台湾在住の台湾人元日本兵の戦死者遺族及び重度戦傷者に1人200万円支給。（合計2万9645人に592億9000万円）
平和条約国籍離脱者等の戦没者遺族等への弔慰金等支給法	2000年6月	在日の対象者、24人の本人に見舞金1人400万円、その遺族390人に弔慰金1人260万円支給（合計414人の本人及び遺族に、総額11億1000万円支給） ※重度の戦傷者及び戦死者に限定したため、無事に日本に帰国した人には何も支払われていない。

しました。八五年の高裁判決では「同様の日本人と比べ著しい不利益を受けていることは明らかであり、……この不利益を払拭し、国際信用を高めるよう努力することが国政関与者に対する期待である」と判示しました。この意見もあって八七年にやっと議員立法で台湾住民（中国大陸や日本に住む台湾人は対象外）である戦没者の遺族等に対する弔慰金（戦死者及び重度戦傷者に二〇〇万円）が二万九四六八人に支払われました。

八二年には外務省中国課は「負傷又は戦死した外国人に対する欧米各国の措置概要」をまとめました。これは、アメリカ、イギリス、フランス、ドイツ、イタリアの五カ国について旧植民地出身兵士や外国籍兵士に対する戦後補償の適用状況についての調査結果を明らかにしたものです。これらの国ではいずれも戦後補償は国籍に関係なく「軍務を提供した」事実に基づいて行われていることが明らかになりました。

八八年、アメリカ連邦議会は「市民自由法」を制定し、戦時中に強制収容所に収容された日系人に対して、国籍、居住地を問わず二万ドルの小切手と大統領の謝罪の手紙を添えて送りました。カナダ政府もこれに続きました。

その後も援護法受給資格の国籍による差別は、石成基《ソクソンギ》さん、

賠償並びに戦後処理の一環としてなされた経済協力及び支払等－外務省		日本人軍人・軍属
名目	連合国及びアジア諸国	
賠償	3,643億4,880万円	恩給
中間賠償	1億6,516万円	
在外資産の放棄	3,794億9,900万円	
戦後処理の一環として締結された経済技術協力協定等に基づく経済協力等	2,539億4,171万円	
捕虜に対する償い	45億4,109万円	
私的請求権問題等の解決のための支払い	85億8,141万円	
戦前債務の支払い	6億7,473万円	
戦後処理の一環として締結された経済開発借款取極め等に基づく借款	3,407億7,600万円	
総額	1兆3,525億2,790万円	2010年までの累計52兆円

※金額は1万円以下を四捨五入
※日本人軍人・軍属に対する恩給の累計額は、波多野澄雄『国家と歴史』中公新書P.56

鄭商根《チョンサングン》さん、陳石一《チンソギル》さん、姜富中《カンプチュン》さんらによって、法廷で争われました。またシベリア抑留者の李昌錫《イチャンソク》さんは「平和祈念事業特別基金等に関する法律」の国籍条項を裁判で訴え続けました。

二〇〇〇年六月、ようやく「平和条約国籍離脱者等である戦没者遺族等に対する弔慰金等の支給に関する法律」が制定され、戦傷者本人に対しては見舞金四〇〇万円、軍人・軍属の戦死傷者遺族に弔慰金各二六〇万円の一時金が支給されました。中国籍、帰化者等も含め見舞金受給者総数は二四人、弔慰金受給者総数は三九〇人になりました。ただし、受給者を日本在住に限りましたので、韓国在住の鄭商根《チョンサングン》さんの遺族は受給できず、シベリア抑留の李昌錫《イチャンソク》さんは重度の戦傷病者及び戦死者ではないので彼も対象外とされました。

上記に氏名を挙げた五人の内、生存中に本人が受給できたのは石さんと姜さんだけでした。しかし石さんと同程度の戦傷病者の日本人は累計で八〇〇〇万円以上受給しており、石さんの一時金四〇〇万円と比べるとその格差は二十倍にもなります。

このように不十分ながらも在日韓国・朝鮮人、中国人の戦争犠牲者の存在を意識してきたにもかかわらず、二〇一〇年六月に可決成立した「戦後強制抑留者にかかる特別措置法」（シベリア特措法と略称）は生存者約七万人に抑留期間に応じて二五万～一五〇万円の特別弔慰金を支給する内容ですが、ここでもまた国籍条項を設けました。この結果、七〇〇〇人から一万人とされる台湾、朝鮮半島出身者が除外され、しかも弔慰金支給対象者は生存者に限定されるので、わずか一〇〇名にも満ないとされる人々を排除したのです。理由はほかの戦後補償問題、特に軍人・軍属以外の民間人被害者にも波及するとの懸念からだといわれています（『朝日新聞』社説、二〇一〇年六月十四日付）。

朝鮮人ＢＣ級戦犯

戦後補償問題で忘れてはいけないのが戦争犯罪人に問われた在日韓国・朝鮮人の存在です。旧植民地出身の軍人・軍属は合計四四万九五二四人（朝鮮人：二四万二三四一人、台湾人：二〇万七一八三人）に上り、このうち朝鮮人は約三〇〇〇人が捕虜収容所で働かされました。そこでの捕虜虐待などの罪で合計一二九人の朝鮮人が戦犯として裁かれました（一四名は死刑）。捕虜虐待以外を含むＢＣ級戦犯（戦争の法規または慣例に違反する通例の戦争犯罪）としては朝鮮人全体で一四八人が裁かれました。旧日本軍においては上官の命令には逆らうことは一切許されませんでしたが、命令をした者だけではなく命令を実行せざるを得なかった者も戦犯に問われました。

五二年四月の平和条約発効により在日韓国・朝鮮人は日本国籍を喪失したとされましたが、日本政府は朝鮮人戦犯について、日本国民であった時に受けた刑罰であるからとして釈放要求を認めませんでした。いいかえれば援護法の適用を受けるときは日本国籍でなくなったからと排除し、戦犯に問われた時は日本国籍であったからと救済しなかったのです。

ＢＣ級戦犯の戦後補償の運動の中心であった李鶴来《イハンネ》さんは「日本政府は国策遂行

のために韓国・朝鮮民族の生命も青春も強奪したばかりでなく、あらゆる犠牲を強要したのであります。にもかかわらず日本政府は三五年以上も私たちの国家補償の要請に対して全く誠意を示していません。この裁判は日本政府の道義心と良識を問うものです」と法廷で証言しました。

戦後補償を求める声はこれにとどまりません。強制労働に対する未払い賃金、強制貯金の払い戻し、韓国・朝鮮人被爆者援護、サハリン残留者、日本軍〝慰安婦〟問題など多岐にわたっています。

そして戦後補償を求める声は在日韓国・朝鮮人ばかりだけでなく、中国・台湾ほかアジア諸国に広がっています。戦後七十年近くも経ってなぜ「個人」がこのような訴えをしなければならなかったのかを考え直す必要があります。韓国・朝鮮及び中国・台湾は平和条約に招聘されず、東南アジア諸国は厳しい冷戦体制下で国家間の賠償交渉に委ねられ経済協力の一環として利用された観があります。大蔵省の『昭和財政史――終戦から講和まで』（第一巻　東洋経済新報社、一九八四年）では「日本が賠償交渉で粘り強く相当の年数をかけて自らの立場を主張し続けたことも結果的には賠償の実質的負担を大きく軽減させた。賠償協定の締結時期が遅くなった結果、高度成長期に入った日本は大局的に見てさほど苦労せずに賠償を支払うことができたのである。加えて、時期の遅れは復興した日本が東南アジアに経済的に再進出する際の絶好の足掛かりとして、賠償支払いや無償経済協力を利用するという効果をもたらした」と記しています。こうした状況の下では、被害者個人の声を上げ

2010年（平成22年）6月14日　月曜日　朝日新聞
〈2010・6・14〉
シベリア特措法
歴史のけじめを今国会で

植民地支配と抑留の二重の被害者を切り捨てるのは本末転倒と指摘。『朝日新聞』二〇一〇年六月十四日付

ることができなかった歴史を想起する必要があります。

在日韓国・朝鮮人にとって戦後補償は、なぜ、どのように戦争に参加したのかという個人史を含め、自己の存在を確認し歴史認識を共有するために避けられないプロセスです。また、日本人の中にも少なからず、アジアや植民地出身の戦争被害者との交流を図り、歴史資料を調査し、裁判を支えてきた市民運動が生まれました。アジアの人々の戦後補償を実現させる運動は、日本人が市民として自国の近現代史を検証し、戦争責任をとらえ直し、アジアの人々との信頼関係を作り直す大切な活動なのです。

また北朝鮮との関係では、戦後補償はまったく白紙の状態であり、日朝国交正常化交渉の中での解決が必要であることを忘れてはなりません。

Q24 なぜ地方参政権を求めているのですか？

地方参政権を与えよという要求が高まり、地方議会も支持しています。日本社会の構成員だからといわれていますが、国政にはタッチしないのですか。

敗戦直後は参政権停止

戦後も引続き残留する在日朝鮮人約六〇万人に対する日本政府の最初の処遇策は、一九四五年十二月の衆議院議員選挙法改正でした。戦前、日本内地に居住していた「大日本帝国臣民」である朝鮮人に付与されていた選挙権・被選挙権について、四五年十月に閣議決定された「選挙制度改正要綱」では「内地在住の朝鮮人、台湾人も選挙権・被選挙権を有するものなること」とされていましたが、改正法は、「戸籍法の適用を受けざる者（朝鮮人は日本の戸籍法の適用を受けず、朝鮮戸籍令の適用を受けていた）の選挙権・被選挙権は、当分の内これを停止す」とされました。

日本人の成人女性にとって、普通選挙権が付与された記念すべき法改正（四六年第一回衆議院選挙で三九人の女性議員誕生）でしたが、朝鮮人と沖縄の人々にとっては参政権〝喪失〟の日となりました。この決定は、閣議決定から法改正までの二カ月の間にだされた衆議院議員で弁護士（東京裁判で東条英樹を弁護）の清瀬一郎の「次

清瀬一郎文書「内地在住の台湾人及び朝鮮人の選挙権・被選挙権に就いて」

一九四五年十月二十三日、改正要綱作成後に配布されたとみられる。

「朝鮮人・台湾人は、日本の都市或いは鉱山地域に住んでおり、これらの者が力をあわすれば最少十人位の当選者を獲ることはきわめて容易なり。あるいはこれ以上に及ぶやも知るべからず。我が国においては従来民族の分裂はなく、民族単位の選挙を行いたる前例なし。今回このことを始めんとす。もしこのことが思

の選挙において天皇制の廃絶を叫ぶ者は恐らく朝鮮人候補者であろう」の文書や内閣法制局の「朝鮮人、台湾人の選挙権・被選挙権は法律上正当に存在するという建前をとるが、平和条約により法的地位が確定するまでは、とりあえず停止すること」の文書の影響と思われます。

これを不服として当時最大の民族団体である朝鮮人連盟は四七年三月の三・一独立運動記念式典で「在留朝鮮同胞に選挙権・被選挙権付与の要求」を決議していました。その後、生活保護受給など具体的な生活権獲得運動に力を入れることに転換し、選挙権獲得は運動の目標に掲げられませんでした。

しかし、日立就職差別裁判など差別撤廃運動、自治体行政の国籍条項撤廃運動の影響もあって、再びこの課題が取り上げられるようになりました。以下、その後の動きを簡潔に紹介します。

参政権要求の歩み

・七五年九月　崔昌華《チェチャンハ》牧師、北九州市長へ公開質問状、翌年、県知事にも提出。
・七六年九月　ヤンソン柳沢由美子氏、「外国人にも参政権を！　スウェーデンの英断に学べ」を寄稿（『朝日新聞』九月十九日付）。
・七九年十月　作家（故）金達寿《キムダルス》氏、「在日外国人に投票権を」を寄稿（『朝日新聞』十月二日付）。
・八三年六月　政治学者白鳥令氏、「投票できぬ人への配慮を」を寄稿（『朝日新

想問題と結合すれば如何。その結果実に寒心に堪えざるものあらん。次の選挙において天皇制の廃絶を叫ぶ者はおそらく国籍を朝鮮に有し内地に住所を有する候補者ならん」

公職選挙法　一九五〇年四月十五日

（選挙権）
第九条　日本国民で年齢満二十年以上の者は、衆議院議員及び参議院議員の選挙権を有する。
二　日本国民たる年齢満二十年以上の者で引き続き三箇月以上市町村の区域内に住所を有する者は、その属する地方公共団体の議会の議員及び長の選挙権を有する。
三・四・五項省略
（被選挙権）
第十条　日本国民は、左の各号の区分に従い、それぞれ当該議員又は長の被選挙権を有する。

聞』六月十日付）。

・八六年三月　民団第三六回中央委員会、参政権獲得運動推進を決議。

・八八年十月　民族差別と闘う連絡協議会「在日旧植民地出身者に関する戦後補償・人権保障法草案」発表（第十条「特別永住権者は地方自治体の参政権を有する」）。

七〇年代に当事者が声を上げ、スウェーデンが七六年に世界で初めて在住外国人に地方参政権を付与したことも知られ、在日韓国・朝鮮人ほか在日外国人の運動目標に掲げられました。そして八〇年代以降は、裁判闘争として注目を受けるようになりました。

・八九年十一月　ヒッグス・アラン氏（大阪在住イギリス人）、国家賠償請求訴訟（参議院選挙人名簿不登録による損害賠償請求）。

・九〇年九月　大阪市在住の金正圭《キムジョンギュ》氏ら提訴（選挙人名簿不登録処分異議申立てに対する却下決定取消し請求）。

・九一年　在日韓国人の法的地位に関する日韓覚書「地方参政権について韓国政府より要望が表明」。

・九二年六月「在日外国人参政権〝九二〟（在日党）」政党として届出し受理される。

・九三年九月　岸和田市議会、全国初、定住外国人に地方参政権付与の意見書採択。

・九四年三月　公明党中執委、外国人入党を確認。

・九四年五月　社会党、「当面の方針案」に外国人の入党と地方参政権を求める。

一　衆議院議員については年齢満二十五年以上の者

二　参議院議員については年齢満三十年以上の者

三・四・五・六　以下省略

スウェーデン政府の外国人へ選挙参加を呼びかけるパンフレット（一九七九年選挙）

在住外国人のみなさん！

これは皆さんにとって重要なメッセージです。今年はスウェーデンの統一選挙があります。選挙はこの国では三年ごとに行われます。スウェーデンは皆さんを今必要としています。そして、それが選挙の目的でもあります。

スウェーデンの一九七九年の地方選挙にはみなさんの選挙権を行使してください。このパンフレットを読んでください。そうすると、選挙は

・九四年十一月「新党さきがけ」が五年以上在住の外国人地方参政権付与の法案要綱発表。

こうした当事者の訴訟や政党、自治体の参政権付与を支持する運動の中で、九五年に最高裁は「憲法九三条二項は外国人に地方参政権を保障したものとはいえないが、……選挙権を付与する措置を講じることは憲法上禁止されているものではない……立法政策にかかわる事柄」との判決を下しました。最高裁は、憲法要請説（直ちに原告の主張を認め、外国人に選挙権を認めない公職選挙法は違憲）ではなく、許容説（法改正して外国人にも付与することは憲法違反ではなく、立法政策の問題）の立場を明確にし、論争の舞台は司法から立法機関（国会）に移りました。

・九八年十月　民主・平和改革（衆・公明党）が共同で衆議院に「定住外国人地方参政権付与法案」提出（議員立法）し、十二月には共産党も法案提出しました。

・九九年九月　自民・自由・公明党三党幹事長会議では政権の合意事項に「継続審議の外国人選挙法を三党共同修正して提案する」としました。

・二〇〇〇年七月　民主党も被選挙権を除く選挙権のみを付与する法案を提出。

・〇二年一月　滋賀県米原町が外国人に住民投票参加を保障する条例を制定し、住民自治への参加を制度的に保障。

・〇五年六月　韓国で公職選挙法改正、永住取得後三年を経過する十九歳以上の外国人に地方参政権付与。〇六年五月　投票実施（対象：六五七九人）。

九八年、金大中大統領は、日本政府に在日外国人の地方参政権付与を要望する

皆さんが、――そうみなさんが、です――参加するほど、なぜ重要なものなのかが、わかると思います。

皆さんは投票ができると同時に選挙に立候補することもできます

皆さんはコミューンと県の政治の選挙に参加するためにスウェーデン人になる必要はありません。このような改革が、一九七六年になされました。みなさんが少なくとも三年間スウェーデン在住者として登録されており、十八歳以上であるならば、コミューンと県議会の選挙に参加する権利が与えられます。投票日つまり選挙の日は一九七九年九月十六日です。これを読んでいる皆さんは、スウェーデンのたくさんの在住外国人の一グループです。在住外国人は合わせると一つの大きなグループになります。およそ五人に一人の住民が在住外国人である地域もスウェー

ともに韓国においても在韓外国人に選挙権を付与する方針を表明しました。「定住外国人の地方参政権を実現させる日・韓・在日ネットワーク」などの市民運動グループは日韓双方で実現をめざしましたが、拉致問題などで右傾化した世論のため、韓国だけが先行し実現したのです。

選挙権付与に反対の意見

次の選挙権付与に対する反対論をとりあげて検証してみましょう。

外国人に選挙権を付与することに反対する理由に、憲法第一五条の「公務員を選定、罷免することは、国民固有の権利」を論拠に挙げる人が多くいます。しかし、固有とは「固（もと）より有る」という意味で、国民に本来的に備わっている権利を意味し、「国民だけ＝Japanese only」の権利ではありません。外務省の公訳ではInalienable Rightsと表記され、国民にとって、不可侵、不可譲の権利を意味します。つまり国民から奪ってはいけない権利であって、国民の他に外国人に広げることを禁止する意味ではありません。

次によく耳にする意見は、国家と国民は政治的運命共同体のようなもので、外国人はいつでも逃げられる、忠誠心がないなどと言われます。しかし、日本人も外国人も大切なのは、国家や君主への忠誠心ではなく、自国または居住国の憲法や法の尊重であり、誤った国家の政策を批判したり、反対運動をすることは当然ありうることです。政府が原子力発電の再稼働を決めたとしても反対の意思を表明する人

デンには存在します。

一九七六年選挙は世界で初めて、外国国籍を持つ人に開かれた選挙でした。その時の在住外国人の投票率は六〇％を下りませんでした。今回はいっそう高い投票率を期待しています。一つ一つの投票がカウントされます——みなさんのも含まれます！

しかし、皆さんは選挙権の行使以上のことをすることができます。みなさんは選挙に立候補することもまたできます。みなさんは十分に選ばれる資格があるのです。スウェーデンでの投票方法は簡単です。それに皆さんがどの政党に投票したのかを知る者は誰もありません。投票するかどうかは皆さんが決めることです。しかし、投票は皆さんの権利です。

スウェーデンの民主主義は民衆（人民）にその基礎をおいています。

はたくさんいます。外国人の母国と日本との間で紛争が生じた場合を想定しても、正義や社会的公正はどちらにあるかが基本問題で、国家の命令に国民全部が従うはずはなく、外国人が敵で国民が味方と簡単に分けることはできません。両者から疑われるのが外国人です。太平洋戦争中に在米日系人が収容所に収容される一方、日系人二世はアメリカに忠誠を誓い激戦地へ部隊を組んで参加した歴史があります。日本人と外国人をなにかと対立的に捉えることが問題です。人は国家の政策に従うのではなく、自分が正しいと判断した政策を支持するのですから。

このほか、帰化をすれば、という意見もあります。確かに選挙権を得るためには二つの方法があり、公職選挙法の国籍条項を撤廃するか、外国人が日本国籍を取得するか、ということになります。しかし、在日韓国・朝鮮人は、植民地支配以降の歴史的背景と、民族的な自覚を保持しつつ住民として自治への参加の権利として参政権を求めているのです。日本国籍を取得しなければ政治参加を認めないこの国の民主主義のありようを問うているのです。

これまでに国会に提出された法案は共産党を除き、すべて地方参政権のしかも参政権（＝投票権のみ）で被選挙権を含んでおりません。さらに国政選挙も含まれておりません。極めて控えめな要求であるといえます。この法案が成立すれば、外国籍住民の声に耳を傾ける日本人議員の得票が増えるだけです。それこそ住民の声を地方自治に反映する民主的で公正な住民自治の姿であって、「外国人に街を乗っ取られる」〝心配〟は根拠のないものです。

その民衆（人民）とは自分たちが何を考えているのか表明し、そしてそれによって、自らの未来と子どもたちの未来を決定しようとする人民のことです。民主主義は全ての人の参加を必要とするのです。みなさんも含まれているのです。

※（一九七九年選挙に投票するためには）遅くとも一九七六年十一月一日までに入国し、

※三年以上の居住要件をみたしている人。

※投票日は一九七九年九月十六日です。

このほか、現在の選挙に関する法律は、外国人の処遇について不統一になっています。たとえば、外国人は選挙権がないのに、政党助成法は第七条により、一人当たり二五〇円の政党助成金（国勢調査人口×二五〇円が政党助成金の総額）を納付していることになり、政治資金規正法第六条（政治団体の届出等）では国籍条項はないので、政党の党員になれるし、政党も結成できます。地方自治法第九一条は、「市町村の議員定数は条例で定める」とし、議員定数の基準には外国籍住民登録人口も含まれています。献金については、政治資金規正法第二二条五では「何人も外国人、外国人法人および外国の団体から政治活動に関する寄付を受けてはならない」と献金を違法にしています。つまり、献金以外の日常的な政治活動や政党結成、党員としての活動は認められ、政党助成金や議員定数の基礎数にも外国人は算定されるが、肝心の選挙権だけ認められていないのです。

主権者とはだれか

ここで改めて考えて見たいのは、主権者とはだれか、ということです。主権者とは国籍保有者だけなのでしょうか、そうではなくある国家の領土内に生活の本拠を有する全ての住民ではないでしょうか。当該国家社会を構成し当該国家の法律に服する普通の人々が、国家意思の最高決定者であるということが主権在民の原理であるはずです。その意味では、国民主権原理は国籍保有者に限定されず、外国人の参政権を排除するものではないといえます。

また、国籍は出生地または血統（どこで、誰から生まれた）を根拠にしていますが、子どもは親を選べないという至極簡単な事実を思い起こすべきです。生まれたらその国では外国人であったり、親に在留資格がなかったりなど、子どもの責任ではありません。選ぶことのできない出生地や血統を重視するより、最高裁判決にもあるように「地方公共団体と特段に密接な関係を持つに至った」定住の歴史を考慮し、市民社会を形成する主体として生きる権利と、そこで働いているという事実（納税及び社会保障の担い手）を尊重した、新たな主権者像を構想したいものです。ＥＵ諸国の加盟国は相互に認め合うという事情もありますが、定住外国人に参政権を付与しています。先進諸国のなかで、自国民にしか地方参政権を認めていないのは日本だけになりました。

最近の問題として「朝鮮」籍排除を考えたいと思います。過去に上程された法案では、付与の対象者から「日本と国交のない国籍者を除く」として「朝鮮籍」者除外の規定が設けられました。しかし、参政権付与の問題は、住民自治の主権者はだれか、どこまでかという問題であり、政府の外交関係の有無は基本的に関係ありません。もし、国交のないものとすれば無国籍者も排除することになってしまいます。また、歴史的に、法務省は外国人登録令、登録法の国籍欄について、当初、朝鮮半島出身者とその子孫の国籍表記を一律に「朝鮮」とし、その後、日韓条約に伴う協定永住申請等によって朝鮮籍から韓国籍へ変更する人が増大しました。そして、韓国は国籍であり、朝鮮民主主義人民共和国を支援する人や祖国の統一を希求する等

ロシア	×	×	○	○	永住者、2002年外国人の地位に関する連邦法	○
スロバキア	×	×	○	○		不明
スペイン	×	×	△	△	EU市民およびノルウェー等（相互主義）	○
スウェーデン	×	×	○	○		○
スイス	×	×	▲	▲	一部の州では定住を要件に付与	○
トルコ	不明	不明	不明	不明	詳細不明、地方参政権を付与していないと思われる	○
イギリス	△	△	△	△	英連邦市民・アイルランド国民は国政選挙権も	○
アメリカ	×	×	▲	▲	タコマパーク市等の5自治体のみ	○

★アメリカ、カナダ等の国籍法は「生地主義」を採用しており、二世は出生地国の国籍を取得できる
★フランス、ドイツ、スペイン、英国等ヨーロッパ諸国は、永住二世以降に対して生地主義で国籍取得できる

15 2版 2000年(平成12年)6月2日 金曜日 (夕刊)

候補者名にハングルのルビ

戦前のビラから参政権を考える

舛添 要一
政治学者

ハングルのルビがふられた舛添弥次郎氏の選挙演説会のビラ（舛添要一氏提供）

戦前の選挙で候補者にハングルのルビがついた選挙をしていたことを紹介する新聞記事。『朝日新聞』二〇〇〇年六月二日付。

外国人の参政権関係資料

OECD加盟国（30カ国）及びロシアの外国人参政権と二重国籍の状況（国立国会図書館調査）

国名	国政		地方		○居住または永住権取得を条件に付与、△上記以外の要件を条件に付与、▲一部の地域・州で付与、×付与せず	二重国籍
	選挙権	被選挙権	選挙権	被選挙権		
オーストラリア	△	×	△▲	△	一部の英連邦市民にのみ。一部の州ではその他の外国人にも定住を要件として付与	○
オーストリア	×	×	△	△	市町村及びウィーン市・区の参政権がEU市民に。首長の被選挙権除く	×
ベルギー	×	×	○	△	被選挙権はEU市民にのみ	○
カナダ	×	×	△	×	サシュカチュワン州で一部の英連邦市民にのみ	○
チェコ	×	×	△	不明	選挙権はＥＵ市民にのみ	不明
デンマーク	×	×	○	○		×
フィンランド	×	×	△	△		○
フランス	×	×	△	△	EU市民にのみ	○
ドイツ	×	×	△	△	EU市民にのみ、州の参政権は除く。一部の州では首長の被選挙権除く	×
ギリシア	×	×	△	△	EU市民にのみ、首長の被選挙権を除く	不明
ハンガリー	×	×	○	×		○
アイスランド	×	×	△	△	5年、北欧市民は3年	不明
アイルランド	△	×	○	○	国政選挙権は英国国民にのみ、大統領選挙は除く	○
イタリア	×	×	△	△	EU市民にのみ、首長の被選挙権を除く	○
日本	×	×	×	×	95年最高裁判決、地方参政権付与しても憲法違反ではない	×
ルクセンブルグ	×	×	○	△	被選挙権はEU市民のみ	×
メキシコ	不明	不明	不明	不明	詳細不明、付与していないと思われる	○
オランダ	×	×	○	○		○
ニュージーランド	○	×	○	×		○
ノルウェー	×	×	○	○	3年、北欧市民は短期	不明
ポーランド	不明	不明	不明	不明	詳細不明、ＥＵ市民には地方参政権を付与していると思われる	不明
ポルトガル	△	×	△	△	EU市民とポルトガル語公用語国にのみ（相互主義）	○
韓国	×	×	○	×	2005年法改正、永住資格取得後3年を経過する19歳以上	×

の理由で国籍欄の「朝鮮」籍を保持する人について、朝鮮は国籍ではなく地名であると説明してきました。「朝鮮」を地名としてきた政府が、今度は「朝鮮」を国交のない国とするのは矛盾しています。拉致問題や核開発に絡めて北朝鮮批判の一環として朝鮮籍排除が政治的に盛り込まれていますが、外国人に地方参政権を付与する場合、朝鮮籍排除に正当性はありません。

Q25 なぜ公務員になれないのでしょうか？

地方公務員や公立学校の教職員、弁護士等公的な仕事に就く在日韓国・朝鮮人が増えていますが、公務員として働くのに制限を設けるのはどうしてでしょうか？

　すでにQ5で概略を説明しましたが、一般職の国家公務員、地方公務員について、ともに法律上、外国人を排除する規定はありません。この問題に関する戦後最初の日本政府の見解は一九四八年の兼子（法務調査意見長官）回答とよばれるもので（イ）「警察官は公権力の行使を担当するものであり、日本国籍を必要とする」とし、その理由に、国家から公権力行使を委ねられるものであるから十分信頼しえるもの、国家に対し忠誠を誓い一身を捧げ無定量の義務に服しえるもの、などを挙げました。次に（ロ）として「従来の嘱託、雇員は新しくできた国家公務員法に依り臨時職員と組み替えられたが、その仕事の内容が国家公権力の行使に関係なく、もっぱら学術的もしくは技術的の事務または機械的労務であって、その性質に於いて私企業のそれと変わらないので日本国籍を必要としない」としました。

　しかし、五〇年の法曹会・公法調査委員会決議では「一般職たる国家公務員に日本国籍を持たない者を採用することは、その職務の内容が国家意思の決定、国家公

内閣総理大臣官房総務課長栗山廉平あて、法制局第一部長高辻正巳回答

一　我が国の公務員が日本国籍を喪失した場合、その者は、公務員たる地位を失うか。

二　意見及び理由

　法の明文の規定でその旨が特に定められている場合を別とすれば（例、内閣総理大臣に関する憲法第六七条及び公職選挙法第十条）、一般にわが国籍の保有が我が国の公務員の就任に必要とされる能力要件である旨の法の明文規定が存在

権力の行使に直接関係するものでない場合に限り、必ずしも違法ではない」と決議しました。国家公務員は「職員は、職員としては、法律、命令、規則又は指令による職務を担当する以外の義務を負わない」（国家公務員法第一〇五条）を根拠に、兼子回答にあるような「国家に対し忠誠を誓い一身を捧げ無定量の義務に服」するような戦前の天皇制下の官吏像を批判しました。また、外国人が任用できない職務の範囲も国家意思の「決定」にかかわり、国家公権力の行使に「直接」関係するものというようにかなり限定的にとらえました。

当然の法理の登場

平和条約締結後、旧植民地出身者は日本国籍を喪失しましたが、地方公務員に任用することについては「地方公務員法その他の国内法に何ら制限規定がないので、原則として差し支えない」（五二年七月自治省公務員課長回答）と、自治省は全国各地の自治体に通知しました。ところが五三年三月、内閣法制局は、「公務員に関する当然の法理として、公権力行使または国家意思の形成への参画にたずさわる公務員となるためには日本国籍を必要と解すべきである。それ以外の公務員となるためには、日本国籍を必要としない」という見解を明らかにしました。この法制局見解が外国人の公務員採用を広範囲に制限する制約基準として今日に至っています。先に紹介した法曹会・公法調査委員会決議が極めて限定的な解釈をしたのに比べ、ここでは公権力の行使に直接関係する職務から「直接」という文言が消え、国家意思の

するわけではないが、公務員に関する当然の法理として、公権力の行使又は国家意思の形成への参画にたずさわる公務員となるためには日本国籍を必要とするものと解すべきであり、他方においてそれ以外の公務員となるためには日本国籍を必要としないものと解せられる（この点については別添の諸回答文（略）を参照されたい）

「決定」が、国家意思の「形成への参画に携わる職務」と曖昧な表現に変え、広範囲の職務から外国人を排除する根拠とされました。

国家公務員については六七年に人事院が規則八―一八を制定し「日本国籍を有しない者は採用試験を受けることができない」としました。地方公務員の場合は、地方自治法、地方公務員法にいずれも国籍要件はなく、照会に対する回答、通知、政府答弁、司法判決などにより、その都度、制約基準の解釈が変更し、採用試験すら受験できない自治体から採用後の管理職任用制限もない国籍条項完全撤廃まで、自治体間格差が生じています。

国籍要件撤廃の運動

七〇年代以降、この制約基準に挑戦する国籍要件撤廃の運動が進展しました。Q16で説明したように、日立裁判が進行中、同時期の七一年に、大阪市で民間保育園の公立保育園移管に伴う保育士の継続雇用問題が生じ、保育士は地方公務員になるわけですが、在日華僑二世の保育士・徐翠珍《じょすいちん》さん（中国籍）だけが国籍を理由に解雇されることになりました。これに対して在日中国人や地域の父母、人権団体などが解雇撤回運動を展開し勝利しました。

保育職からさらに一般事務職全体の国籍条項撤廃へと進むことを憂慮した大阪市は、①公権力の行使または地方公共団体の意思形成への参画にたずさわるものについては、日本の国籍を有しない者を任用することはできないと解すべきか、②上記の職に就くことが将来予想される職員の採用試験において、日本国国籍を有しない者にも受験資格を認めることの適否を自治省に照会し、自治省は七三年五月、①について「できないものと解する」、②について「適当でない」と回答し、一般職の受験資格に国籍条項を設けるよう指導しました。「当然の法理」を地方自治体にも適用し、その対象を「将来予想される職員」まで拡大して採用の段階から排除を求めるものになりました。国も地方も採用の段階から排除することにしたわけです。

七三年七月、兵庫県で被差別部落や在日韓国・朝鮮人生徒の進路保障（就職差別）と取り組んできた教員たちの運動によって、阪神間六市一町の全ての職種の国籍条項を撤廃させました。そして翌年、尼崎市三人、西宮市・川西市各一人、計五人が受験し、採用されました。民間企業の就職差別を撤廃する上で、地方公共団体の国籍条項撤廃は必要でした。そして七四年日立就職差別裁判が勝利すると、この影響は様々なところに波及しました。七七年、在日韓国人弁護士第一号が誕生し、八二年、国公立大学外国人教員任用法を制定し、外国人大学教員採用の道が開かれました。八四年、郵政省は郵便外務職員（主に郵便配達業務）を、八六年には自治省は看護三職（保健婦、助産婦、看護婦〔当時〕）についてそれぞれ外国人に門戸を開放しました。

九六年以降、川崎市をはじめ、多くの政令指定都市では、「当然の法理」を前提とし、「公権力行使」・「公の意思の形成に参画」する職務を独自の基準で調査し、これに該当しない職務への外国籍職員の任用を認め、拡大をめざしました。外国籍

進路保障運動

一九六〇年代から部落差別に基づく就職差別をなくす運動が活発になり、一九六九年七月施行の「同和対策特別措置法」によって、

イ　統一応募用紙を使用する

ロ　本籍地番、家族の職業・学歴の記入を求めない

ハ　戸籍謄本の提出を求めない、身元調査をしない

という行政指導がされるようになった。生活の糧を得る就職の段階で差別を受けることは死活問題であり、将来の夢を絶たれることを意味する。このため、被差別部落と在日韓国・朝鮮人多住地域が混在する阪神地区では高校教員による在校生の進路保障（就労支援）運動が職業安定所、労働基準監督署などと連携して積極的に取り組まれるようになった。在日韓国・朝鮮人の生徒の場合は、本

の一般事務職への職員採用は確かに量的には進みましたが、外国籍公務員の任用制限（「公権力行使」・「公の意思の形成に参画」）を前提にしているだけで、前提にする理由を説明していません。大事な仕事は外国人に任せられないという偏見を助長させるばかりです。

司法の場で闘う

東京都の管理職試験の受験を拒否された保健師の鄭香均《チョンヒャンギュン》さんは九四年に裁判で次のように訴えました。「私は公衆衛生という公共的な仕事の実践を自分が所属する地域共同体の中で住民の声を垣根なしに聞くことができる保健所で行いたいと希望したにすぎません。公務員として、私の同僚も法に則して仕事をしており、恣意的な公権力行使はしておりません。また国家意思の形成にも参画していません」（最高裁、被上告人意見陳述、二〇〇四年十二月十五日大法廷。鄭香均編著『正義なき国、「当然の法理」を問い続けて』二四六頁、明石書店、二〇〇六年）という思いからの問いかけでした。

　地裁で敗訴し、高裁に控訴して勝訴、東京都は上告して二〇〇五年一月、最高裁（多数意見）は、緻密な司法審査

名を名乗って就労することを原則にしたので、就労以前に民族的な自覚を確立することも大切にされた。そのため、詩人の金時鐘《キムシジョン》氏が教員として採用され、公立高校では朝鮮語の課目を全国で初めて正規の授業にした湊川高校などの実践が注目された。

都管理職試験「外国籍拒否は合憲」

提訴10年余 広がる落胆

原告ら「後退した」

門戸開く自治体 困惑

地方公務員管理職試験「外国籍拒否は合憲」を伝える記事。『朝日新聞』二〇〇五年一月二十七日付。

を避け、東京都の措置を追認しました。八八年の自治省調査で一般職（常勤）の外国籍公務員数五三九名という実態があるにもかかわらず、最高裁は「外国人が公権力行使等地方公務員に就任することは、本来我が国の法体系の想定するところではない」といい、また、「日本国民である職員に限って管理職に昇任することができることとする措置を執ることは、合理的な理由に基づいて日本国民と在留外国人である職員とを区別するものであり、労働基準法第三条にも憲法第一四条一項にも違反するものではない」としました。判決文で多用されている「合理的な理由」による区別という文言については、既に九八年の国連・自由権規約委員会の日本政府報告書の審査における総括所見で「合理的な差別という概念のあいまいさに懸念を表する。これは客観的な基準がないため規約第二六条（平等条項）と一致しない」と指摘されているものです。

　この「合理的な理由」の内容について、なぜ合理的か、どこが合理的なのか判決文は一切触れておらず、労働基準法や職業選択の自由などとの関係についても判断を回避しました。裁判官一五人中二人の反対意見がありましたが、反対意見の方に説得力があるように思えました。

　国民主権の見地から日本国籍を有するものでなければならないとされるのは、地方行政機関の場合、首長など地方公共団体における責任者に限られ、副知事、副市長以下の職員は首長の補助機関等でしかありません。彼等はたとえ市民の権利や自由を制限する直接物理的実力（公権力行使）を行使するものであっても、非政治

在日韓国人など日本国籍を有しない者の公立学校の教員への任用について

　一九九一年三月二十二日文教地第八〇号　文部省教育助成局長通知

「日本国に居住する大韓民国国民の法的地位及び待遇に関する日本国と大韓民国との協定」第二条一の規定に基づく日本国に居住する大韓民国国民（以下、「在日韓国人」という。）の法的地位及び待遇に関する協議（いわゆる日韓三世協議）は、本年一月十日別紙一のとおり両国外務大臣が「覚書」に署名し、決着したことであります。公立学校の教員採用については、覚書の記の四にあるとおり、在日韓国人について、教員採用への途をひらき、日本人と同じ一般の教員採用試験の受験を認めることとするとともに、公務員任用に関する国籍による合理的な差異を

的行動が義務付けられ、法律や条例などに基づいて執行されるわけですから、恣意的に執行できるものではなく、性別や国籍等の属性に影響されません。

「行政事件の争訴法制上もまた、取り消し可能な公権力を行使する職務担当者にすぎません」。近年、多文化政策が進展する韓国では公務員法も改定され、国家公務員法、地方公務員法ともに「国家安保及び保安・機密に関係する分野を除いて」任用可能と明記しました。外国人の公務就任については一般的、原則的に開放し、外国人が就けない職務、職種はその理由を明示して例外とするべきでしょう。選挙権問題と同じように、主権者とはこの地で働き、納税し、生活の本拠を有する社会構成員全員とするのか、日本国籍者に限定するのか、日本の民主主義の根本にかかわる問題といえます。

教員任用の場合

公務員と同じようなことが公立学校の教員任用についてもいうことができます。外国人も大学等において学士の学位等の基礎資格を得るとともに、文部科学大臣が認定した課程において所定の教科及び教職に関する科目の単位を修得すれば教員免許状を取得することができます。そして地方公務員法にも学校教育法にも国籍要件はありません。

ところが、八二年、国公立大学外国人教員任用法が公布されるとき、文部省は「なお、国立、公立の小学校、中学校、高等学校等の教諭等については、従来通り

踏まえた日本国政府の法的見解を前提としつつ、身分の安定や待遇についても配慮することとされています。ついては、貴教育委員会におかれては、下記事項に留意しつつ、在日韓国人など日本国籍を有さない者について、平成四（一九九二）年度教員採用試験から公立の小学校、中学校、高等学校、盲学校、聾学校、養護学校及び幼稚園の教員への採用選考試験の受験を認めるとともに、選考に合格した者については、任用の期限を付さない常勤講師として任用するための所要の措置を講ずるよう適切に対処願います。

外国人を任用することは認められないものであることを念のため申し添えます」との付言を付けました。さらに、公立学校の教職員については「当然の法理」の適用があることを前提に、正規の教諭ではなく「常勤講師」としての採用を指導してきました。八四年十二月、長野県で教員試験に合格した梁弘子《ヤンホンジャ》さんの採用に対して、長野県教育委員会に圧力をかけ、長野県は教諭ではなく「常勤講師」として採用することになりました。

九一年の日韓覚書を受けて同年三月に、文部省は各都道府県教育委員会あてに通知を出しました（通知は通達と違い強制力はない）。その内容は①外国人にも教員採用試験受験資格を認める（従来通り）、②合格した外国人は任用期限を付さない常勤講師として任用、③校長の行う校務の運営に参画する教務主任や学年主任になれない、学級担任、教科の担任にはなれる、④常勤講師は外国人に限る、⑤給与その他の待遇は教諭との差が少なくなるよう配慮されたい、というものです。

しかし、法による制限ではないので、現在も外国人を「教諭」として採用している自治体もあります。中島智子『公立学校における外国籍教員の実態と課題の解明』（科学研究費補助金研究成果報告書、二〇一四年三月）によると、自治体への調査（回収率九一％）の結果、教諭や常勤講師、養護教諭など様々な職名があるが、総数として二〇一二年四月現在、二五七名の外国籍教員が採用されている」ことが判明しました。

二〇〇八年には神戸市で、在日韓国人教員・韓裕治《ハンユチ》（常勤講師）さんを学年副主任に充てたにもかかわらず国籍を理由にこれを撤回するという事件がおきました。これを不服として韓《ハン》さんは日本弁護士連合会に人権救済申し立てを行い、二〇一二年三月、勧告書を手にしました。兵庫県教育委員会に対しては「常勤講師は主任に充てることができないとする文科省の通知に基づく取扱いは憲法一四条に反する外国籍の公立学校教員に対する不合理な差別的取扱いであり、また、公立学校の教員になろうとする在日外国人の憲法二二条で保障された職業選択の自由を侵害するものである」、「貴委員会はこれを無批判に受け入れて、これに沿った見解を校長に伝え、よって申立人（韓さん）に対し、合理的な理由なく副主任の任命を取り消されるという差別的取扱いを生じさせたものであるから、貴委員会の対応は人権侵害に該当する」と断言し、「在日韓国人など日本国籍を有しないものについても『教諭』として採用し、『常勤講師』として採用されている者については『教諭』に切り替え、適性あるものについては校長、教頭、学年主任、教務主任等の管理職者として採用すること」を勧告しました。文部科学省に対しても、先の通知を改め、外国人も教諭として任用すること、現在、「常勤講師」のものは「教諭」に切り替えること、校長を含む管理職登用にも差支えないことを通知するよう勧告しました。

外国籍児童が増加し、国籍や民族、出身などを理由とするイジメ事件が各地で起こり、また、教室で、自らのことを隠し、民族的出自をマイナスととらえ、自尊感情を育めていない子どもたちのためにも、また加害者になる日本人生徒を生み出さないためにも外国人教員はもっと必要ではないでしょうか。

Q 26 これからの在日韓国朝鮮人をどうイメージしますか？

在日韓国・朝鮮人はこの七十年間にどう変化したのですか。今後日本人との「共生」は可能なのでしょうか。そのためにはこれから何をしたらいいのですか。

戦後七十年を過ぎて

二〇一五年は在日韓国・朝鮮人にとって解放七十周年にあたります。いうまでもなく朝鮮に対する植民地支配が終わってから約三分の二世紀が過ぎたということにほかなりません。しかし在日韓国・朝鮮人にとってこの七十年間は新たな解放に向けての七十年であったとも言えます。

解放というのは自由になるということです。では在日韓国・朝鮮人にとって何が不自由だったのでしょうか。一言でいえば朝鮮が日本の植民地であった時代には、民族として独立への願望など言いたいことが言えなかったということです。ついには自分が朝鮮人であることさえも表に出すことを禁じられました。

朝鮮語を話してはいけない、名前も日本式にしなければならない、そういう強制が続き、白衣の民族といわれる民族衣装を着れば墨をかけられる、という差別を受けました。まさに朝鮮民族は文化的に抹殺されようとしたのです。解放後の在日韓国・朝鮮人が民族教育に力を注いできたのは十分な理由があったといわねばなりません。

解放後の在日韓国・朝鮮人にとって問題になったのは生活基盤を安定させるのが難しいということでした。とりわけそれは希望する職場で働きたくても仕事に就けないという形で現れました。日立就職差別裁判として、その壁に穴が開けられたのは実に戦後二十五年を過ぎてからだということに驚かずにはいられません。それまで在日韓国・朝鮮人はほとんど無権利に近い状態で、耐えることを強いられていたといっても過言ではないのです。そういう中で在日韓国・朝鮮人であることを名乗ることにも高いハードルがありました。

いわば在日韓国・朝鮮人は社会的に居場所がなかったといえます。果たして自分は何なのか、どこに拠り所を見つければいいのかということが、成長の過程にある二世にとって解決すべき大きなテーマとなりました。一つの明快な回答は「祖国との一体化」でした。一九五九年十二月に新潟から帰国第一船が出た北朝鮮への帰国が象徴するように、もっとも直接的には「祖国に帰る」ということでした。

一九六〇年代から七〇年代にかけて祖国の状況を表す写真や著書に出会い、民族の歴史を知ることを通して、本名を名乗り、朝鮮人として歩もうとする誇りが芽生えたのは確かです。そこで得た自負心をバネとして日本社会で自分を隠すのではなく、民族をさらけ出すことによって「朝鮮人宣言」をするのは胸のつかえを下すような解放感を持たせました。当時はそれを「民族的」と言っていました。

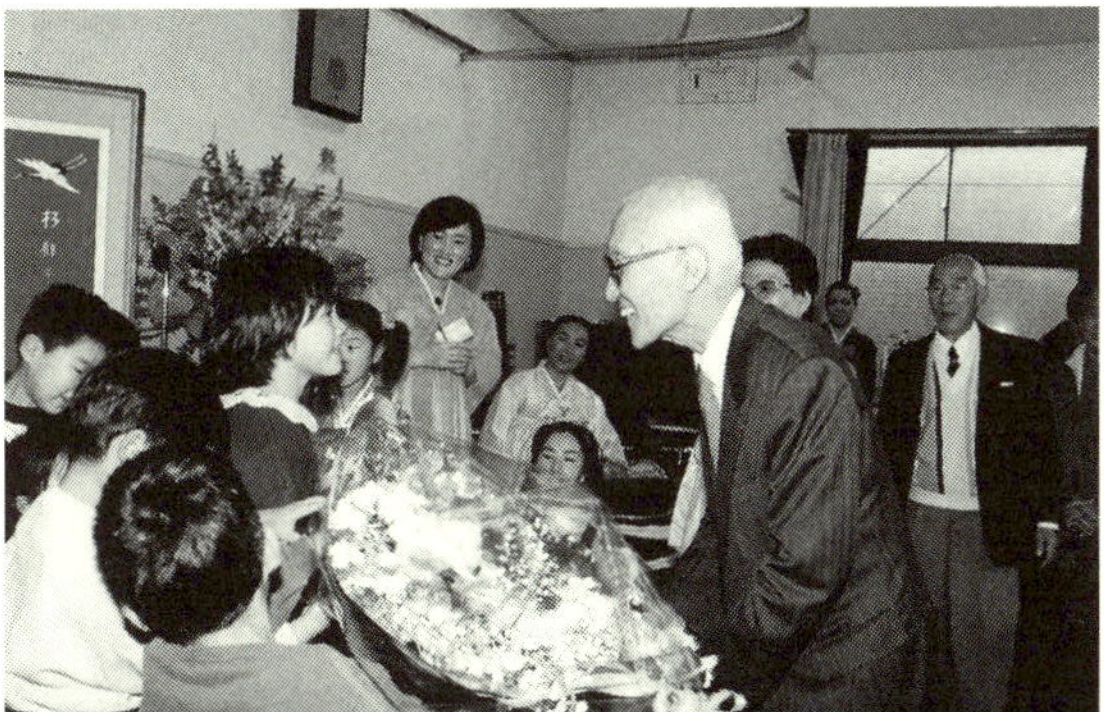

世代をつなぐ在日韓国・朝鮮人一世と四世

社会福祉法人青丘社ふれあい館在日コリアン生活文化資料館提供

実際に帰国しなくても「祖国統一」や「帰国・建国」をスローガンに掲げ、母国の政治的変化に参加しようとする流れが形成されました。その結果は民族意識を覚醒させる反面で、在日韓国・朝鮮人が北か南かという支持をめぐって対立し、反目するという不毛な結果をも生みました。

一方に属することは、他方を排除するということにつながります。祖国とのつながりを重視すればするほど北か南のどちらに正当性があるのかという論争が激しくなりました。南北の建国の過程、朝鮮戦争の評価、経済状況、在日韓国・朝鮮人への関心の向け方等、話題になることはいくらでもありました。ときには親戚同士が冠婚葬祭の場にまでそうした感情をむき出しにしたほどでした。

二世の中にも祖国との一体感が高じると、自分の手で統一を実現せねばならないという目標へとつながっていきました。ときには純粋な情熱を燃やすことが、政治的な思惑に翻弄されることもないではありませんでした。

日本でどのように生きるのか

七〇年代の中頃から在日韓国・朝鮮人にとってアイデンティティは祖国に傾斜することではなく、日本での生活をどう組み立てるかにあるということに目を向けるようになりました。そうした意識は二世が社会に出ていく過程で直面したものですが、一世が築き上げてきたそれまでの発想とは全く異なるものであったといえます。二世にとっては祖国の分断以上に日本でどのように生きるのかが切実な課題で

悩んでいる若い人へ

徐京植《ソギョンシク》

悩んでいる若い人たちへの私の答えは、こうです。「自分は何者なのだろうと絶えず悩み続けている存在、それが在日朝鮮人だ。マジョリティにはそんな悩みはない。しかし、マイノリティの悩みには貴重な意味がある。それは、国家というものを超える次の時代を見とおす人間が持つ悩みだからだ。在日朝鮮人とは、国やマジョリティの横暴に服従しない人間のことだ」

現在のような国（近代国家）の形ができるはるか以前から人間は生きてきました。近代国家の持つ問題点が極限まで発揮されたのが植民地支配、差別、虐殺、そして戦争だといえます。おそらく近代国家の時代が終わった後にも人間たちは生きつづけていくでしょう。それがどういう

あり、具体的には社会の差別をなくすということが目標になりました。それと取り組む中で、在日韓国・朝鮮人社会での既成の価値観に基づく批判との闘いにエネルギーを費やすことを余儀なくされました。いわば組織の上部から降ろされる運動方針ではなく、手探りで「在日」を生きるための論理を模索していったのです。

日立就職差別裁判や協定永住者の退去強制に反対する運動は、まさに日本社会を生きる自分とは何か、在日韓国・朝鮮人とは何者かを一から問い直すものでした。あまりにも自明のことのように思われていた在日韓国・朝鮮人像にほころびが出始めたともいえます。在日韓国・朝鮮人が祖国とのつながりの中で一つの小世界が形作られていると同時に、日本で生活しているという現実の前で、そこにはくくりきれない姿が浮かんできたのです。

在日韓国・朝鮮人の世代交代が誰の目にも明らかになったのは七〇年代の半ば頃からです。既成の組織に頼らず、市民として地域ごとに小さなグループをつくり、時には個人が日本社会の差別的な現実に対して「おかしいことには、おかしいという」気風が形作られていきました。また二世は日本人の有志と共同して取組むという運動スタイルをもつくりました。民族団体と政党、労働組合などにみられたような組織同士の日韓親善、日朝友好運動とは違ったスタイルでした。そこには組織決定に基づく動員ではない、個人の意志による関わりがありました。

「在日を生きる」という発想は、祖国と結びつくのでもない、日本人になるのでもないという「第三の道」と呼ばれたことがあります。ただ在日韓国・朝鮮人の存

時代になるか、どういう時代であるべきなのか。

近代国家の時代を被害者として経験してきた者（在日朝鮮人のような存在）は、そういう未来の姿を人類全体に提案する位置に立たされているのです。つらいことですが、やりがいのあることでもあるでしょう。

徐京植著『在日朝鮮人ってどんなひと？』二二三頁、平凡社、二〇一二年

在意義（レゾン・デートル）を見出すことという評価が、日本人の中から出されたことには、戸惑いを禁じえない一面がありました。なぜなら在日韓国・朝鮮人は日本社会にとっての存在意義をわざわざ証明しなくてはならないというものではなく、現に存在しているという事実が先にあったからです。

共生の時代へ

さらに日本が難民条約を批准した八二年以後、在日韓国・朝鮮人が日本に定住するという方向性は誰の目にも確かなものになりました。日本人との「共生」という言葉が生まれたのも、このような時代の転換を意識してのことでした。とはいえ当初にはこれが容易に理解されず、指紋押捺拒否運動が広がるにつれて八五年頃から「共に生きる」というくだいた表現が多用されるようになりました。

このとき「日本人へのラブコール」という言葉も盛んに使われました。ただしこれにはなんとなく一方通行のような、切なさを伴う印象が残りました。

差別をなくすためには、いかに差別があるかという体験を語らざるを得ません。指紋押捺問題のときにも多くの二世が自己の成長過程で受けた苦い思い出を告白しました。けれども一面ではそれは当事者にとって決して心地の良いものではありませんでした。なぜここまで自分をさらけ出さなくてはならないのか、悔しさと同時に、それほどまでに日本社会は鈍感なのかという怒りも生まれました。

なにより懸念されたのは、差別を問いただしている自分はいかほどのものであるのか、という自問の声が聞こえてきたことでした。日常生活において普通の人間であり、対等な人格であるにもかかわらず、差別が正しくないというときにはまるで裁判官のようになるのは「共に生きる」という目標にそぐわないのではないかと思われてきたのです。「人権」という言葉が社会的に広く使われるようになると、それをキーワードにして、また一つの小世界が形成されました。社会的に差別される存在であることが、常に格別な位置を備えており、在日韓国・朝鮮人と日本人をことさら区分けするような主張も浮上してきました。

「歴史の重み」や「差別の痛み」をすべての前提にするところでは、在日韓国・朝鮮人もまた自省しながら行動するという意識が弱まる恐れが多分にあります。最近では人権や反差別というテーマが広くいきわたったため、「在日韓国・朝鮮人」という総体としての概念を独り歩きさせることによって、等身大の「個人」を見えにくくする恐れもあります。

冷静に見れば「九一年問題」（日韓条約締結二十五年後の在日韓国人の法的地位に関する再協議）による特別永住という資格の創設などは、在日韓国・朝鮮人にとってかなりの前進が見られました。これによって外国人としては稀な処遇になったといえます。今では日常生活においても在日韓国・朝鮮人であることを隠さねばならないというような場面はほとんどないといっていいくらいです。

そのことで萎縮する理由も、肩肘張る必要もないのです。むしろ個人の特徴を示す付加価値的な要素であって、それらを総合した個人としてのアイデンティティこそが問われる時代になったといえます。

「在日」を生きるということは、国や民族という大きな概念に包まれることにアイデンティティを見出すのではなく、現実に日本で生きている自分そのものをアイデンティティの核におこうというものです。その時必要なのは個人の「技」を磨くことです。個としての自分を大切にしようとすれば民族意識といったようなものは自ずと後からついてくるのです。

これからは在日韓国・朝鮮人であるが故に何かをしなければならないという時代ではありません。「共生」というのは人が、個として解放され、責任を負うことによって初めて成り立つのです。

在日韓国・朝鮮人はこの七十年間を経て、ようやく解放の門をくぐったところです。二〇一五年は解放七十周年であると同時に、在日韓国・朝鮮人にとって自力でつかみとった「解放元年」であるといえなくもありません。その歩みを歴史の一部として確かに位置づけ、社会の一員としてあらゆる場面に参加するために、旺盛にチャレンジしていくことがこれからの課題です。

再び、逆流に抗して

しかしながら、戦後補償も差別撤廃の運動も、長く厳しい闘いを経て、ある程度の水準までは到達したかのように見えました。外国人登録法に基づく指紋押捺制度は九九年八月の改正法成立で全廃され、参政権訴訟も敗訴はしましたが、永住外

在特会

「在日特権を許さない市民の会」という主に在日外国人に対する民族排外的主張を掲げる団体の略称。二〇〇七年に結成され、二〇一二年二月段階では団体の公式サイトでは会員数一万一一八〇人を数えるという。在日韓国・朝鮮人の特別永住を「特権」とみなし、強制連行や「慰安婦」問題を歴史の偽造といい、侵略や植民地支配の責任を否定している。こうした主張は実は戦前の植民地支配からずっと引続いてきた問題であったが、二〇〇二年九月の日朝首脳会談で北朝鮮が拉致問題を認めた以降、特に差別的な表現や行動は激化した。

また、街頭における抗議行動の表現や行動は「殺せ！」や「首つれ！」「皆殺し！」など暴力的、脅迫的な表現が蔓延し法的な規制が必要とされる。彼らのヘイトスピーチは明ら

国人に地方参政権を付与する措置を講じることは憲法上禁止されていないという見解を引き出しました。

植民地支配の歴史についても九八年十月、小渕総理大臣は金大中《キムデジュン》大統領との共同コミュニケ「二一世紀に向けた新たな日韓パートナーシップ」で「今世紀の日韓両国関係を回顧し、我が国が過去の一時期韓国国民に対し植民地支配により多大の損害と苦痛を与えたという歴史的事実を謙虚に受けとめ、これに対し、痛切な反省と心からのお詫び」を述べました。そして在日韓国人についても、両首脳は、在日韓国人が、日韓両国国民の相互交流・相互理解のための架け橋としての役割を担い得るとの認識に立ち、その地位の向上のため、引き続き両国間の協議を継続していくことで意見の一致」をみました。二〇〇〇年にはサンフランシスコ平和条約により日本国籍を離脱させられた旧植民地出身者の戦没者、遺族等四一四人に対して一時金が支給される法律が成立しました。しかし、日本人戦争犠牲者と比較するとその格差はすさまじいものでした。二〇〇二年のワールドカップ日韓大会は友好関係の象徴的な出来事になりました。

二〇〇二年、小泉首相が訪朝し、金正日《キムジョンイル》総書記が日本人拉致事件を認め謝罪するとこれ以降、堰を切ったように北朝鮮批判があふれ出し、朝鮮人学校の子どもたちまでにその批判が暴力を伴う行動となって現れました。さらには「竹島（独島《ドクト》）問題」、「日本軍『慰安婦』問題」なかに人種差別撤廃条約第四条「人種主義に基づく差別・扇動の禁止と処罰」の規定に反するものであるが、日本政府が第四条を「表現の自由との兼ね合い」を理由に留保しており、法的規制の検討は国会議員有志で勉

国連人種差別撤廃委員会がヘイトスピーチの法的規制を勧告。『朝日新聞』二〇一四年八月三十日付

2014年（平成26年）8月30日

ヘイトスピーチ 対処勧告

国連委 日本に法規制促す

現状、世界の常識と落差

■ヘイトスピーチを巡る国連人種差別撤廃委員会の勧告骨子

どを口実に、反朝鮮・反韓国から始まり在日韓国・朝鮮人が「特権」を与えられていると、在日韓国・朝鮮人の多住地域に対して公然とヘイトスピーチが行なわれるようになりました。もちろん、石原慎太郎・元都知事や橋下徹・大阪市長の歴史認識を疑うような発言が繰り返され、謝罪もしないし、責任もとらない姿が報道されると、何を言っても大丈夫と、思わせたのかもしれません。

自分たちは社会の片隅で不遇な立場にあると考える日本人が、在日韓国・朝鮮人が優遇されていると、その不満のはけ口にしているとも言われます。ただ、そのはけ口が間違った歴史認識に基づき、在日韓国・朝鮮人に向けられていることに注意する必要があります。特別永住許可者であること、条件を満たせば日本人に準じて生活保護を受給できること、朝鮮学校への補助金支出、「通名」使用などは歴史的な経過から獲得してきた権利や制度であって、他の在留資格の外国人より優位であっても日本人と対等ではないばかりか、「特権」と呼ばれるほどのものはまったくありません。

ヘイトスピーチの問題は、「在特会」などのグループが、意図的に間違った情報を流していることだけではなく、それをあたかも「事実」であるかのように受けとめ、共鳴する市民が少なからず存在するという現実を深刻に受けとめる必要があります。つまり、日本社会にはまだまだ、在日朝鮮人の渡日の理由、戦後日本での法的処遇（国籍による差別）や差別の結果としての困難を極めた生活史、固有の文化などが充分に理解されていないことが露呈したと思います。

強会が始まったばかりで早急な対策が必要である。

人種差別を禁止する法も制定されておらず、日本軍「慰安婦」問題を始め戦後補償もきわめて不十分のままです。多くの戦争犠牲者が八十歳以上になり、早急な解決が必要です。そして、国連の人権条約の委員会から多くの是正勧告がなされているにもかかわらず、「勧告に強制力はない」として改善しようとしない日本政府の人権感覚が国民の人権意識を国際水準からはるかに後退させていることを自覚すべきではないでしょうか。

人として尊重しあい、地域社会を構成する住民として、また隣国・朝鮮半島にルーツをもつ人として交流し、共に力いっぱい生きられる社会をめざしたいものです。

ニューカマーの外国人女性とクリスマスを楽しむ在日韓国・朝鮮人一世のハルモニ（おばあさん）たち

社会福祉法人青丘社ふれあい館在日コリアン生活文化資料館提供

〈著者略歴〉

梁　泰昊（ヤン　テホ）

1946年、大阪生れ。関西大学文学部卒業。ライターとして活躍、1998年亡くなる。
著書に『プサン港に帰れない』(1984年、創生社)、『サムライ宣言』(1986年、神戸学生青年センター)、『知ってますか在日韓国・朝鮮人問題』(1990年、解放出版社)、また共著に『創氏改名』(1993年、明石書店) がある。
(なお2刷に際しては、裵重度《ペエチュンド》・川崎ふれあい館館長に加筆訂正をお願いした)

山田　貴夫（やまだ　たかお）

1949年、東京生まれ、慶応大学法学部在学中に日立裁判支援組織「朴君を囲む会」結成に関わり卒業後、川崎市役所入所。自治体政策と市民運動の立場から在日外国人の人権問題に参加。論文として「川崎市外国人市民代表者会議の成立と現状」宮島喬編『外国人市民と政治参加』(2000年、有信堂) 所収、「地方自治体の外国人住民施策－川崎市を事例として」富坂キリスト教センター在日朝鮮人の生活と住民自治研究会編『在日外国人の住民自治』(2007年、新幹社) 所収、「外国籍住民と地方自治」五十嵐暁郎・佐々木寛・福山清蔵編著『地方自治体の安全保障』(2010年、明石書店) 所収など。現在、フェリス女学院、法政大学非常勤講師。

プロブレムQ&A

新《しん》 在日韓国《ざいにちかんこく》・朝鮮人読本《ちょうせんじんどくほん》

[リラックスした関係を求めて]

1996年 4月 5日 初版第1刷発行
1999年 7月10日 第2版第1刷発行
2014年11月30日 新版第1刷発行

定価2000円+税

編著者 梁泰昊・山田貴夫 ©
発行者 高須次郎
発行所 緑風出版
〒113-0033 東京都文京区本郷2-17-5 ツイン壱岐坂
〔電話〕03-3812-9420 〔FAX〕03-3812-7262 〔郵便振替〕00100-9-30776
[E-mail] info@ryokufu.com
[URL] http://www.ryokufu.com/

装幀 斎藤あかね　カバーイラスト Nozu
組版 R企画　印刷 中央精版印刷・巣鴨美術印刷
製本 中央精版印刷　用紙 中央精版印刷・大宝紙業　E1500

Printed in Japan ISBN978-4-8461-1419-0 C0336

プロブレムQ&A
同性愛って何？
［わかりあうことから共に生きるために］
伊藤　悟・大江千束・小川葉子・石川大我・簗瀬竜太・大月純子・新井敏之著
A5判変並製
二〇〇頁
1700円

同性愛ってなんだろう？　家族・友人としてどうすればいい？　社会的偏見と差別はどうなっているの？　同性愛者が結婚しようとすると立ちはだかる法的差別？　聞きたいけど聞けなかった素朴な疑問から共生のためのQ&A。

レインボーフォーラム
ゲイ編集者からの論士歴問
永易至文編著
四六判並製
二三六頁
1800円

あの人がゲイ・レズビアンを語ったら……読者は、同性愛者コミュニティがけっして日本社会と無縁で特殊な存在ではない事をむしろ日本社会の課題をすぐれて先鋭的に体現する場所である事を理解されるでしょう。

プロブレムQ&A
10代からのセイファーセックス入門
［子も親も先生もこれだけは知っておこう］
堀口貞夫・堀口雅子・伊藤　悟・簗瀬竜太・大江千束・小川葉子著
A5判変並製
二二〇頁
1700円

学校では、十分な性知識を教えられないのが現状だ。無防備なセックスで望まない妊娠、STD・HIV感染者を増やさないために、正しい性知識と、より安全なセックス＝セイファーセックスが必要。自分とパートナーを守ろう！

プロブレムQ&A
戸籍って何だ
［差別をつくりだすもの］
佐藤文明著
A5判変並製
二六四頁
1900円

日本独自の戸籍制度だが、その内実はあまり知られていない。戸籍研究家と知られる著者が、個人情報との関連や差別問題、婚外子差別から外国人登録問題等、幅広く戸籍の問題をとらえ返し、その生い立ちから問題点までやさしく解説。

プロブレムQ&A
どう考える？　生殖医療
［体外受精から代理出産・受精卵診断まで］
小笠原信之著
A5変並製
二〇八頁
1700円

人工受精・体外受精・代理出産・クローンと生殖分野の医療技術の発展はめざましい。出生前診断で出産を断念することの是非や、人工授精児たちの親捜し等、色々な問題を整理し解説すると共に、生命の尊厳を踏まえ共に考える書。

プロブレムQ&A
アイヌ差別問題読本［増補改訂版］
［シサムになるために］
小笠原信之著
A5変並製
二七六頁
1900円

二風谷ダム判決や、九七年に成立した「アイヌ文化振興法」等話題になっているアイヌ。しかし私たちは、アイヌの歴史をどれだけ知っているのだろうか？　本書はその歴史と差別問題、そして先住民権とは何かを易しく解説。最新版。

プロブレムQ&A
新・部落差別はなくなったか？
［隠すのか顕すのか］
塩見鮮一郎著
A5変並製
二一六頁
1800円

隠せば差別は自然消滅するのか？　顕すことは差別を助長するのか？　本書は、部落差別は、近代社会に固有な現象であり、人種差別・障害者差別・エイズ差別等と同様に顕わすことで、議論を深め解決していく必要性があると説く。

プロブレムQ&A
問い直す「部落」観
［日本賤民の歴史と世界］
小松克己著
A5変並製
二五六頁
1800円

これまで教育現場・啓発書等で通説となっていた近世政治起源説は、なぜ否定されなければならないのか？　部落問題は、どのようにして成立し、日本の近代化のどこに問題があったのか？　最新研究を踏まえ部落史を書き換える。

プロブレムQ&A
問い直す差別の歴史
［ヨーロッパ・朝鮮賤民の世界］
小松克己著
A5変並製
二〇〇頁
1700円

中世ヨーロッパや朝鮮でも日本の「部落民」同様に差別を受け、賤視される人々がいた。本書は、人権感覚を問いつつ「洋の東西を問わず、歴史の中の賤民（被差別民）は、どういう存在であったか」を追い、差別とは何かを考える。

プロブレムQ&A
許されるのか？　安楽死
［安楽死・尊厳死・慈悲殺］
小笠原信之著
A5変並製
二六四頁
1800円

高齢社会が到来し、終末期医療の現場では安易な「安楽死ならざる安楽死」も噂される。本書は、安楽死や尊厳死をめぐる諸問題について、その定義から歴史、医療、宗教・哲学まで、様々な角度から解説。あなたなら、どうする？

プロブレムQ&A
電磁波・化学物質過敏症対策［増補改訂版］
［克服するためのアドバイス］
加藤やすこ著／出村　守監修
A5変並製
二〇四頁
1700円

近年、携帯電話や家電製品からの電磁波や、防虫剤・建材などからの化学物質の汚染によって電磁波過敏症や化学物質過敏症などの新しい病が急増している。本書は、そのメカニズムと対処法を、医者の監修のもと分かり易く解説。

プロブレムQ&A
危ない携帯電話［増補改訂版］
［それでもあなたは使うの？］
荻野晃也著
A5変並製
二三二頁
1900円

携帯電話が普及している。しかし、携帯電話の高周波の電磁場は電子レンジに頭を突っ込んでいるほど強いもので、脳腫瘍の危険が極めて高い。本書は、政府や電話会社が否定し続けている携帯電話と電波塔の危険を易しく解説。